DIREITO, EDUCAÇÃO E FILOSOFIA
CONCEPÇÕES DE CIDADANIA DA ANTIGUIDADE CLÁSSICA À CONTEMPORANEIDADE

Editora Appris Ltda.
1.ª Edição - Copyright© 2024 da autora
Direitos de Edição Reservados à Editora Appris Ltda.

Nenhuma parte desta obra poderá ser utilizada indevidamente, sem estar de acordo com a Lei nº 9.610/98. Se incorreções forem encontradas, serão de exclusiva responsabilidade de seus organizadores. Foi realizado o Depósito Legal na Fundação Biblioteca Nacional, de acordo com as Leis nos 10.994, de 14/12/2004, e 12.192, de 14/01/2010.

Catalogação na Fonte
Elaborado por: Dayanne Leal Souza
Bibliotecária CRB 9/2162

V658d 2024	Vieira, Camilla de Oliveira
	Direito, educação e filosofia: concepções de cidadania da Antiguidade Clássica à Contemporaneidade / Camilla de Oliveira Vieira. – 1. ed. – Curitiba: Appris, 2024.
	253 p. ; 23 cm. – (Coleção Educação, Tecnologias e Transdisciplinaridades).
	Inclui referências. ISBN 978-65-250-6843-5
	1. Direito. 2. Educação. 3. Filosofia. I. Vieira, Camilla de Oliveira. II. Título. III. Série.
	CDD – 340.1

Livro de acordo com a normalização técnica da ABNT

Editora e Livraria Appris Ltda.
Av. Manoel Ribas, 2265 – Mercês
Curitiba/PR – CEP: 80810-002
Tel. (41) 3156 - 4731
www.editoraappris.com.br

Printed in Brazil
Impresso no Brasil

Camilla de Oliveira Vieira

DIREITO, EDUCAÇÃO E FILOSOFIA
CONCEPÇÕES DE CIDADANIA DA ANTIGUIDADE CLÁSSICA À CONTEMPORANEIDADE

Appris editora

Curitiba, PR
2024

FICHA TÉCNICA

EDITORIAL
Augusto Coelho
Sara C. de Andrade Coelho

COMITÊ EDITORIAL
- Ana El Achkar (Universo/RJ)
- Andréa Barbosa Gouveia (UFPR)
- Antonio Evangelista de Souza Netto (PUC-SP)
- Belinda Cunha (UFPB)
- Délton Winter de Carvalho (FMP)
- Edson da Silva (UFVJM)
- Eliete Correia dos Santos (UEPB)
- Erineu Foerste (Ufes)
- Fabiano Santos (UERJ-IESP)
- Francinete Fernandes de Sousa (UEPB)
- Francisco Carlos Duarte (PUCPR)
- Francisco de Assis (Fiam-Faam-SP-Brasil)
- Gláucia Figueiredo (UNIPAMPA/ UDELAR)
- Jacques de Lima Ferreira (UNOESC)
- Jean Carlos Gonçalves (UFPR)
- José Wálter Nunes (UnB)
- Junia de Vilhena (PUC-RIO)
- Lucas Mesquita (UNILA)
- Márcia Gonçalves (Unitau)
- Maria Aparecida Barbosa (USP)
- Maria Margarida de Andrade (Umack)
- Marilda A. Behrens (PUCPR)
- Marília Andrade Torales Campos (UFPR)
- Marli Caetano
- Patrícia L. Torres (PUCPR)
- Paula Costa Mosca Macedo (UNIFESP)
- Ramon Blanco (UNILA)
- Roberta Ecleide Kelly (NEPE)
- Roque Ismael da Costa Güllich (UFFS)
- Sergio Gomes (UFRJ)
- Tiago Gagliano Pinto Alberto (PUCPR)
- Toni Reis (UP)
- Valdomiro de Oliveira (UFPR)

SUPERVISORA EDITORIAL Renata C. Lopes
PRODUÇÃO EDITORIAL Daniela Nazario
REVISÃO Josiana Araújo Akamine
DIAGRAMAÇÃO Andrezza Libel
CAPA Carlos Pereira
REVISÃO DE PROVA Jibril Keddeh

COMITÊ CIENTÍFICO DA COLEÇÃO EDUCAÇÃO, TECNOLOGIAS E TRANSDISCIPLINARIDADE

DIREÇÃO CIENTÍFICA
Dr.ª Marilda A. Behrens (PUCPR)
Dr.ª Patrícia L. Torres (PUCPR)

CONSULTORES
- Dr.ª Ademilde Silveira Sartori (Udesc)
- Dr. Ángel H. Facundo (Univ. Externado de Colômbia)
- Dr.ª Ariana Maria de Almeida Matos Cosme (Universidade do Porto/Portugal)
- Dr. Artieres Estevão Romeiro (Universidade Técnica Particular de Loja-Equador)
- Dr. Bento Duarte da Silva (Universidade do Minho/Portugal)
- Dr. Claudio Rama (Univ. de la Empresa-Uruguai)
- Dr.ª Cristiane de Oliveira Busato Smith (Arizona State University /EUA)
- Dr.ª Dulce Márcia Cruz (Ufsc)
- Dr.ª Edméa Santos (Uerj)
- Dr.ª Eliane Schlemmer (Unisinos)
- Dr.ª Ercilia Maria Angeli Teixeira de Paula (UEM)
- Dr.ª Evelise Maria Labatut Portilho (PUCPR)
- Dr.ª Evelyn de Almeida Orlando (PUCPR)
- Dr. Francisco Antonio Pereira Fialho (Ufsc)
- Dr.ª Fabiane Oliveira (PUCPR)
- Dr.ª Iara Cordeiro de Melo Franco (PUC Minas)
- Dr. João Augusto Mattar Neto (PUC-SP)
- Dr. José Manuel Moran Costas (Universidade Anhembi Morumbi)
- Dr.ª Lúcia Amante (Univ. Aberta-Portugal)
- Dr.ª Lucia Maria Martins Giraffa (PUCRS)
- Dr. Marco Antonio da Silva (Uerj)
- Dr.ª Maria Altina da Silva Ramos (Universidade do Minho-Portugal)
- Dr.ª Maria Joana Mader Joaquim (HC-UFPR)
- Dr. Reginaldo Rodrigues da Costa (PUCPR)
- Dr. Ricardo Antunes de Sá (UFPR)
- Dr.ª Romilda Teodora Ens (PUCPR)
- Dr. Rui Trindade (Univ. do Porto-Portugal)
- Dr.ª Sonia Ana Charchut Leszczynski (UTFPR)
- Dr.ª Vani Moreira Kenski (USP)

À Vaninha, que, ao ser mãe, é inspiração e motivação em minha história pessoal, espiritual, social e profissional.

Ao meu pai e ao Cassiano que, sendo parte de mim, sustentam minha identidade, promovendo a minha capacidade de ser feliz.

Ao Gustavo, à Valentina e ao João, que, no convívio do lar, estimulam minha melhor versão em forma de amor.

Ao Vandico e à Valda, que, em memória, estão presentes em todos os momentos de minha vida, como a materialização do direito, da educação e da cidadania.

APRESENTAÇÃO

Sobre a autora

Um pesquisador em educação, sobretudo alguém que trabalha com a docência no ensino superior, adquire experiências e vivências que, de certa maneira, contribuem e motivam para a elaboração de algumas questões propícias a um problema de investigação. Ao fazer uma análise sobre as principais motivações para pesquisar o objeto de estudo aqui anunciado, deparamo-nos com inúmeros aspectos que contribuíram para a realização de uma pesquisa na área da educação.

O primeiro deles diz respeito às experiências que marcaram o tempo da graduação, período em que conheci o universo do Direito e da Educação. Nesse contexto, obtive contato com dimensões mais profundas da educação e da filosofia, em razão do currículo com o qual passei a me relacionar durante essa fase inicial de formação.

O segundo diz respeito aos processos vivenciados no mundo do trabalho, como professora no curso de Direito. Durante esse período, foi possível perceber como algumas questões que se aproximam do mundo filosófico, de certa maneira, colocavam em suspenso inúmeros pontos que, no decorrer dos anos, culminaram na problemática desta obra.

E foi por meio do contato com a docência, principalmente ao ministrar disciplinas na graduação, como Ética, Sociologia e Antropologia, que essa relação com o objeto foi amadurecendo (ficando mais estreita) em razão dos conteúdos que exploramos e com os quais trabalhamos na educação superior.

A partir da necessidade de aprofundar um pouco mais sobre o universo que envolve a educação, o direito e a filosofia, cursei o mestrado em Educação, com foco em analisar a relação entre esses e a cidadania. E, por constatar, em alunos da graduação, uma relativa dificuldade de elaborar sínteses do pensamento filosófico, propusemo-nos a realizar esta pesquisa e construir esta obra com o intuito de contribuir com a formação de sujeitos que pertencem ao campo da licenciatura e do bacharelado — de maneira geral.

Nessa perspectiva, fundamenta-se a escolha por realizar a atividade investigativa com 11 pensadores pertencentes a contextos históricos e filosóficos diferentes, ao contrário de optar por um apenas ou um conjunto menor.

Entre oferecer análises profundas de um ou outro pensador, defendemos que o panorama geral das concepções de direito e educação, construídas ao longo da história, é mais adequado às necessidades da comunidade acadêmica exposta a essas áreas, a qual carece compreender, de forma mais completa, como referidos fundamentos podem contribuir para a construção de uma cidadania.

Sobre a obra

Este livro é resultado de uma tese de doutoramento, inserida na linha de pesquisa Processos educacionais e seus fundamentos, do Programa de Pós-graduação em Educação da Uniube. Propõe-se um aprofundamento científico sobre a temática que envolve os fundamentos filosóficos acerca das concepções de direito e de educação, produzidos ao longo da história da civilização ocidental, com suas respectivas implicações para a construção da cidadania. No universo científico, são os problemas investigativos que permitem avançar na construção do conhecimento de maneira a responder a questões ainda não suficientemente compreendidas. Com base em tal contexto, neste livro, você vai conhecer quais fundamentos filosóficos têm contribuído para as concepções de direito e de educação ao longo da história da civilização ocidental, com suas respectivas implicações para a construção da cidadania no Brasil

Para tanto, você será capaz de:

- *interpretar* os fundamentos teóricos oferecidos pela filosofia acerca das concepções de direito e educação, com vistas a verificar as implicações desses conceitos na construção da cidadania;
- *caracterizar* o ambiente histórico (político, econômico, social e cultural) da cidade-estado de Atenas no período Clássico (séc. IV a.C.) como proposta de compreender o desenvolvimento e construção do pensamento de Sócrates, Platão e Aristóteles;
- *entender* as contribuições da filosofia medieval para o pensamento educacional;
- *analisar* os fundamentos teóricos oferecidos pela filosofia acerca das concepções de direito e educação, com vistas a verificar as implicações desses conceitos na construção da cidadania na era moderna;
- *compreender* quais fundamentos teóricos, construídos pela filosofia contemporânea, embasam a construção da cidadania na contemporaneidade.

No decorrer deste livro, você terá acesso aos resultados de uma pesquisa construída com aproximação ao campo científico que abrange o materialismo histórico-dialético, pela qual se buscou analisar a construção dos conceitos de educação e cidadania a partir das concepções teóricas que, consideravelmente, estabeleceram rupturas para fundamentar as demarcações entre períodos históricos que abarcaram tempos marcados por quatro fases: a Antiguidade Clássica, a Era Medieval, a Modernidade e a Contemporaneidade.

Os filósofos aqui presentes foram selecionados por demonstrarem afinidades com o tema aqui trabalhado, a saber: a Antiguidade, período representado por Sócrates, Platão e Aristóteles; a Era Medieval, em que serão analisadas obras de Santo Agostinho e Santo Tomás de Aquino; a Modernidade, período que será representado por Hobbes, Locke e Rousseau; e, por fim, a Contemporaneidade, período mais recente da história, que será analisado a partir das considerações filosóficas de Hegel, Marx e Nietzsche.

Espera-se que o leitor possa compreender os fundamentos teóricos que respaldam o direito e a educação em cada período histórico, como também identificar como esses referidos fundamentos podem contribuir para o exercício da cidadania.

Sobre o ilustrador

Artista cuja sensibilidade transcende o esperado, capaz de traduzir com traços intensos e provocativos a dualidade entre controle e liberdade, entre o que nos prende e o que nos impulsiona. Seu desenho reflete uma mente inquieta, que observa o mundo com um olhar ao mesmo tempo singelo e profundo, revelando um conjunto de significados de uma nova geração que questiona, cria e recria em tempos e espaços diversos. Sua capacidade de comunicar emoções revela uma conexão com o invisível, como se sua arte fosse um espelho que reflete a complexidade das relações em busca de um mundo onde as amarras da rigidez dão lugar ao movimento, onde as fronteiras entre o que é e o que pode ser se desfazem em um diálogo que interroga estruturas, desconstrói certezas e propõe novas possibilidades.

João Tadeu Detoni Bisinotto faz parte do meu vínculo diário de afeto e amor. Uma criança de 11 anos a quem ofereço meus cuidados e preocupações genuínos de uma maternidade escolhida. Com ele, compartilho a leveza da vida e suas inspirações para a construção de uma educação que liberta e transforma.

SUMÁRIO

INTRODUÇÃO 13

1
CONCEPÇÕES DE EDUCAÇÃO E CIDADANIA NA ANTIGUIDADE CLÁSSICA 25

1.1 Sócrates 27
    1.1.1 O diálogo como ferramenta da educação e a ignorância como pressuposto da aprendizagem..29
    1.1.2 Conhecermos a nós mesmos para compreender a educação: um dilema que transcende o tempo e o espaço 32
    1.1.3 Método socrático..36
1.2 Platão 40
    1.2.1 Atenas, Sócrates e os sofistas: uma tríade para a compreensão da filosofia de Platão..42
    1.2.2 Educação e Direito em "A República"..............................47
1.3 Aristóteles 55
    1.3.1 A teoria aristotélica sobre educação moral e cidadania...........56
    1.3.2 O cidadão para Aristóteles 58
    1.3.3 O significado e a natureza da educação...........................63

2
A EDUCAÇÃO CRISTÃ COMO PRESSUPOSTO PARA A CIDADANIA NO PERÍODO MEDIEVAL 71

2.1 Da cidade antiga à Igreja cristã 71
    2.2 Santo Agostinho 73
    2.2.1 Epistemologia Agostiniana: fé, razão e conhecimento..............78
    2.2.2 A base do ensino e o alcance da aprendizagem 82
    2.2.3 A Cidade de Deus como espelho da cidadania 90
2.3 Santo Tomás de Aquino 94
    2.3.1 Filosofia, Teologia e a concepção aristotélica de Aquino.........98
    2.3.2 Do sensível ao intelecto, a produção do conhecimento com base na fé e na razão...100
    2.3.3 A teoria educacional aquiniana 106
    2.3.4 Bases da filosofia política tomista para a construção da cidadania 111

3
DIREITO, ESTADO, EDUCAÇÃO E CIDADANIA NA MODERNIDADE....117

3.1 A superação do pensamento tradicional como advento da era moderna........117
3.2 Thomas Hobbes 121
    3.2.1 Do estado de natureza ao estado civil 124
    3.2.2 A paz como causa e efeito da educação 128
3.3 John Locke 130
    3.3.1 As visões de mundo de Locke diante dos antagonismos de sua época 131
    3.3.2 Os preceitos pedagógicos de Locke sobre a aprendizagem 135
    3.3.3 Cidadania em Locke 140
3.4 Jean-Jacques Rousseau...149
    3.4.1 O Estado e o Contrato Social..151
    3.4.2 A liberdade como pressuposto da Educação para a cidadania 154

4
O EXERCÍCIO DA CIDADANIA NA CONTEMPORANEIDADE 165

4.1 Friedrich Hegel..167
    4.1.1 Comunidade política e liberdade individual na filosofia do Estado de Hegel ...171
    4.1.2 O idealismo alemão e a filosofia educacional hegeliana 179
4.2 Karl Marx 183
    4.2.1 Estado e Direito em Marx como crítica à cidadania liberal.................189
    4.2.2 A busca por uma prática educacional transformadora para a omnilateralidade.. 195
4.3 Friedrich Nietzsche 202
    4.3.1 A educação e a expectativa do homem superior 206
    4.3.2 Estado, política e direito em Nietzsche....................................221

CONSIDERAÇÕES FINAIS 227

REFERÊNCIAS 245

INTRODUÇÃO

Nas ciências humanas e sociais, sobretudo na área da educação e do direito (nosso ponto de situação), as fronteiras entre ciência e ideologia tornam-se tênues, principalmente porque muitas pesquisas são realizadas para justificar políticas e fortalecer modismos, ou mesmo têm como propósito não um problema a investigar, mas sim uma resposta a confirmar ou um interesse a resguardar (Brandão, 2010, p. 852-853).

O que pretendemos ressaltar, neste contexto, é que, na perspectiva científica com a qual nos identificamos, é coerente entender o direito e a educação como algo em movimento que interfere diretamente na vida de todos aqueles que a eles se submetem ou não, uma vez que aquilo que se apresenta como um processo histórico (Wolkmer, 2003, p. 2) não pode ser meramente transmitido, mas sim construído ao longo do tempo e por meio da própria transformação social.

Por fim, a motivação que justifica nossa ação como pesquisadores se fundamenta na indissociabilidade entre ensino e pesquisa. Logo, pesquisamos porque ensinamos e, à medida que ensinamos, também pesquisamos, corroborando o que diz Freire (1999, p. 45) "não há pesquisa sem ensino e nem ensino sem pesquisa". Assim, compreendemos que:

> Quando se fala em pesquisa, fala-se em sociedade e não há como pensar em sociedade sem considerar os seus aspectos, dinâmico e interacional. O homem, parte integrante dessa sociedade, encontra seu habitat entre outros homens, seus semelhantes, que guardam em si a individualidade e a alteridade inerentes à condição humana. Portanto, cada um é um ser individual, dentro de um coletivo que se altera constantemente. Pesquisa-se para aplicar nessa sociedade e pesquisa-se dentro dessa sociedade. (Ribeiro, 2000, p. 111).

Ao repensar a legitimidade do direito e da educação, propomos, sobretudo, conjecturar a cidadania. Pensamos que, ao remeter seus pressupostos exclusivamente a um poder dominante, como única fonte legitimada para determinar o justo e o injusto, o que se deve e não deve aprender, acaba-se impedindo que os sujeitos, os quais sofrem os efeitos das políticas públicas, participem da construção dos próprios direitos.

Ocorre que, para atingir esse objetivo, não basta a positivação desses ideais pelos poderes executivos e legislativos. Enxergamos a necessidade de voltar a ciência para a reformulação da cultura educacional, para a construção do sujeito enquanto ser autônomo e emancipado. É nesses moldes que a educação ganha sentido e o direito é visto, por nós, como possibilidade de transformações. Pensamos que as Universidades são ambientes propícios para as discussões propostas e esse objetivo é alcançado quando os grupos de pesquisas configuram espaços de reflexão acerca do papel do direito e da educação na efetivação democrática.

Concordamos com Brandão (1986, p. 78), quando afirma que:

> A ideia de que a educação não serve apenas à sociedade, ou à pessoa na sociedade, mas à mudança social e à formação consequente de sujeitos e agentes na/da mudança social, pode não estar escrita de maneira direta nas 'leis do ensino'. Afinal, as leis quase sempre são escritas por quem pensa que nem elas nem o mundo vão mudar um dia.

Nessa esteira, tomamos emprestado desse antropólogo, educador brasileiro, uma expressão da qual ousamos nos apropriar, no esforço de pensar a educação como um caminhar do homem, sobre o qual este traça o próprio futuro, tendo como bússola a pesquisa, da qual é participante e, sem a qual, a Universidade como célula da sociedade se perderia, ou seja, "As pesquisas não mudam o mundo. As pesquisas mudam as pessoas. As pessoas mudam o mundo"[1].

Objetivo e base metodológica do pensamento

Este livro tem a pretensão de propor um diálogo interdisciplinar a fim de conhecer, analisar, compreender e refletir sobre as diferentes perspectivas filosóficas acerca das concepções de direito e educação, construídas ao longo da história, com vistas a verificar as implicações desses conceitos na construção da cidadania.

A interdisciplinaridade aqui pensada será articuladora da pesquisa como uma forma de atitude (Fazenda, 1979), como modo de pensar (Morin, 2005) e como enfoque teórico-metodológico ou gnosiológico, como a denomina Gadotti (2004). Nesse sentido, compreender historicamente

---

[1] Expressão original de Carlos Rodrigues Brandão: "A educação não muda o mundo. A educação muda as pessoas. As pessoas mudam o mundo". *In*: BRANDÃO, C. R. **Aqui é onde eu moro**. Aqui nós vivemos. Escritos para conhecer, pensar e praticar o Município Educador sustentável. 2. ed. Brasília: MMA, 2005.

como as transformações acontecem é fator indispensável à construção de um ambiente democrático, pois as práticas sociais modificam o saber e criam saberes que tentam ajustar-se, de forma admissível, ao meio em que foram introduzidos.

Na esteira dessas reflexões, compreendemos que as hipóteses que originam um problema investigativo, de certa maneira, também são modificadas ao longo do tempo. As hipóteses, nesse sentido, sofrem alterações a depender do tratamento que o problema recebe. E, na pesquisa que desencadeou esta obra, não foi diferente. Pelo fato de o problema estar relacionado aos fundamentos filosóficos construídos ao longo da história, durante a análise dos dados, percebemos a presença de um movimento proporcionado pela dinâmica dialética que circunscreve o objeto de estudo, por vezes, modificando-o.

Na tentativa de responder ao referido problema, este trabalho fez uso da pesquisa teórica, cuja importância já foi defendida por inúmeros pesquisadores. Trata-se da pesquisa que é "dedicada a reconstruir teoria, conceitos, ideias, ideologias, polêmicas, tendo em vista, em termos imediatos, aprimorar fundamentos teóricos" (Demo, 2000, p. 20). A pesquisa teórica não implica imediata intervenção na realidade, mas nem por isso deixa de ser importante, pois seu papel é decisivo na criação de condições para a intervenção. "O conhecimento teórico adequado acarreta rigor conceitual, análise acurada, desempenho lógico, argumentação diversificada, capacidade explicativa" (Demo, 1994, p. 36).

No mesmo sentido, a pesquisa bibliográfica é aquela que se realiza, segundo Severino (2007), a partir do

> [...] registro disponível, decorrente de pesquisas anteriores, em documentos impressos, como livros, artigos, teses etc. Utilizam-se dados de categorias teóricas já trabalhadas por outros pesquisadores e devidamente registrados. Os textos tornam-se fontes dos temas a serem pesquisados. O pesquisador trabalha a partir de contribuições dos autores dos estudos analíticos constantes dos textos. (Severino, 2007, p. 122).

Dessa forma, no plano da pesquisa, precisamos trabalhar com "a teoria teorizante e não com a teoria teorizada" (Severino, 1999, p. 32). Por assim dizer, o estudo teórico/científico precisa ser exercitado e organizado, por meio de diálogos reflexivos e analíticos, pelo pesquisador, mediante suas percepções do objeto de estudo, a partir de seus contextos históricos e sociais.

A abordagem utilizada para construir esta pesquisa foi a qualitativa, por ser a mais adequada ao tipo de investigação que propomos e por haver preocupação com aspectos da realidade que não podem ser quantificados, centrando-se na compreensão e na explicação da dinâmica das relações sociais. Uma vez que o método dialético enfatiza as rupturas e as permanências das ideias ao longo do tempo e do espaço, ele será usado no processo de investigação e de análise por permitir a consideração das contradições e dos conflitos, apreciação do movimento histórico, além de considerar, em todo o percurso de pesquisa, as dimensões filosófica, social, econômica e política que envolvem as concepções de direito e educação.

A dialética, sob o prisma do materialismo histórico, parte do conceito fundamental de que o mundo não pode ser considerado um complexo de "coisas acabadas", mas sim um processo de "coisas em construção", que acabam por influenciar umas às outras. Nesse sentido, a Filosofia oferecerá elementos teóricos para referenciar o debate sobre democracia, cidadania e direitos fundamentais, com foco no problema das desigualdades econômicas, étnicas e sociais, construídas sob as bases contraditórias do capitalismo, que afetam o direito e a educação na pós-modernidade.

Cavalcanti (2014, p. 988) colabora com a justificativa da nossa escolha ao afirmar que

> O materialismo histórico-dialético é uma teoria e um método de explicação da realidade. Enquanto teoria, a dialética concebe a realidade como uma totalidade concreta, caracterizada pela contradição e o pelo movimento. Nesse sentido, não só o real é dialético, como também o próprio pensamento que busca conhecer o real comunga desse mesmo estatuto ontológico.

Sendo assim, por propor uma abordagem dialética, nosso objeto, qual seja: os fundamentos filosóficos sobre direito e educação, é apresentado na sua relação com a totalidade da qual é parte. Não o isolamos do contexto maior no qual está inserido nem mesmo nos aproximamos dele como se fosse estático. Ao contrário, o consideramos nas suas contradições internas, percebendo o seu movimento entre o passado e o presente, bem como as possibilidades de mudança. Por fim, a ênfase recai em conhecer para transformar o conhecido e, dialeticamente, ao fazer isso, também nos transformamos.

De acordo com Karl Marx, o pensamento dialético ocorre quando "[...] os homens, ao desenvolverem sua produção material e seu intercâmbio material, transformam também, como esta, a sua realidade, seu pensar e os produtos do seu pensar. Não é a consciência que determina a vida, mas a vida, que determina a consciência humana [...]" (Marx, 1977, p. 58).

Sobre esse método, afirma Cheptulin (2004, p. 173) que, para Marx, "o materialismo como desenvolvimento processual se constitui historicamente a partir das contradições que estão presentes no objeto real". Ainda para Marx (1981, p 55), "[...] a análise da realidade se constitui a partir da práxis humana, da ação do ser humano no mundo [...]". Nesse sentido, as concepções, os fundamentos e os conceitos são elaborados na esfera do pensamento, a partir do contato com a realidade.

Ao contrário da metafísica, a dialética não considera a natureza como uma aglomeração acidental de coisas e fenômenos desconectados, isolados e independentes uns dos outros, mas como um todo conectado organicamente.

O método dialético sustenta, portanto, que nenhum fenômeno da natureza pode ser entendido se for tomado por si só, isolado dos fenômenos que o circundam. Dessa forma, a análise dos fenômenos torna-se sem sentido se não for considerada em conexão com as condições contextuais.

A opção pela dialética se justifica por entendermos que os fundamentos filosóficos sobre direito e educação, construídos ao longo da história, não compreendem um estado de imobilidade, estagnação e imutabilidade. Ao contrário, representam um estado de movimento e mudança contínuos, de renovação e desenvolvimento sucessivos, em que algumas reflexões estão sempre surgindo e se desenvolvendo num processo de permanência e superação. Nessa perspectiva, o materialismo dialético se preocupa:

> [...] em estudar as formas gerais do ser, os aspectos e os laços gerais da realidade, as leis do reflexo dessa última, na consciência do homem. As formas essenciais da interpretação filosófica do reflexo, das propriedades e das conexões universais da realidade e das leis do funcionamento e do desenvolvimento do conhecimento são as categorias e as leis da dialética [...]. (Cheptulin, 2004, p. 1).

O método dialético sugere, portanto, que os fenômenos sejam considerados não apenas do ponto de vista de sua interconexão e interdependência, mas também do ponto de vista de seus movimentos, mudanças e desenvolvimento.

Ainda que a maioria dos filósofos pesquisados neste trabalho não tenham escrito especificadamente os conceitos de educação e direito, pretendemos, por meio da análise de suas obras, investigar as concepções subjacentes, presentes nas produções. Trata-se de um trabalho que vai além da descrição teórica, pois buscamos também analisar as implicações dos conceitos construídos ao longo da história na construção da cidadania.

Este livro está organizado como exposto a seguir.

No capítulo 1, o leitor encontrará as "CONCEPÇÕES DE EDUCAÇÃO E CIDADANIA NA ANTIGUIDADE CLÁSSICA". Nele objetivamos especificamente *caracterizar* o ambiente histórico (político, econômico, social e cultural) da cidade-estado de Atenas, no período Clássico (séc. IV a.C.), como proposta de compreender o desenvolvimento e a construção do pensamento de Sócrates, Platão e Aristóteles. Para tanto, foi necessário apresentar um estudo mais aprofundado sobre as concepções de Educação e Direito (sobretudo no que se refere ao desenvolvimento da cidadania), construídas pelos atenienses nesse período, que, de certa forma, norteou a maneira de pensar da antiguidade nos dias atuais.

É importante frisar o seguinte ponto: ainda que a divisão cronológica da história da filosofia pareça arbitrária por considerar as concepções de alguns teóricos que estabelecem rupturas para fundamentar as demarcações entre um período e outro, vamos utilizá-la aqui, sobretudo de forma didática, com a intenção de definir um percurso pelo qual os conceitos de educação e direito foram construídos ao longo do tempo.

Embora, também, haja desacordos quanto aos critérios de divisão da história da filosofia, o referido debate não será objeto de discussão neste trabalho, razão pela qual consideramos desnecessário nos ocuparmos de uma questão que não é consensual no âmbito da própria filosofia, haja vista que há quem adote o critério histórico, assim como quem opte pelo critério temático. Outrossim, não há critérios absolutos, imparciais ou objetivos para a divisão da filosofia. A divisão histórica da filosofia nos auxilia a contextualizá-la com a época na qual foi elaborada, a fim de tratarmos da diacronia ou da trajetória semântica que as concepções percorreram ao longo da sua existência.

Nesse sentido, tomamos o cuidado de não simplificar e reduzir um determinado pensamento a um período correspondente por compreender que a história se constrói de forma dialética e que as transformações não acontecem de modo a romper por completo com uma realidade anterior.

A periodização que propomos a seguir referencia-se em algumas das principais obras de História da Filosofia e se aproxima das divisões clássicas da própria História: antiga, medieval, moderna e contemporânea.

Entre os séculos V e IV a.C., Atenas viveu o que os historiadores chamam de apogeu econômico, político e cultural — nas palavras do grego Heródoto, "O Século de Ouro" do governante Péricles, que, após a vitória nas Guerras Médicas contra os Persas de Dario I e Xerxes, investiu todos os recursos adquiridos de outras cidades (Com a Liga de Delos) na valorização da cultura local. Verifica-se, nesse período, a exaltação da produção ateniense por meio de engenharia, produções artísticas, literárias, históricas e filosóficas, tentando demonstrar o auge de sua cultura e civilização, alcançado com a consolidação do regime democrático. No que se refere à produção do conhecimento desse período, destacam-se três filósofos importantes: Sócrates, Platão e Aristóteles, que viveram em Atenas, pelo menos durante o período central de suas produções. Todos eles têm uma obra que influenciou não apenas o período histórico que viveram, mas também o próprio desenvolvimento da Filosofia e da Ciência, sobretudo na cultura ocidental.

No capítulo 1, tratamos de abordar que o maior objetivo dos três filósofos era problematizar, em suas indagações, o ser humano, como ser capaz de produzir conhecimento por meio do desenvolvimento de sua Moral. Defendiam, portanto, que o conhecimento produzido a partir da filosofia tinha uma função social e, por isso, consistia na formação de cidadãos como tarefa indispensável para a transformação da sociedade. Compreender a história da educação na Antiguidade se torna um objeto interessante na medida em que remonta à história de nosso próprio processo pedagógico (Marrou, 1966, p. 4).

No capítulo 2, objetivamos entender "A EDUCAÇÃO CRISTÃ COMO PRESSUPOSTO PARA A CIDADANIA NO PERÍODO MEDIEVAL". Nessa parte do trabalho, destacamos que, no período medieval, a educação era desenvolvida na busca por harmonia com a Igreja, com a fé cristã e com as instituições eclesiásticas que detinham o poder político, judicial, administrativo e religioso da época. Os membros da Igreja determinavam os modelos educativos, as práticas pedagógicas, o conteúdo a ser estudado e os objetivos da educação de modo que a escola, como conhecemos hoje, é um produto da Idade Média.

Grande parte dos estudantes dessa época era descendente de nobres que compunham a única classe social passível de manter os filhos na escola, enquanto os camponeses e seus filhos, sem recursos financeiros e alienados ao trabalho servil, não tinham acesso à educação escolar e possibilidade de formação institucionalizada. Para compreendermos as contribuições da filosofia medieval para o pensamento educacional, elegemos dois dos principais representantes desse tempo: São Tomás de Aquino e Santo Agostinho[2]. Batista (2010, p. 83) ressalta a importância desse primeiro pensador para a educação contemporânea:

> Santo Tomás de Aquino representa o apogeu do pensamento escolástico. A sua capacidade intelectual simultaneamente analítica e sintética fez dele um autor que soube, pela argúcia de sua habilidade de raciocínio, tanto passar em revista os autores que o antecederam quanto resumir o seu pensamento de modo a servir aos propósitos de suas próprias meditações. Reunindo, no conjunto de sua obra, ideias de pensadores cristãos e não cristãos, o teólogo e filósofo napolitano e dominicano deu à intelectualidade cristã ocidental um novo alento que, malgrado as invectivas sofridas pelo seu pensamento, vindas do interior do próprio pensamento cristão, o tomismo foi, não obstante, finalmente apropriado como referência oficial da orientação do pensamento eclesiástico cristão católico-romano.

Conforme Pereira Melo (2010), Santo Agostinho apresentou uma nova definição de educação, influenciado pela leitura de Paulo de Tarso, a qual era caracterizada como uma peregrinação do homem, na qual o "homem exterior", voltado aos bens materiais, mutáveis e mortais, deveria ceder lugar ao "homem interior", ligado aos bens espirituais, imutáveis e imortais:

> Eis a vida do homem que vive conforme o corpo e deixa-se prender pela cobiça das coisas temporais. É o chamado homem velho e exterior, o homem terreno. [...] Outros, porém, tendo necessariamente começado por aí, renascem interiormente, mortificam-se, eliminam por seu crescimento na sabedoria, tudo o que resta do homem velho. Apegando-se estreitamente às leis divinas, esperam para depois da morte visível a renovação integral. Esse é o chamado homem novo, interior e celestial. (Agostinho, 1992, p. 81-82).

Nessa perspectiva, algumas questões deram suporte para as análises das obras, quais sejam: em que se motivava a educação na perspectiva cristã? Quais os objetivos e os propósitos da educação para Agostinho e Santo

---

[2] Cronologicamente Santo Agostinho é apontado como um filósofo pertencente à Antiguidade tardia do ponto de vista histórico. Ocorre que, por constituir a base do pensamento medieval, consideramos o ponto de vista filosófico.

Tomás de Aquino? De que modo é possível desenvolver uma educação que conduza à construção da cidadania? Em que se fundamenta a educação pela fé e de que modo a filosofia poderia contribuir para o desenvolvimento da sociedade? Portanto, buscamos apresentar, nesse capítulo, as contribuições dos referidos pensamentos e o significado de suas repercussões na história da educação da civilização ocidental.

Já no capítulo 3, discutimos "DIREITO, ESTADO, EDUCAÇÃO E CIDADANIA NA MODERNIDADE", com foco em compreender de que forma essas concepções influenciam a construção da cidadania atual. Neste capítulo, é possível conhecer fundamentos teóricos, oferecidos pela filosofia, acerca das concepções de direito e educação, com vistas a verificar as implicações desses conceitos na construção da cidadania, pois partimos do pressuposto de que a Educação é fator fundamental a uma Democracia em construção, tornando-se essencial, portanto, a discussão das diversas concepções de Direito e Estado construídas ao longo da história.

Vários autores se dedicam não só a interpretar o Direito e o Estado como também a buscar para eles um conceito; talvez seja esse último objetivo o tema mais indefinido e complexo para a cultura jurídica ao longo do tempo. O Direito como justiça (Platão, Moisés, Cristo), o Direito como segurança (Locke, Rosseau), o Direito como ordem (Hobbes), o Direito como sistema de normas (Kelsen) e o Direito como fato social (Durkheim) são algumas das expressões já utilizadas por diversos estudiosos e pensadores da área jurídica. Nesses termos, ainda que os referidos institutos portem uma gama enorme de percepções, buscamos, nesse terceiro capítulo, contextualizar a produção de Locke, Hobbes e Rousseau, sobretudo na perspectiva de compreender de que forma essas concepções influenciam a construção da cidadania atual.

Hobbes analisa o Direito numa perspectiva coercitiva e demonstra que, se a justiça é o que garante o Estado, o que garante a justiça é a própria coação imposta àqueles que não cumprirem o pacto. A resposta a essa questão pode ser tirada das palavras do filósofo:

> [...] mas como pode qualquer lei proteger um homem de outro, sendo a maior parte dos homens tão pouco razoável e tão facciosa em seu próprio proveito, e não o passando de letra morta as suas leis, que por si mesmas são incapazes de forçar um homem a agir diferentemente do que lhe agrada e de puni-lo ou infligir-lhe danos quando ele cometer um mal? (Hobbes, 2004, p. 42).

Nessa perspectiva, o Estado é detentor do poder coercitivo e isso possibilita a tão necessária justiça "mediante o terror de algum castigo que seja superior ao benefício que esperam tirar do rompimento do pacto" (Hobbes, 2000, p. 124). Para Locke, assim como para Hobbes, o Direito cumpre um papel de organização social; assim, imperando a ordem, alcançando a justiça e proporcionando a paz entre os homens.

Outra característica importante do pensamento lockeano para pensar a cidadania e sua influência no contexto atual refere-se à relação entre estado civil e propriedade. Embora o primeiro tenha sido criado para regulamentar a vida em sociedade e evitar que os homens, em estado de natureza, fizessem justiça com as próprias mãos, ao tratar de propriedade, nem mesmo o estado civil, propriamente dito, poderia intervir.

Locke, com o seu conceito de propriedade, num sentido muito amplo, diz ser tudo o que pertence ao indivíduo, sua vida, sua liberdade e seus bens, adquiridos ao longo de sua existência ou lhe dados pelo estado de natureza. Na visão do filósofo, todos são proprietários; ainda que não possuam bens, são proprietários de sua vida, de seu corpo, de seu trabalho. Contudo, essa definição ampla, feita por Locke, leva a certas incoerências, pois o direito ao ilimitado acúmulo de propriedade gera obviamente um desequilíbrio na sociedade, criando um estado de classes.

> Quando se refere a todos os cidadãos, considerando-os igualmente proprietários, o discurso contém uma ambiguidade que não se resolve, pois ora identifica a propriedade com a vida, a liberdade e as posses, ora com bens e fortuna especificamente. E o que se conclui é que, se todos, tendo bens ou não, são considerados membros da sociedade civil, apenas os que têm fortuna podem ter plena cidadania, por duas razões: apenas esses (os de fortuna) têm pleno interesse na preservação da propriedade, e apenas os que são integralmente capazes de vida racional — aquele compromisso voluntário para com a lei da razão — que é a base necessária para a plena participação na sociedade civil. (Bobbio, 2000, p. 75).

Percebemos que a classe operária, por não ser detentora de bens materiais, estaria submetida à sociedade civil, porém dela não fazendo parte, como ressalta Macpherson (1979, p. 260): "a ambiguidade com relação a quem é membro da sociedade civil em virtude do suposto contrato original permite que Locke considere todos os homens como sendo membros, com a finalidade de serem governados, e apenas os homens de fortuna para a finalidade de governar".

Observamos, assim, o elitismo presente na base do liberalismo já que a igualdade entre os homens não passava de um direito abstrato e puramente formal, uma vez que a cidadania era possível apenas aos detentores de terra.

Ao contrário de Locke, Rousseau coloca a propriedade não como inerente ao estado de natureza, mas como um ato individual, legitimado pelo Estado, com o nascimento do poder político. Seria um direito criado a partir do momento em que o primeiro homem delimitou uma porção de terra como sua e deu origem ao estado civil. Assim sendo, "o primeiro que, tendo cercado um terreno, se lembrou de dizer: isto é meu, e encontrou pessoas bastantes simples para o acreditar, foi o verdadeiro fundador da sociedade civil" (Rousseau, 1978, p. 222).

A concepção de Estado, em Rousseau, resume-se à vontade geral, resultante do conflito entre as vontades particulares de todos os cidadãos. Nesse contexto, na visão do filósofo, seria possível o alcance da justiça, na associação civil, se a positivação dos direitos, em forma de lei, representasse a expressão da vontade geral. Dessa forma, o cidadão adquire um novo papel na constituição do estado civil, pois se torna parte da história política, uma vez responsável pela elaboração das leis mediante uma consciência coletiva.

Diferentemente, em Locke, de acordo com o qual, a educação deveria ser usada como instrumento preparatório ao gentil-homem, seu objetivo era educar os filhos das classes dominantes e, em Rousseau, educar seria preparar o homem natural, civil, para viver em sociedade; a educação deveria, em primeira mão, propiciar a construção da autonomia, despertando a consciência dos seus participantes, para que pudessem alcançar, a partir de seu posicionamento, uma sociedade melhor.

O capítulo 4 refere-se à análise sobre "O EXERCÍCIO DA CIDADANIA NA CONTEMPORANEIDADE". Nesse capítulo, apresentamos, ainda que de modo preliminar, os fundamentos teóricos filosóficos dos autores Friedrich Hegel, Karl Marx e Friedrich Nietzsche.

O objetivo principal desse capítulo é *compreender* quais fundamentos teóricos construídos pela filosofia contemporânea embasam a construção da cidadania na contemporaneidade. A partir daí, construímos análises que objetivam estabelecer relações entre as concepções de direito e educação a fim de verificar a correlação com a cidadania, bem como examinar as rupturas e permanências dos fundamentos filosóficos construídos ao longo da história na construção da cidadania.

1

CONCEPÇÕES DE EDUCAÇÃO E CIDADANIA NA ANTIGUIDADE CLÁSSICA

A Antiguidade Clássica, também conhecida como Era Clássica ou Período Clássico, é uma denominação para um momento amplo da história cultural centrada no mar Mediterrâneo, abrangendo as civilizações da Grécia antiga e Roma antiga, juntamente conhecidas como o mundo greco-romano.

Considera-se como marco inicial dela a primeira poesia grega documentada, de Homero (séculos VIII a VII a.c.), continuando pelos primórdios do cristianismo e pelo declínio do Império Romano (Século V d.C.), como um período em que as sociedades grega e romana floresceram e exerceram grande influência em toda a Europa, norte da África e sudoeste da Ásia. Por fim, seu término é considerado a partir da dissolução da cultura clássica no final da Antiguidade Tardia (300-600 d.C.), misturando-se à Idade Média (500-1000 d.C.).

A influência do mundo greco-romano se estendeu para além da região original, influenciando idiomas, crenças, política, educação, conhecimento, arte e arquitetura do mundo moderno, chegando a alimentar o Renascimento na Europa Ocidental e os preceitos neoclássicos nos séculos XVIII e XIX.

A cultura dos gregos antigos, juntamente a algumas influências do antigo Oriente, foi a base da arte, da filosofia, da sociedade e das ideais educacionais, até o período imperial romano. Os romanos preservaram esses ideais e os espalharam pela Europa até conseguirem rivalizar competitivamente com a cultura grega, à medida que a língua latina se difundia e o mundo clássico se tornava bilíngue com o grego e o latim.

No início da era clássica, Atenas e Esparta coexistiram pacificamente embora a realidade política e cultural das duas cidades-estados ocupasse os extremos opostos do contexto da época. Esparta era uma sociedade fechada, governada por um governo oligárquico, liderado por dois reis, ocupando o extremo sul do Peloponeso; organizava seus negócios em torno de um poderoso exército, que protegia os cidadãos espartanos de invasões externas e revoltas internas. Atenas, por outro lado, cresceu como uma sociedade aberta e inovadora, liderada por um governo democrata, que prosperou por meio de atividades comerciais.

O período clássico produziu notáveis realizações culturais e científicas e a cidade de Atenas introduziu no mundo uma democracia direta, como nunca havia sido vista até então.

A abordagem que utilizava a racionalidade para explorar e explicar o mundo, refletida na arte clássica, na filosofia e na literatura, tornou-se o trampolim bem-sucedido da cultura ocidental. Hipócrates tornou-se o "Pai da medicina moderna", sendo seu juramento usado até hoje e os dramas de Sófocles, Ésquilo, Eurípides, assim como as comédias de Aristófanes são considerados entre as obras-primas da cultura ocidental.

A arte da Grécia clássica iniciou a tendência a uma representação do mundo mais naturalista (mesmo em seu estado idealista inicial), refletindo assim uma mudança na filosofia, partindo das preocupações abstratas e sobrenaturais para as terrenas, concretas e imediatas. Os artistas pararam meramente de "sugerir" a forma humana e começaram a "descrevê-la" com precisão. O homem tornou-se o foco e a "medida de todas as coisas" na vida cotidiana, por meio da política democrática e nas representações culturais. O pensamento racional e a lógica tornaram-se a força motriz por trás dessa revolução cultural, às custas da emoção e do impulso.

Os pensadores da era grega clássica dominaram o pensamento por milhares de anos e permaneceram relevantes até os dias de hoje. Os ensinamentos de Sócrates, Platão e Aristóteles, entre outros, diretamente, em oposição, foram usados como ponto de referência de inúmeros pensadores ocidentais nos últimos dois mil anos. Assim, a filosofia grega antiga surgiu no século VI a.C. e durou até o período helenístico (323 a.C.-30 a.C.).

Essa filosofia abrange uma quantidade de temas, incluindo: filosofia política, ética, metafísica, ontologia (o estudo da natureza do ser, devir, existência ou realidade), lógica, biologia, retórica e estética (ramo da filosofia que lida com arte e beleza); sendo a filosofia grega antiga conhecida por sua inegável influência no pensamento ocidental.

Embora houvesse pensadores antes de seus respectivos nascimentos, Sócrates, Platão e Aristóteles são os três filósofos gregos mais conhecidos da antiguidade, representando a era clássica da filosofia grega. Em sucessão, Sócrates ensinou Platão, e Platão ensinou Aristóteles. Cada filósofo formulou seu próprio estilo de argumento retórico e hipóteses sobre a natureza do conhecimento para influenciar a próxima geração de pessoas que se dispusessem a investigar o conhecimento, a sociedade e o governo.

Nesse sentido, importa ressaltar que não havia uma só visão de sociedade em toda a Grécia. Enquanto Platão e Aristóteles registraram, em suas filosofias, o estado em supremacia ante o individualismo, na região Jônia, há um objetivo de "libertar as forças individuais, inclusive no campo político" (Jaeger, 2013, p. 131).

Ademais, "nenhuma filosofia vive da pura razão. É apenas a forma conceitual e sublimada da cultura e da civilização, tais como se desenrolam na história" (Jaeger, 2013, p. 140).

Em continuidade, entendemos que o estudo da filosofia, por meio de grandes filósofos, reflete seu momento histórico, perpassando a cultura na qual vivia, refletindo o tratamento dos direitos humanos como reflexo da Dignidade da Pessoa Humana.

1.1 Sócrates

> Pois que, ó cidadãos, o temer a morte não é outra coisa que parecer ter sabedoria, não tendo. É de fato parecer saber o que não se sabe. Ninguém sabe, na verdade, se por acaso a morte não é o maior de todos os bens para o homem, e entretanto todos a temem, como se soubessem, com certeza, que é o maior dos males. **E o que é senão ignorância, de todas a mais reprovável, acreditar saber aquilo que não se sabe?** (Platão, 2003, p. 61, grifo nosso).

Sócrates não foi apenas um grande representante da filosofia. Trata-se de um divisor de águas na forma de compreender o conhecimento, o que gerou uma possível divisão da filosofia entre pré-socrática, interessada na *phisys*; na arque, para entender os fenômenos naturais; socrática que passa a preocupar-se com a condição humana e a compreensão das questões existenciais que envolvem produção do conhecimento, sabedoria e ética; e pós-socrática, que continuou a temática de Sócrates.

Nascido por volta de 470 a.C. em Atenas, na Grécia, a vida de Sócrates é narrada por meio de poucas fontes: os diálogos de Platão e Xenofonte e as peças de Aristófanes. Como esses escritos tinham outros propósitos além de relatar sua vida, é provável que nenhum apresentasse um quadro completamente preciso. No entanto, coletivamente, eles fornecem um contexto da filosofia e da personalidade de Sócrates.

Sócrates era filho de Sophroniscus, um pedreiro e escultor ateniense, e Phaenarete, uma parteira. Por não ser de uma família nobre, ele provavelmente recebeu uma educação básica em grego, aprendeu o ofício de seu pai em uma idade jovem e acredita-se que trabalhou como pedreiro por muitos anos, antes de dedicar sua vida à filosofia.

A legislação ateniense exigia que todos os homens saudáveis servissem como soldados desde os 18 até os 60 anos. Segundo Platão, Sócrates serviu na infantaria blindada; o que o fez conhecido por sua fortaleza na batalha e seu destemor, características que permaneceram com ele por toda a vida.

Sócrates defendia que a filosofia deveria alcançar resultados práticos para o maior bem-estar da sociedade, por isso tentou estabelecer um sistema ético baseado na razão humana e não na doutrina teológica. Por acreditar que a escolha humana era motivada pelo desejo de felicidade, a sabedoria final viria por meio do conhecer a si mesmo. Quanto mais uma pessoa souber, maior será sua capacidade de raciocinar e fazer escolhas que trarão verdadeira felicidade.

Em face da sua capacidade de promover a reflexão, em 399 a.C., Sócrates foi acusado de corromper a juventude de Atenas e de impiedade, ou heresia. Ele escolheu se defender no tribunal e, ao contrário de se apresentar como culpado, colocou-se como alguém que presta um serviço importante à sua comunidade, questionando e desafiando continuamente o "status quo" e seus defensores. O júri não foi influenciado pela defesa de Sócrates e condenou-o por uma votação de 280 a 221. Possivelmente, o tom desafiador de sua defesa contribuiu para o veredicto.

A lei ateniense permitia que um cidadão condenado propusesse uma punição alternativa àquela exigida pela promotoria e o júri decidiria. Em vez de propor que ele fosse exilado, Sócrates sugeriu que fosse honrado pela cidade por sua contribuição.

Segundo o relato de Platão, ele desafiou o júri com as seguintes palavras:

> Enquanto eu puder respirar e exercer minhas faculdades físicas e mentais, jamais deixarei de praticar a filosofia, de elucidar a verdade e de exortar todos que cruzarem meu caminho a buscá-la [...] Portanto, senhores [...] seja eu absolvido ou não, saibam que não alterarei minha conduta, mesmo que tenha de morrer cem vezes. (Platão, 2004, p. 126).

O júri não se comoveu e sentenciou-o à morte pela ingestão de veneno Antes da execução de Sócrates, os amigos se ofereceram para subornar os guardas e resgatá-lo para que ele pudesse fugir para o exílio.

Ele recusou, afirmando que não tinha medo da morte, sentiu que não estaria melhor se estivesse no exílio e disse que ainda era um cidadão leal de Atenas, disposto a cumprir suas leis, mesmo aquelas que o condenaram à morte.

Platão narra, em Fédon, os derradeiros dias da vida de Sócrates, especialmente o último, no qual, com toda a serenidade dele e a tristeza de seus amigos, ele ingere o copo de cicuta, que paralisa seus músculos até a morte final.

> Ouvindo-o falar dessa maneira, sentimo-nos envergonhados e paramos de chorar. E ele, sem deixar de andar, ao sentir as pernas pesadas, deitou-se de costas, como recomendara o homem do veneno. Este, a intervalos, apalpava-lhe os pés e as pernas. Depois, apertando com mais força os pés, perguntou se sentia alguma coisa. Respondeu que não. De seguida, sem deixar de comprimir-lhe a perna, do artelho para cima, mostrou-nos que começava a ficar frio e a enrijecer. Apalpando-o mais uma vez, declarou-nos que no momento em que aquilo chegasse ao coração, ele partiria. Já se lhe tinha esfriado quase todo o baixo-ventre, quando, descobrindo o rosto — pois o havia tapado antes — disse, e foram suas últimas palavras: Critão, exclamou, devemos um galo a Asclépio. Não te esqueças de saldar essa dívida! Assim farei, respondeu Critão, vê se queres dizer mais alguma coisa. A essa pergunta, já não respondeu. Decorrido mais algum tempo, deu um estremeção. O homem o descobriu; tinha o olhar parado. Percebendo isso, Critão fechou-lhe os olhos e a boca. Tal foi o fim do nosso amigo, Equécrates, do homem, podemos afirmá-lo, que entre todos os que nos foi dado conhecer, era o melhor e também o mais sábio e mais justo. (Platão,1972, p. 268).

Platão buscou retratar Sócrates não apenas como um grande filósofo, mas como um exemplo de ofício e modelo de vida. A vida de Sócrates é parte de uma narrativa contada sobre a própria filosofia, enquanto sua morte, mais até do que sua vida, é central para essa história e para o efeito que ela gerou nos milênios subsequentes.

1.1.1 O diálogo como ferramenta da educação e a ignorância como pressuposto da aprendizagem

Por trás do adágio socrático "só sei que nada sei", revela-se uma concepção interessante de que a educação não é uma transferência de conhecimento ainda que a educação intelectual pareça uma forma de transmitir de alguém para alguém um determinado conteúdo.

Ao contrário, para Sócrates, a ferramenta capaz de construir aprendizagens é o diálogo, pois, de uma certa forma, quando dialogamos, partimos do pressuposto de que precisamos do outro para entender o mundo que nos cerca. Não há, no processo educativo, uma verdade individual acumulada em um sujeito. "Só sei que nada sei" compreende um dos pensamentos mais incríveis da Humanidade que, ao contrário de ignorância, esse adágio indica sabedoria conforme narrado em *"Apologia"*:

> A acusação diz:
> 'Sócrates comete crime, investigando indiscretamente as coisas terrenas e as celestes, e tornando mais forte a razão mais débil, e ensinando aos outros'. Mas nada disso tem fundamento, pois não instruo e nem ganho dinheiro com isso. Talvez pudessem dizer de mim: 'Enfim, Sócrates, o que é que você faz? De onde nasceram essas calúnias? Se suas ocupações não fossem tão diferentes das dos outros, não teria ganho tal fama e não teriam nascido acusações'.
>
> Sócrates responde:
> Acontece que Xenofonte, uma vez indo a Delfos, ousou interrogar o oráculo e perguntou-lhe se havia alguém mais sábio do que eu. Ora, a pitonisa respondeu que não havia ninguém mais sábio. Ao ouvir isso, pensei: 'O que queria dizer o deus e qual é o sentido das suas palavras?
> Sei bem que não sou sábio, nem muito nem pouco.' E fiquei por muito tempo sem saber o verdadeiro sentido de suas palavras. Então resolvi investigar a significação do seguinte modo: Fui a um daqueles detentores da sabedoria, com a intenção de refutar, por meio deles, o oráculo e, com tais provas, opor-lhe a minha resposta:
>
> 'Este é mais sábio que eu, enquanto você disse que sou eu o mais sábio'. Examinando esse homem — não importa o nome, mas era um dos políticos — e falando com ele, parecia ser um verdadeiro sábio para muitos e, principalmente, para si mesmo. Procurei demonstrar-lhe que ele parecia sábio sem o ser. Daí veio o ódio dele e de muitos dos presentes aqui contra mim. Então, pus-me a considerar comigo mesmo, que eu sou mais sábio do que esse homem, pois que, nenhum de nós sabe nada de belo e de

bom, mas aquele homem acredita saber alguma coisa sem sabê-la, enquanto eu, como não sei nada, também estou certo de não saber.

Nesse sentido, uma das contribuições deixadas por Sócrates para a educação contemporânea compreende entender o diálogo como ferramenta educativa. Não somente a educação é um ato político; por isso, a ideia de que a cidade educa, como a própria política, constrói conhecimento.

No espaço formal de ensino, o professor não seria o agente que transmite conhecimento e sim aquele que suscita o conhecimento que já está presente na bagagem cumulativa que cada estudante traz consigo.

A professora Maria de Jesus Martins da Fonseca (2012, p. 7) comenta a respeito do diálogo:

> Pelo diálogo, ele as tira do seu sossego, da sua tranquilidade, da sua paz podre e fétida. Quanto a Sócrates contenta-se em dialogar, em dialogar daquela maneira, em alvoroçar, em inquietar e em esperar que, há seu tempo, esse diálogo produza os resultados esperados: uma revolução das mentes; uma revolução do homem, uma revolução no homem. E tudo isto acontece com um homem que já é velho por causa de uma simples história e por causa de certo tipo de diálogo que esse homem inventa.

Segundo Sócrates, o diálogo promove a autorreflexão em nosso interior. Fonseca comenta sobre esse processo ao afirmar que, não sendo imposta de fora para dentro, a ciência, pelo contrário, só pode "nascer" de dentro e, então, exteriorizar-se fora. Logo, a ciência não se aprende nem se ensina; não é um conteúdo que se transmita, é, isso sim, uma construção que cada um tem de realizar por si próprio e em si próprio, exigindo um esforço pessoal (Fonseca, 2012, p. 9).

Enquanto Sócrates estabelece uma crítica à realidade ateniense no sentido de que as práticas econômicas, políticas e sociais exercidas na cidade não correspondiam ao modelo de educação que preparasse o homem para a cidadania, os atenienses o acusavam contrariamente, afirmando que ele sim estava corrompendo a juventude.

Eis o grande entrave de Sócrates com a cidade de Atenas, que, mais à frente, culminará em sua condenação: referida cidade, vista por ele como corruptora das novas gerações, estava formando indivíduos com a ética e a moral deturpadas por meio dos discursos políticos, das leis, da lógica econômica e das demais formas de manipulação.

Historicamente, essa tensão gerou o que chamamos de rompimento entre a educação e a política uma vez que muitos educadores se distanciaram das decisões políticas e passaram a não mais contribuir para a integração necessária à formação do cidadão.

1.1.2 Conhecermos a nós mesmos para compreender a educação: um dilema que transcende o tempo e o espaço

Devido ao fato de Sócrates não ter deixado escritas as suas ideias e métodos filosóficos, resta-nos recolher a essência de suas obras por meio dos outros. Para tanto, é bom ter claro que os principais escritos filosóficos sobre Sócrates, daqueles de Platão[3], Xenofonte e Aristófanes são produtos de interpretações alheias.

Pretende-se, no desenrolar deste espaço, estimular a reflexão sobre a educação escolar a partir do pensamento proveniente da tradição clássica ocidental, principalmente na medida em que, há mais de 2500 anos, é colocada como responsável pela maioria dos problemas sociais, políticos e econômicos de uma Nação. Compreender os propósitos da educação vem sendo um desafio observado desde a Antiguidade Clássica, que se arrastou pelos períodos subsequentes e permanece nos objetivos de muitos pesquisadores contemporâneos, interessados na dinâmica das transformações sociais.

Desde a sua origem, a filosofia demonstra preocupação com os mais variados problemas que circundam a vida humana. Assim, ocupando-se com a dinâmica do real, a educação torna-se um dos principais objetos de estudo em suas mais variadas formas, cabendo ao filósofo refletir criticamente sobre a ação pedagógica.

Com efeito, se a filosofia é realmente uma reflexão sobre os problemas que a realidade apresenta, entretanto ela não é

---

[3] Platão é, sem sombra de dúvida, a personagem histórica que melhor explorou Sócrates, seja para retratá-lo em sua pessoa em específico e/ou apenas exprimir o seu pensamento, seja para fazer dele o principal emissor de suas próprias ideias. Sua vasta obra, quase toda composta por diálogos, permite afirmar que: quase não há diálogo platônico em que não figure Sócrates, a maior parte das vezes é ele quem conduz a discussão e os interlocutores são sempre completamente batidos pela sua argumentação e pela sua ironia. Obras como a "Apologia" de Sócrates, o "Críton", o "Fédon" podem passar por testemunhos preciosos que nos permitem fixar mais do que um ponto da biografia de Sócrates (Brun, 1984, p. 14).
Em uma de suas comédias, intitulada "As Nuvens", Aristófanes descreve Sócrates, conforme alega Jean Brun (1984, p. 20), de forma muito ridicularizada, caricaturizando-o como um indivíduo indolente e mal-humorado, um sofista ímpio e blasfemo, devotado a investigar e a fazer seus seguidores investigarem problemas inúteis, fúteis e estéreis, além de ser descrito como alguém que abusa da ingenuidade dos seus discípulos.

qualquer tipo de reflexão. Para que uma reflexão possa ser adjetivada de filosófica, é preciso que se satisfaça uma série de exigências que vou resumir em apenas três requisitos: a radicalidade, o rigor e a globalidade. Quero dizer, em suma, que a reflexão filosófica, para ser tal, deve ser radical, rigorosa e de conjunto. (Saviani, 1973, p. 7).

A cultura grega, alicerçada na concepção de que a cidade educa os homens é, por isso, uma ação fundamentalmente política[4], tem como principal representante Sócrates, uma figura que extraordinariamente é lembrada como um quase fundador da filosofia por justamente ser alguém que representou para toda nossa história do mundo ocidental um grande educador que se propôs a discutir como se deveria educar uma nova geração de atenienses.

Ainda que represente uma figura emblemática, que se desmembrou em vários personagens, variando suas formas a partir de diferentes olhares, um ponto comum sobre o pensamento socrático é a ideia de que o conhecimento do justo e injusto, certo e errado, bem ou mal, já nos faz uma pessoa melhor.

Essa proposta de que especificamente a racionalidade transforma os homens e os coloca em condição de viver em sociedade não é pacífica[5]. Alguns pensadores da época não concebiam a capacidade de o ser humano seguir, por completo, os preceitos éticos e morais da própria educação da cidade. O ponto central da dialética socrática é a defesa da inteligibilidade racional, aplicada a tudo e a todos, na medida em que tudo pode e deve ser conhecido sem a interferência das paixões e todos devem analisar os fatos racionalmente, afastando-se das prerrogativas dos instintos. Trava-se aí uma antiga divergência a qual seria o objetivo da educação e o grande desafio de como propor uma pedagogia que considere o ser humano por inteiro.

Por outro lado, Sócrates defende uma ideia inovadora ao propagar a máxima "conhece-te a ti mesmo". Acabou por provocar uma reflexão profunda não só de si e dos outros, como também de si em relação aos outros e dos outros em relação a si, reconhecendo a ignorância como pressuposto

---

[4] Considera-se uma ação política em sentido amplo na medida que a educação se torna uma responsabilidade de todos os cidadãos.

[5] Como exemplo, o teatro defende a ideia de que a educação racional, por si só, não conseguiria transformar o homem de maneira completa uma vez que o ser humano é dotado de um lado irracional e, por isso, deveria ser educado levando em consideração sua completude. Também como pensador divergente de Sócrates, Nietzsche defendia que a alta valorização criada em torno da consciência e da razão limitou o inconsciente criativo e inibiu o homem diante do inaudito, do encantamento, do Ser.

do conhecimento, e esse, como mola propulsora da transformação. A sua tentativa de promover a filosofia e mostrar para as pessoas suas contribuições pode ser observada nas palavras a seguir:

> Nada mais faço a não ser andar por aí convencendo-vos, jovens e velhos, a não cuidar com tanto afinco do corpo e das riquezas, como de melhorar o mais possível a alma, dizendo-vos que dos haveres não provêm a virtude para os homens, mas da virtude provêm os haveres e todos os outros bens particulares e públicos. (Platão, 2004, p. 57).

Ao conversar com os homens de Atenas, observou que o distintivo entre si era justamente a capacidade de saber que nada sabia sobre o que os outros achavam que sabiam. Para ele a primeira condição para o aprendizado é o reconhecimento da própria ignorância.

Neste espaço, vamos examinar algumas das principais ideias que Sócrates repetia várias vezes nas conversas com seus colegas atenienses. Propomos voltar o olhar para os seguintes questionamentos: 1) O que constitui um homem educado? 2) O que é mais importante — conteúdo ou método? 3) Qual deve ser o objetivo final da educação? 4) É possível preparar um indivíduo para a sociedade?

Para Sócrates a filosofia tinha um papel muito importante a desempenhar na vida dos indivíduos e, no diálogo de Platão, o *Górgias* (1997, p. 38) exemplifica esta afirmação: "Para você, veja o que são as nossas discussões — e há algo sobre o qual um homem de inteligência, mesmo pequena, seria mais sério do que isso: qual é o caminho que deveríamos viver?".

Muitas pessoas nunca contemplam conscientemente essa questão de como devemos viver. Em vez disso, o curso de suas vidas é, em grande parte, determinado pelos valores e normas culturais aos quais elas aderem inquestionavelmente. Mas, de acordo com Sócrates, o exame dessa questão é muito importante, pois é por meio da busca de respostas que se pode alcançar a felicidade. Uma das razões pelas quais a maioria não contempla conscientemente essa questão é porque ela exige que se atinja o autoconhecimento, ou, em outras palavras, vire-se o olhar para dentro e analise-se tanto a própria e verdadeira natureza quanto os valores que guiam a própria vida. E esse conhecimento talvez seja o conhecimento mais difícil de se obter.

Propomos reconstruir a resposta socrática ao preceito "Conheça a si mesmo" como uma visão de autoconhecimento plausível, interessante e valiosa. O que se percebe é que, para Sócrates, a filosofia tem como função educar o indivíduo para que busque constantemente conhecimentos que lhe favoreçam o desenvolvimento das virtudes.

Conforme tal fato, acrescenta Dinucci (2009, p. 262):

> Para Sócrates, a felicidade é progressivamente conquistada por meio do filosofar. Assim, a relação entre virtude e felicidade, em Sócrates, é uma relação de identidade, pois, por intermédio da virtude, o homem age de modo bom e belo e, por conseguinte, é feliz, não importando absolutamente qual matéria tem diante de si sobre a qual exerce a virtude. A posse da virtude é a felicidade para o homem, sua ausência, a infelicidade. Todo o resto é relativo a isso, nada acrescentado ou retirado no que se refere à felicidade, que significa possuir a virtude moral.

Desse modo, Sócrates defende que a "virtude não é outra coisa senão um saber, mas não um saber qualquer, posto que se tratava de algo simultaneamente teórico e prático, ou seja, consiste em um pensamento e em uma ação coerentes entre si" (Batista *et al.*, 2010, p. 60).

No mesmo sentido,

> Se a virtude é para Sócrates um saber, é porque a acção implica um discernimento reflectido que nos permite não confundir o desejo e a vontade, a apreciação subjectiva com o valor verdadeiro, a opinião individual com o conhecimento motivado. Assim, por um lado a virtude é um saber e por outro lado ela não pode aprender-se como se aprende a tábua de multiplicação, é por isso que nós vemos numerosos exemplos de homens de bem que não puderam ensinar aos seus filhos essa virtude que eles próprios praticavam. **O saber que a virtude implica é um saber que não se adquire como o conhecimento da gramática, ele implica todo um trabalho de conversão interior que ninguém pode fazer por nós, mas de que o filósofo pode fazer-nos descobrir a urgente necessidade.** (Brun, 1984, p. 11-12, grifo nosso).

Nisso consiste a missão filosófica e pedagógica socrática: empregar o método adequado, qual seja, a refutação, seja para desbaratar a presunção do saber, seja para dirigir o indivíduo para aquilo que pretende saber em essência, não em aparência; somente assim se poderia estar seguro de oferecer ao indivíduo uma educação que o faça belo e bom, tanto para si mesmo, quanto para a sua cidade-estado (Batista *et al.*, 2010, p. 61).

É desse modo "que a filosofia faz da filosofia, uma pedagogia da razão":

> Na realidade, a Filosofia que Sócrates professou em vida não é um simples processo teórico de pensamento, mas funcionou como um convite ao pensar e uma forma de reeducação do pensar. A Filosofia socrática possui um sentido educativo por excelência, tanto quanto sua concepção de Educação está baseada num método filosófico e numa filosofia. (Pagni; Silva, 2007, p. 29).

Sócrates não defendia que, enquanto filósofo, poderia se isentar dos deveres e desafios de um cidadão. Não pensava que estivesse vivo só para si e para sua própria família; ele queria ser o mais útil possível para todos, mas especialmente para os jovens, em quem esperava encontrar menos obstáculos para uma vida feliz.

1.1.3 Método socrático

Sócrates alcançou a fama de envolver seus ouvintes em conversas cujo objetivo era o de tratar conceitos amplos como virtude, beleza, justiça, coragem e amizade, discutindo suas ambiguidades e complexidades. Tudo isso foi apresentado em diálogos escritos, posteriormente, por seu aluno Platão, que consideramos a melhor fonte disponível para compreender o método e a filosofia de Sócrates.

Um diálogo socrático permite perceber como nossas perspectivas podem ser diferentes em conceitos que usamos todos os dias. Isso revela quão diferentes são as nossas filosofias e, muitas vezes, como elas são sustentáveis ou não conforme o caso. Além disso, mesmo um conceito universalmente reconhecido e utilizado por uma coletividade considerável, quando submetido à investigação socrática, pode revelar não se tratar de um acordo universal.

Os estudiosos chamam o método de Sócrates de *elenchus*, termo grego helenístico que significa investigação. Mas não se trata apenas de uma forma de investigação ou exame. É um tipo que revela as pessoas para si mesmas; o que faz com que elas percebam quais são as suas representações.

Por meio desse método, as pessoas não só enfrentam seus próprios dogmatismos como também podem ser confrontadas com uma série de hipóteses, convicções, conjecturas e teorias oferecidas pelos outros participantes, e elas próprias por meio de perguntas como: O que isso significa? O que tem a favor e contra? Existem maneiras alternativas de considerá-lo ainda mais plausíveis e sustentáveis?

Conforme acrescenta Cambi, referindo-se à intenção educacional da filosofia de Sócrates:

> [...] estamos diante de uma paidéia como problematização e como pesquisa, que visa a um indivíduo em constante amadurecimento de si próprio, acolhendo em seu interior a voz do mestre e fazendo-se mestre de si mesmo. A formação humana é para Sócrates maiêutica (operação de trazer para fora) e diálogo que se realiza por parte de um mestre (seja ele Sócrates ou um daimon interior), o qual desperta, levanta dúvidas, solicita pesquisa, dirige, problematiza etc por meio do diálogo, que abre para a dialética (para a unificação através da oposição, construindo uma unidade que tende a tornar-se cada vez mais rica). **A ação educativa de Sócrates consiste em favorecer tal diálogo e a sua radicalização, em solicitar um aprofundamento cada vez maior dos conceitos para chegar a uma formulação mais universal e mais crítica; desse modo se realiza o 'trazer para fora' da personalidade de cada indivíduo que tem como objetivo o 'conhece-te a ti mesmo' e a sua realização segundo o princípio da liberdade e da universalidade.** (Cambi, 1999, p. 88, grifo nosso).

Ao relacionar o método socrático com a educação escolar, podemos inferir que o objetivo de aprendizagem é o inquérito com a finalidade não de opor-se aos argumentos originais dos alunos, mas neles provocar dúvida acerca de suas primeiras verdades. Por meio desse método, ocorre um diálogo entre os sujeitos envolvidos no processo educacional; na medida em que o papel do professor é fazer as perguntas, o dos alunos é organizar as próprias experiências e os próprios conhecimentos na resposta às questões.

É importante considerar que o método não envolve apenas um diálogo interativo entre professor e estudantes, também se trata de um movimento indutivo. O professor continuamente leva os alunos a raciocinarem incorretamente, usando o contraexemplo para esclarecer o problema.

Podemos defender que a principal característica do método socrático é que o professor não ensina no convencional sentido da palavra. O professor é um observador, um ajudante, guia, mas não o provedor do conhecimento. Palestras com fatos e verdades inegáveis e memorização mecânica são substituídas por diálogos compartilhados entre alunos e professores, durante os quais ambos são responsáveis por levar o diálogo adiante, por meio de questionamentos. O método socrático, que remete aos alunos perguntas e não respostas, simplesmente estimula o raciocínio e as relações lógicas de seus conhecimentos e experiências.

Como mencionado anteriormente, os "Diálogos de Platão" são a melhor fonte disponível para o método e a filosofia de Sócrates. A principal estratégia socrática, ao conduzir as conversações e os diálogos com as pessoas comuns de Atenas era, como ele costumava descrever, fazendo um trabalho de parto da mesma forma que sua mãe exercia, ajudando as mulheres grávidas.

O método para aprendizagem, desenvolvido por Sócrates, pode ser dividido em: exortação, indagação, ironia e maiêutica.

Num primeiro momento, o condutor elenca questionamentos para serem confrontados por uma proposição contraditória com suas verdades. À medida que os alunos se conscientizam daquilo em que acreditam, perguntas esclarecedoras podem ser feitas de modo a revelar aos participantes o que seus preconceitos implicam. Depois de totalmente esclarecidos, os participantes construirão hipóteses ou proposições baseadas nessas verdades.

Essas hipóteses ou proposições serão então testadas por meio de contra-argumentos. Com base na avaliação crítica das hipóteses, as pessoas irão reavaliar suas opiniões e decidir se aceitam ou rejeitam suas hipóteses, proposições, bem como preconceitos.

O objetivo dessas etapas não é confortar as pessoas perante suas ideias, o que apenas contribuiria para a manutenção de dogmas. O verdadeiro objetivo do método é possibilitar a experiência para que os alunos examinem suas próprias crenças e novas informações que encontram pelo caminho da argumentação. Nesse sentido, os alunos tornam-se aprendizes independentes, com curiosidade e sensibilidade para novas aprendizagens e, gradualmente, desenvolvem um hábito mental de investigação ativa.

Um exemplo desse método ocorre no diálogo de Platão em Mênon[6]. Nele, Sócrates orienta um escravo sem instrução a adquirir conhecimento e tornar-se capaz de elaborar diversos teoremas de geometria.

Mênon pergunta a Sócrates se a virtude é ensinada, adquirida pela prática ou presente nos homens por natureza. A própria pergunta implica seus

---

[6] Mênon é um diálogo composto por ideias filosóficas apresentadas de forma dramática, que ainda hoje desperta o interesse de inúmeros pesquisadores. Entre as várias questões que se apresentam nesse diálogo, duas delas chamam a atenção. A primeira refere-se à questão socrática da bondade, da moral e às diversas formas de adquirir a virtude; a segunda, à questão ontológica da busca da verdade, à possibilidade do conhecimento e da pesquisa e do ensino, problemas que, para os filósofos e cientistas atuais, ainda estão no cerne da teoria do conhecimento.

preconceitos em relação ao que é a virtude e suas três possíveis fontes: ensino, prática e natureza. Diante dessa pergunta, Sócrates incentiva Mênon a esclarecer o que ele próprio acredita ser virtude. Enquanto Mênon dá exemplos de atos virtuosos, Sócrates revela seu próprio equívoco, demonstra ser ele incapaz de chegar a um consenso com Sócrates sobre a essência da virtude, reflete sobre o processo de investigação e propõe um paradoxo em relação à aprendizagem.

A tarefa crítica, no diálogo socrático, é o modo de perguntar. As perguntas deveriam ser mais difíceis, elevando o raciocínio dos alunos e avaliando seus conceitos. Com os seus diálogos, Sócrates fez uma transição para um modelo de educação centrada na autoridade, com forte ênfase na importância da criatividade como parte do processo de aprendizagem. O propósito (de ter um debate/argumento) não é "vencer" e fazer os outros se sentirem vencidos. Do jeito que vemos, o propósito de ter um debate/diálogo é descobrir a verdade, ou, pelo menos, ampliar a própria mente. Quando feito corretamente, por um professor consciente e preparado para sua função, o método socrático pode realmente produzir uma atmosfera de sala de aula animada, envolvente e intelectual.

O método socrático é particularmente útil quando se deseja avaliar uma proposição contraditória a uma crença original, ou quando se destina a questionar a própria hipótese em face de novas informações.

Filósofos, educadores e pesquisadores nunca deixaram de propor teorias diferentes sobre a natureza do conhecimento e o processo de aprendizagem. Por exemplo, enquanto alguns educadores acreditam que os alunos aprendem melhor quando desenvolvem um conteúdo sozinhos, outros argumentam que os professores devem fornecer instruções claras e diretas sobre como as coisas funcionam. Essa contínua luta de opinião entre estudiosos e pesquisadores gradualmente se formalizou em um debate na educação e nos provoca a conhecer teorias clássicas como a proposta por Sócrates.

Batista *et al.* (2010, p. 63), ao conjugarem o pensamento socrático à práxis da formação do educador, elencam pontos importantes em Sócrates, os quais podem ser tomados como referências prolíficas para que o educador pense e repense a sua própria formação, auspiciada pela reflexão socrática; são eles: a) o saber pertence a toda a Humanidade, não apenas a uma parcela privilegiada dessa; b) o saber é gratuito; consequentemente, não está para ser barganhado ou comercializado; c) o princípio do saber é o reconhecimento da própria ignorância; d) o saber e a virtude identificam-se; e) a virtude e a felicidade equivalem-se, ou seja, a conduta virtuosa é recompensada por si mesma; f) a filosofia e a pedagogia mantêm entre si uma relação dialética, ou seja, há um diálogo entre uma e outra, o qual beneficia mutuamente a ambas, já que se pode filosofar para se educar da mesma forma que se pode educar para filosofar; e g) o filósofo e o educador são agentes do diálogo; portanto, sendo esse a essência comum à filosofia e à educação, na medida em que ambos dele se servirem, contribuirão para a prosperidade tanto da atividade filosófica quanto da atividade educacional.

Por fim, para Sócrates, além de um acesso democrático e público, o saber deve, em um primeiro momento, ser busca humana de transformação, compreendendo o método socrático, uma abordagem que incentiva a aprendizagem de forma eficaz, por meio do diálogo. O objetivo maior é levar os indivíduos a investigar e questionar suas crenças por meio de princípios lógicos que os tornam pensadores críticos. Ao refletir, provoca-se uma aproximação daquilo para o qual, até então, demonstramos estranhamentos e, assim, temos a condição de questionar o que nos parece familiar.

1.2 Platão

> A primeira condição para uma vida feliz é não cometer por si mesmo a injustiça nem ser vítima da injustiça de outro. Esta condição, pelo que vejo, não é muito difícil de conseguir em sua primeira parte; mas assegurar o poder que nos há de preservar de padecer da injustiça é sumamente difícil, e não se pode conseguir perfeitamente se não se é perfeitamente bom. Assim ocorrerá com a cidade: se é boa, viverá em paz; mas viverá em guerra, tanto interna quanto externa, se é má. (Platão, 1988, p. 10).

Autor de uma ampla tradição filosófica, o mais conhecido discípulo de Sócrates dedicou-se a discorrer sobre o conhecimento das verdades essenciais que determinam a realidade e, a partir disso, especificou os princípios éticos que deveriam orientar sua sociedade[7].

Sendo a produção de Platão uma reunião de obras que tratam sobre diferentes temas, não é possível a abordagem completa dela em um único trabalho, cujo objetivo seja analisar o seu aspecto educacional. Dessa forma, o que pretendemos aqui resume-se a tratar alguns dos pontos principais da sua filosofia, com o propósito de possibilitar uma visão geral do seu ideário pedagógico, limitando-se, ao mesmo tempo, a fazer um estudo da

---

[7] Platão nasceu em Atenas em 427 a.C. e ali morreu em 347 a.C. Filho de uma família da aristocracia ateniense, demonstrava insatisfação com o perfil político de sua época e almejava a construção de uma sociedade justa por meio de cidadãos politizados para tal.

obra *A República*. Referida obra foi eleita por ser nela que o filósofo expõe considerações de ordem formativa, de modo que a educação a ser praticada no seu estado ideal possibilite aos cidadãos uma convivência colaborativa, a fim de coexistirem de forma harmoniosa e humana.

Alguns questionamentos dão suporte para as análises adiante, quais sejam: em que se motiva a educação na perspectiva platônica? Quais os objetivos e os propósitos da educação para Platão? De que modo é possível desenvolver uma educação ética que conduza à construção da cidadania? Em que se fundamenta a Justiça Platônica e de que modo a filosofia poderia contribuir para o desenvolvimento da sociedade-estado? Portanto, procurou-se destacar, aqui, a contribuição de seu pensamento e o significado da repercussão desse na história da educação na civilização ocidental.

A escolha teórica por Platão se justifica, pois, mesmo tendo vivido há quase 2500 anos, esse filósofo e sua obra ainda hoje influenciam a produção do pensamento da civilização ocidental. A respeito disso, percebemos que a filosofia ocidental foi construída a partir de notas de rodapé das obras de Platão; e Jaspers (1963, p. 286) as enriquece, afirmando que "em Platão se encontram e dele provém quase todos os temas da filosofia. Parece que nele a filosofia encontra seu fim e o seu começo. Tudo o que a precedeu parece servi-la, tudo o que se lhe segue parece comentá-la".

Ocorre que, embora Platão seja um dos filósofos mais lidos ao longo da história isso não significa que seja o mais compreendido. Referida dificuldade se dá pelo fato de muitos intérpretes não enquadrarem sua filosofia nas concepções de mundo e homem próprias da Antiguidade Grega. Conforme ressalta Paviani (2008, p. 7),

> [...] sua concepção de educação do indivíduo, tendo como objetivo fundamental a formação do ser humano virtuoso, ou, em outras palavras a busca da excelência humana, o desenvolvimento dos valores que distinguem e aperfeiçoam o ser humano em relação aos animais, só pode ser compreendida a partir dos pressupostos das visões de mundo da cultura grega.

O autor alerta que o objetivo principal de Platão é a formação ética e política do homem grego e da vida social na cidade-estado. Nesse sentido, ao desconsiderar o contexto sócio-histórico da obra de Platão, corremos o risco de não entender adequadamente sua proposta educativa.

Para compreender referida proposta, faz-se necessário contextualizar o pensamento de Platão, reconstruindo os aspectos histórico e social de sua época, sobretudo como se formou a sociedade ateniense bem como a influência imediata de Sócrates e dos sofistas em sua produção.

1.2.1 Atenas, Sócrates e os sofistas: uma tríade para a compreensão da filosofia de Platão

Conforme abordado no início deste trabalho, o século V a.C. foi denominado pelos historiadores de "O Século de Ouro" principalmente por caracterizar um período de grandes realizações militares, como a batalha sobre os Persas, que marcou a vitória da civilização contra a barbárie.

O título de "berço do regime democrático", remetido a Atenas, foi reconhecido após a vitória sobre os Persas, mediante a colaboração dos legisladores Drákon (621 a.C.), Sólon (594 a.C.) e Clístenes (521 a.C.), que construíram as principais formas representativas de poder político que deixaram marcas no cotidiano atual.

Dessa forma, a democracia ateniense pertencia ao grupo de todas as grandes realizações desse período. Os Conselhos e Magistrados, eleitos anualmente, de forma direta ou por sorteio, compunham parte do poder político embora a mais alta cúpula fosse representada pela Assembleia popular[8].

Percebe-se, nas palavras de Benoit (1996, p. 19), que o poder direto, que surgia das votações realizadas com o erguimento das mãos, era a representação da vontade dos eupátridas e aristocratas enquanto a classe de artesãos e marginalizados, embora participasse das decisões, era facilmente manipulada:

> [...] grupos poderosos, defendendo seus interesses privados, utilizando todo tipo de corrupção, contratando oradores profissionais (discípulos de professores de retórica e de sofistas), manipulavam a escolha de cargos e mesmo a Assembléia popular. O povo, assim conduzido e enganado, apesar de decidir e votar, decidia e votava, muitas vezes, contra os seus próprios interesses reais.

É possível inferir que o regime democrático ateniense era marcado por contradições. O povo, em geral, não detinha o poder que era destinado apenas a uma pequena parcela da população. A grande outra maioria, com-

---

[8] A Eclésia (em grego: Εκκλησία; transl.: ekklesia) era a principal assembleia da democracia ateniense na Grécia Antiga. Era uma assembleia popular, aberta a todos os cidadãos do sexo masculino, com mais de 21 anos que tivessem prestado pelo menos dois anos de serviço militar e que fossem filhos de pai e mãe naturais da pólis. Atuava no âmbito da política externa e detinha poderes de governação relativos à legislação, judiciais e executivos, como, por exemplo, decidindo a destituição de magistrados. Também fiscalizava todos aqueles que detinham cargos de poder, de modo a que não abusassem dele e desempenhassem as suas incumbências o melhor possível.

posta por metecos (comerciantes estrangeiros), mulheres e escravos, não tinha representação política e não era ouvida na Assembleia. Conforme análises de historiadores da Antiguidade, "a população de Escravos em Atenas no período Clássico era de aproximadamente 300.000, cerca de 40% da população total" (Finley, 1963, p. 73).

> O escravo criado por Atenas, e que é base do modo de produção escravista, é de outro tipo: é o chamado 'escravo-mercadoria', vendido e comprado num mercado internacional de escravos e que, desvinculado totalmente de sua terra de origem, de sua família e comunidade, tornava-se apenas, para usar a expressão celebre de Aristóteles, 'uma coisa viva', ou seja, um mero instrumento de trabalho, uma mera ferramenta de produção. (Benoit, 1996, p. 20).

No que tange à educação, Atenas representava uma organização civil, com interesses patriarcais e aristocráticos, na qual somente aos jovens homens atenienses livres era dada a possibilidade de estudar e participar da vida política. Da mesma forma que a evolução da vida pública e a complexidade das relações sociais não se estabilizaram num conjunto estático de processos e de objetivos, a educação em Atenas também adotou a mesma característica.

O conceito que originalmente exprime o ideal educativo ateniense é o de *arete*[9]. Originalmente formulada e explicitada nos poemas homéricos, a *arete* é entendida como um atributo próprio da nobreza, um conjunto de qualidades físicas, espirituais e morais tais como a bravura, a coragem, a força, a destreza, a eloquência, a virtude, a capacidade de persuasão, numa palavra, a heroicidade. Tem-se em vista, nesse caso, que, mais que honra e glória, pretende-se então alcançar a excelência física e moral. "Estamos diante de uma pedagogia do exemplo da qual Aquiles encarna a areté (o modelo ideal mais complexo de formação) ligada à excelência e ao valor" (Cambi, 1999, p. 77).

Às crianças eram apresentados mitos e fábulas, principalmente aqueles(as) contidos(as) nas principais obras de Homero, a *Ilíada e a Odisseia*.

---

[9] Segundo Paviani (2008, p. 119), o conceito de *arete* tem uma longa história e rico significado semântico na cultura grega. O termo pode ser traduzido por virtude, excelência ou qualidade. Os diálogos socráticos de Platão procuram definir as várias virtudes. Sócrates identifica a virtude como ciência. Afirmam alguns comentaristas que a hipostasiação das definições de virtude (sabedoria, coragem, piedade, justiça etc.) é um possível caminho à teoria platônica das ideias. O autor nos indica que, para os que desejam se aprofundar nos estudos das obras dos gregos antigos, é necessário considerar as diferenças entre a *arete* platônica (Menón, República) e aristotélica (Ética a Nicómacos).

Referidas obras, as quais constituíam grande parte da educação literária e moral da juventude de Atenas, não só exaltavam o conceito de homem ideal como também, por meio da narração de acontecimentos históricos, mesclavam feitos sobre deuses, monstros, heróis, exercendo uma influência marcante na cultura ateniense.

As conquistas dos deuses e os feitos heroicos retratados nos poemas de Homero, bem como a interferência dos primeiros na vida das pessoas contribuíam para a formação do *ethos* grego, principalmente predeterminando valores religiosos, morais, culturais e sociais, servindo como uma referência aos cidadãos que almejassem desfrutar de boa reputação social.

O homem homérico só adquire consciência do seu valor pelo reconhecimento da sociedade a que pertence (Jaeger, 2013, p. 29), ou seja, a idolatria à pátria, o respeito e a honra estavam presentes na vida dos gregos, de forma que se sacrificavam pelo heroísmo. Os deuses de Homero são, por assim dizer, uma sociedade imortal de nobres; e a essência da piedade e o culto grego exprimem-se no fato de honrar a divindade. Conforme destaca Jaeger (2013, p. 30), "Honrar os deuses e os homens pela sua arete é próprio do homem primitivo".

Pode-se dizer que todos esses aspectos salientados pela obra homérica que, frequentemente, ressaltavam e elevavam as virtudes, a bravura e o poderio militar, do mesmo modo que destacavam a importância das aclamações públicas por seus atos e feitos, é que serão, como tratamos adiante, fortemente diferentes dos valores e princípios defendidos pelo projeto educacional proposto por Platão em "A República".

Platão reconheceu conscientemente o poder formativo da tradição homérica oral, embora não tenha medido esforços para refutá-lo. "Toda essa poesia provavelmente distorce o pensamento de qualquer pessoa que a ouça, a menos que possua o conhecimento de sua verdadeira natureza que atue como um antídoto" (Platão, 2000, p. 397). Na visão de Platão, os gregos não seriam capazes de discernir entre a ficção e a mentira. Para ele, as pessoas incorporam a poesia como verdade absoluta, consentindo que ela assole a inteligência. Nesse sentido, a obra poética age como uma enfermidade para a alma, um veneno ao intelecto e uma inimiga da verdade; portanto, é um perigo moral, bem como intelectual a todos os indivíduos.

Além desse contexto ateniense que fortemente justifica a posição de Platão frente à sua proposta educacional, a possibilidade de conviver com Sócrates não só influenciou a formação de seu pensamento como também definiu sua concepção filosófica, sobretudo na escolha epistemológica do método de investigação.

Como já tratado anteriormente, convém destacar que o que conhecemos a respeito de Sócrates são descrições do próprio Platão. A filosofia de Sócrates constituiu-se fundamentalmente nas bases do questionamento em detrimento das respostas. O estilo platônico de escrever é, ao mesmo tempo, literário e filosófico, apoiando-se nas bases socráticas e nos diálogos gregos. Conforme ressalta Paviani (2008, p. 71), "não podemos esquecer, ao falar de educação, a importância que tem, para a filosofia de Platão e também para a pedagogia ocidental, a maiêutica socrática".

Em um dos *"Diálogos de Platão"*, há um trecho no qual Sócrates explica o seu método filosófico, fazendo referência ao trabalho de parteira realizado por sua mãe:

> Ora, em todo o resto, a minha arte obstétrica se assemelha à das parteiras, mas difere em uma coisa: ela opera nos homens e não nas mulheres e assiste as almas parturientes e não os corpos. E minha maior capacidade é que, através dela, eu consigo discernir seguramente se a alma do jovem está parindo fantasmas e mentiras ou a alguma vital e real. Pois algo eu tenho em comum com as parteiras: também sou estéril[...] de sabedoria. E a reprovação que tantos já me fizeram, de que interrogo os outros, mas eu próprio nunca manifesto meu pensamento sobre nenhuma questão, ignorante que sou, é uma reprovação muito verdadeira. E a razão é exatamente esta: Deus me leva a agir como obstetra, mas me interdita de gerar. Em mim mesmo, portanto, eu não sou nada sábio, nem de mim saiu qualquer descoberta sábia que seja geração de minha alma. Entretanto, todos aqueles que gostam de estar comigo, embora alguns deles pareçam inicialmente de todo ignorantes, mais tarde, continuando a freqüentar minha companhia, desde que Deus lhe permita, todos eles extraem disso um extraordinário proveito, como eles próprios e os outros podem ver. E está claro que não aprenderam nada de mim, mas só de si mesmos encontraram e geraram muitas e belas coisas. Mas o fato de tê-los ajudado a gerar, esse mérito sim cabe a Deus e a mim. (Platão, 2004, p. 150).

O questionamento socrático segue um processo disciplinado, que busca pensamentos aprimorados, princípios e suposições. A principal chave do questionamento socrático é engajar discussões, desenvolver o pensamento crítico e desencadear novos conceitos para atuar como uma solução. Esse método ganhou popularidade nas discussões para enfatizar o pensamento inovador e criar soluções.

Uma vez que, para Sócrates, o lema é "Só sei que nada sei", isso significa que o reconhecimento da ignorância é o caminho para a sabedoria. A maioria das obras de Platão é, desse modo, dialogada; o que justifica o embate ao método sofista. Enxergava os representantes desse método como responsáveis por deturpar a linguagem na construção do conhecimento e prejudicar a efetividade da educação à medida que diziam a verdade tal como ela era e não demonstravam preocupação em possibilitar que o sujeito a construísse.

Quando nos referimos a sofistas, estamos falando de pensadores puramente intelectuais, que desempenharam um papel importante na Grécia, principalmente durante o século V a.C. e que viviam principalmente na cidade de Atenas. Entre os personagens mais destacados do sofisma que podemos mencionar, estão os seguintes: Protágoras, Górgias e Críticas. A maioria deles veio diretamente das colônias gregas, mas morava em Atenas.

Os sofistas eram pensadores dedicados ao pensamento sofista, que elaboraram diferentes teorias para explicar o universo, encarregados de dar uma nova direção e significado à filosofia. Eles iam de um lugar para outro, ensinando suas teorias sobre como ser bons cidadãos e que medidas seguir para ter sucesso na política. Seus ensinamentos tinham um objetivo prático, que era aplicar adequadamente na política.

Os sofistas se propunham a educar os jovens das famílias ricas de Atenas, principalmente aqueles que desejavam carreiras pública ou jurídica. Para Platão suas intenções eram muito mais voltadas para a oratória e o convencimento do que propriamente para a filosofia, ou seja, o objetivo era preparar o aluno para uma disputa linguística em que a persuasão e a manipulação fossem mais importantes que a verdade a qual deveria ser o foco principal do embate filosófico.

Sócrates os adverte neste sentido:

> [...] também agora peço isso a vocês, conforme me parece justo: que deixem de lado meus modos de linguagem, e examinem propriamente isto e nisto prestem atenção — se falo coisas

justas ou não. Pois enquanto a virtude do jurado é essa, a do orador é falar a verdade. (Platão, 2004, 18a).

Paviani (2008, p. 81) explica que

> A educação dos sofistas, na perspectiva crítica de Platão, consiste em praticar e ensinar a manipular a linguagem, criar emoções com ela, produzir a catarse. A educação de Platão vai em outra direção, quer saber o lugar do indivíduo na Cidade, quer saber como o indivíduo e a sociedade se refletem mutuamente, quer libertar o homem e a cidade da decadência. Por isso ele fornece indicações precisas sobre a educação dos guardiões. Oferece, como vimos detalhes sobre o que se deve estudar até chegar à ciência suprema, a dialética.

Referida citação, além de confirmar a análise apresentada, sobre a qual Platão constrói seu ideário pedagógico em oposição ao praticado até então pelos sofistas, esclarece que, para o filósofo, a dialética compreende um processo essencialmente educativo uma vez que "o dialético é o único que atinge o conhecimento da essência de cada coisa e atinge o ponto mais alto da ciência" (Platão, 2000).

Percebemos, por meio de uma análise mais profunda, que em *"A República"*, ao tratar-se da produção do conhecimento, o processo hipotético dá lugar à dialética que pressupõe uma construção gradativa, dividida em etapas que vão do sensível para o inteligível e do psicológico para o lógico a fim de alcançar a virtude.

1.2.2 Educação e Direito em A República

Segundo Platão, o cidadão e a *polis* formam-se e determinam-se conjuntamente; por isso, oferece os princípios e as diretrizes de um projeto filosófico-pedagógico, conforme afirma Paviani (2008, p. 23). Nesse sentido, referido projeto assume um papel decisivo na formação da vida política na comunidade, pois o desenvolvimento do indivíduo e a evolução da sociedade caminham paralelamente na medida em que as virtudes do indivíduo refletem na sociedade da mesma forma que os valores sociais direcionam a vida dos sujeitos que a compõem.

> Antes de Platão, a educação tradicional na Grécia antiga não é problematizada. Com Platão todo o sistema educacional é

posto sob suspeita. Com a nova proposta platônica, educar não significa apenas transmitir os bons hábitos e costumes dos pais para os filhos, aprender música, praticar a ginástica, seguindo o que é considerado bom ou mau, conforme as normas sociais. Não basta que a alma e o corpo sejam formados pelo treinamento, pela imitação, pela memorização, pois as próprias leis têm caráter educacional. O ideal da educação é o bem, o justo, o verdadeiro. Assim, a tradição e os procedimentos sociais, considerados durante longo tempo critérios da educação, agora são questionados. Platão questiona a educação de seu tempo, propõe novas condições para se alcançar uma verdadeira educação. Para ele, definitivamente, existe uma boa e uma má educação. (Paviani, 2008, p. 45).

Platão não só desenvolveu uma teoria educacional como também concretizou seus objetivos de ensino na criação de uma escola denominada, naquele tempo, por Academia[10]. Ao fundá-la, objetivou, por meio de uma formação sólida, educar uma geração de filósofos que estivesse preparada para ocupar os cargos da administração pública. Preocupado em oferecer um conjunto de reflexões teóricas, capazes de combater os vícios da sociedade ateniense, Platão construiu sua proposta com base no conhecimento das verdades essenciais que determinam a realidade e, a partir disso, estabeleceu os princípios éticos que deveriam nortear a sociedade conforme destaca Reale (1990, p. 169):

> A finalidade da escola não consistia na difusão de um saber preocupado apenas com a erudição, mas devia se traduzir na preocupação de, através do saber e de sua organização, formar homens novos, capazes de renovar o Estado. Em suma, a Academia, enquanto viveu Platão, se fundamentou no pressuposto de que o conhecimento torna os homens melhores e, consequentemente, aperfeiçoa a sociedade e o Estado.

---

[10] Sobre o contexto de criação da Academia, destaca Paviani (2008, p. 87-88): depois de sua primeira viagem à Sicília, por volta de 388 a.C., ao chegar aos 40 anos de idade, decepcionado com o luxo e costumes da corte de Dionísio I, o Velho, em Siracura, e de lá expulso e até vendido como escravo e posteriormente libertado pelo rico Aniqueris, passa a dedicar-se à organização e expansão da Academia. Compra um ginásio perto de Colona, a nordeste de Atenas, nas vizinhanças de um bosque sagrado de oliveiras, em homenagem ao herói Academos. Ele amplia a propriedade, adquirindo terrenos contíguos e constrói alojamentos para estudantes. Estabelece um estatuto, um regulamento e um orçamento que deveriam nortear a vida de uma associação de professores e alunos. A Academia tem naturalmente salas de aulas e um prédio dedicado às Musas, o Museum, que é uma verdadeira biblioteca com obras sobre diferentes assuntos. Junto às construções, os jardins, cheios de estátuas de pensadores e de divindades e capelas, criavam uma atmosfera para a reflexão e o diálogo.

Nessa perspectiva, o Estado almejado por Platão é constituído por homens responsáveis, capazes de banir a corrupção e fazer imperar a justiça para o bem da cidade, diferentemente do que buscavam os sofistas, cujo resultado era a formação de pessoas manipuladoras da opinião pública, retóricos talentosos e desonestos.

Paviani (2008, p. 88) afirma que "o objeto de Platão era ensinar aos futuros magistrados e filósofos-reis uma cultura geral e não apenas fazê-los adquirir técnicas particulares. Só esse tipo de formação permitiria resolver de modo correto os problemas da cidade".

A realização da cidade justa somente seria possível por meio desse tipo de educação, e

> [...] quando os governantes, um ou vários, forem filósofos verdadeiros, que desprezem as honrarias atuais, por as considerarem impróprias de um homem livre e destituídas de valor, mas, por outro lado, que atribuem a máxima importância à retidão e às honrarias que dela derivam, e consideram o mais alto e o mais necessário dos bens a justiça, à qual servirão e farão prosperar, organizando assim a cidade [...] Todos aqueles que tenham ultrapassado os dez anos, na cidade, a esses mandá-los-ão todos para os campos; tomarão conta dos filhos deles, levando-os para longe dos costumes atuais, que os pais também têm, criá-los-ão segundo a sua maneira de ser e as suas leis, que são as que já analisamos. E assim, da maneira mais rápida e mais simples, se estabelecerá o Estado e a constituição que dizíamos, fazendo com que ele seja feliz e que o povo em que se encontrar valha muito mais. (Platão, 2000, p. 359).

Em verdade, Platão propôs uma nova forma de compreender a Humanidade para que houvesse um crescimento moral dos indivíduos. A vontade de Platão em modificar as instituições radicalmente, a fim de formar indivíduos cujos pensamentos pudessem estar livres da cultura tradicional, foi, para ele, a única possibilidade racional de se organizar a sociedade para que ela funcionasse como um todo.

Uma das contribuições de Platão, importantes para a atualidade, é que os fenômenos político, filosófico e pedagógico são indissociáveis ao pensar a educação. Frequentemente caímos na armadilha de separar esses aspectos que constituem o núcleo central das questões educacionais. Embora "A República" tenha sido escrita entre 387 e 370 a.C., configura-se uma obra de grande relevância contemporânea uma vez que não somente trata a política numa dimensão democrática como também problematiza questões de ordem social, econômica, religiosa, jurídica e educacional. Nesse sentido, sem a pretensão de esgotar por completo o referido assunto, buscamos, neste espaço, demonstrar de que forma as concepções de direito e educação são tratadas por Platão a partir dos diálogos socráticos, presentes na obra *"A República"*.

Outra marca de Platão é a análise da passagem do sensível para o inteligível. O filósofo separa a realidade das ideias da realidade do mundo sensível de modo que a ideia para Platão não se resume a um simples conceito ou uma mera representação da mente. Ela equipara-se a uma causa de natureza imaterial, uma realidade inteligível, ou seja, representa aquilo que o pensamento revela quando está livre do sensível, constituindo o que se chama de verdade real.

Trata-se de um paradigma que representa um modelo-padrão para o pensamento que vai além da imaginação. Assim, todas as ideias possuem existências próprias e não estão relacionadas a nenhum sujeito particular, nem podem ser moldadas ao desejo de ninguém. Isso quer dizer que elas se preservam sempre da mesma maneira, puras, imóveis e impossíveis de se tornarem outra coisa. Por exemplo, a ideia que se tem acerca de uma cadeira, independe da existência de uma cadeira ou de alguém que pense esse objeto de uma forma diferente. Ainda que existam vários modelos de cadeira, a ideia que se tem é sempre a mesma, não podendo, sob nenhuma hipótese, tornar-se uma prateleira.

Platão considerava as ideias como a essência das coisas, concebendo-as como incorruptíveis, rígidas e perfeitas. Ocorre que elas se manifestam em um outro plano, no das coisas sensíveis, ou seja, no mundo em que vivemos. A partir de então, tem-se uma dualidade de mundos na filosofia de Platão no que diz respeito às coisas que existem e que podem ser conhecidas. Esses dois mundos são conhecidos pelos nomes de Inteligível (das Ideias) e Sensível (das Representações) conforme afirma Batista (2013, p. 30):

> Embora o Mundo Sensível seja, para Platão, ontologicamente inferior ao Mundo Inteligível, é ele o ponto de partida para o conhecimento deste, porquanto não se trata de um plano absolutamente irreal, por participar, ainda que em grau inferior, da realidade máxima, unicamente encontrável no plano inteligível, mediante o esforço intelectual ou racional; no entanto, é no plano sensível que se trava a guerra contra a incerteza que nele impera, consistindo tarefa magna da educação promover a libertação do espírito humano dos sentidos,

que tanto o prendem apenas à matéria, impedindo-o, assim, de alçar-se às realidades superiores, somente encontráveis no mundo inteligível.

Batista (2013, p. 30) complementa que, "por ser o Mundo Sensível a realidade que está, em um primeiro momento mais próxima ao ser humano, conhecer é recordar-se daquilo que fora percebido no Mundo das Formas". Logo, não havendo conhecimento seguro no mero domínio sensorial, compete à educação propiciar a conversão da mente humana àquilo que lhe franqueará acesso ao saber consistente.

No livro VII de *"A República"*, Platão equipara o Mundo Sensível à caverna cujo interior era habitado por homens presos a correntes, obrigados a enxergar as sombras como sendo a verdade real. Essas sombras projetadas nas paredes seriam comparadas a nossa experiência sensível, formando o mundo das aparências. As coisas, em si, situadas no exterior da caverna e iluminadas pelo sol, representariam o mundo das verdades eternas, isto é, o mundo das ideias.

Paviani (2008, p. 94) alerta que as consequências desse pensamento platônico para a educação são fundamentais uma vez que estamos diante, portanto, de uma das teorias educacionais mais representativas da história ocidental:

> A alegoria representa os diferentes níveis de realidade (o mundo dos sentidos, das crenças, da fé perceptiva, da opinião e o mundo inteligível, das essências, das ideias imutáveis e eternas centralizadas na ideia de bem) e as diferentes etapas da educação do filósofo, do homem de ciência, daqueles que, orientados pela sabedoria, podem governar as Cidades-Estados.

Para o filósofo, a educação não se legitima ao interiorizar elementos exteriores à alma, mas, sim, ao fazer com que a alma se volte para a essência e redescubra a verdade sobre as coisas.

O homem no interior da caverna é a personificação do seu próprio estado de ignorância, incapaz de perceber o verdadeiro significado das coisas. No entanto, por meio da Educação, o homem poderia escapar das amarras da alienação e, a partir daí, aproximar-se da realidade de um estado ideal, sustentado na concepção de justiça.

Investigar a natureza da justiça e da injustiça, bem como a verdade acerca de suas respectivas vantagens, compreende o principal objetivo de Platão nos quatro primeiros livros de *"A República"*. Essa análise será apresentada neste estudo, na medida em que pretendemos compreender de que forma o direito é visto por Platão e associado como vertente de uma cidadania em construção. É importante ressaltar que as concepções aqui pesquisadas não estão claramente identificadas na obra, entretanto puderam ser inferidas por meio da análise das argumentações propostas pelo filósofo.

A temática inicia-se já no primeiro livro, na ocasião em que Sócrates dialoga com Céfalo[11], a respeito da morte. Ao ser questionado sobre como visualiza a velhice, Céfalo aponta que tudo depende da forma como o indivíduo conduziu sua vida. Afirma que todo homem, ao alcançar certa idade, repensa sua história e, principalmente, avalia se o seu comportamento foi coerente ao de um homem justo conforme afirma a seguir:

> Como tu sabes, Sócrates, quando alguém chega à idade em que toma consciência de que logo morrerá, surgem-lhe o temor e a preocupação a respeito de assuntos nos quais antes não pensava. Efetivamente, tudo o que se conta a respeito do Hades, onde serão expiados os atos maus praticados em vida, todas essas fábulas das quais até então ele fazia troça, agora aterrorizam sua alma, por temer que correspondam à verdade. (Platão, 2000, p. 14).

Por meio desse trecho, percebemos o surgimento da primeira vantagem da justiça anunciada na obra de Platão, qual seja, viver sem remorsos e merecer uma velhice saudável. Segundo Céfalo, aquele que encontrar em sua vida pregressa muitas maldades intimidar-se-á como uma criança medrosa, enquanto, ao contrário, aquele que sabe não haver cometido injustiças, guardará uma doce esperança em relação à vida eterna.

Diante da concepção de justiça explicitada por Céfalo (Platão, 2000 p. 15) — "não ludibriar ninguém nem mentir, mesmo involuntariamente, nem ficar a dever, sejam sacrifícios aos deuses, seja dinheiro a um homem" — Sócrates propõe uma série de questionamentos que vai qualificar referido conceito como falho uma vez não ser prudente, por exemplo, devolver a um louco sua própria arma como demonstrado a seguir:

> — [Sócrates] Vê este exemplo: se alguém, em perfeito juízo, entregasse armas a um amigo, e depois, havendo se tornado insano, as exigisse de volta, todos julgariam que o amigo não

---

[11] Céfalo é uma figura importante na obra "*A República*". Pai de Polemarco, Lísias e Eutidemos, nasceu em Siracusa — portanto, era meteco —, estabeleceu-se em Atenas e, após 30 anos, acumulou fortuna com uma fábrica de escudos; foi desapropriado pelos Trinta Tiranos. É Céfalo que convida Sócrates a vir com frequência em casa para debater com seus filhos (329d).

> lhe as deveria restituir, nem mesmo concordariam em dizer toda a verdade a um homem enlouquecido.
> — [Céfalo] Estou de acordo.
> — [Sócrates] Como vês, justiça não significa ser sincero e devolver o que se tomou. (Platão, 2000, p. 15).

Negada essa conceituação, Céfalo se vê sem argumentos para sua defesa e retira-se da conversa. Em seguida, a segunda concepção de justiça é apresentada por seu filho Polemarco que, após tentar inutilmente defender o argumento de seu pai, acaba por definir justiça como o ato de ajudar os amigos e prejudicar os inimigos (Platão, 2000, p. 17).

Após uma longa discussão, Sócrates demonstra que a justiça pertence à natureza e o homem justo não escolhe a quem será útil. Quem é justo não o é para com seu amigo e não ao inimigo. Quem é justo o será em qualquer situação. Assim, a justiça é praticada pelo fato de a pessoa ser justa e não em relação a quem ela é direcionada.

Percebemos que o método inquisitivo de Sócrates incomoda os presentes pelo fato de abster-se de anunciar seu próprio conceito.

> — [Trasímaco] Que tagarelice é essa, Sócrates, e por que agis como tolos, inclinando-vos alternadamente um diante do outro? Se queres mesmo saber o que é justo, não te limites a indagar e não teimes em refutar aquele que responde, mas, tendo reconhecido que é mais fácil indagar do que responder, responde tu mesmo e diz como defines a justiça. (Platão, 2000, p. 25).

Em sequência ao seu desabafo frente à insatisfação quanto aos questionamentos do filósofo, Trasímaco afirma ser a justiça o interesse do governante, ou seja, a conveniência do mais forte. Utiliza como exemplo a apropriação de bens particulares: caso seja feita por um homem qualquer, esse ato é considerado injusto e incorreto, qualificando o sujeito como ladrão, entretanto, se praticado por um governante que, além de se apropriar dos bens dos cidadãos, faz deles escravos, será considerado bem aventurado e justo.

Essa defesa motiva em Sócrates uma longa argumentação que evidencia suas primeiras concepções de democracia enquanto governo:

> [...] nenhum chefe, em qualquer lugar de comando, na medida em que é chefe, examina ou prescreve o que é vantajoso a ele mesmo, mas o que o é para o seu subordinado, para o qual exerce a sua profissão, e é tendo esse homem em atenção, e

o que lhe é vantajoso e conveniente, que diz o que diz e faz tudo quanto faz. [...] Portanto, Trasímaco, é desde já evidente que nenhuma arte nem governo proporciona o que é útil a si mesmo, mas, como dissemos há muito, proporciona e prescreve o que o é ao súdito, pois tem por alvo a conveniência deste, que é o mais fraco, e não a do mais forte. (Platão, 2000, p. 30).

Como pode ser visto, a tirania defendida por Trasímaco é condenada por Sócrates em defesa de um governo voltado aos súditos. Aqui, inicia-se uma tentativa desse último em propor uma verdade: "a justiça é virtude e sabedoria, e a injustiça maldade e ignorância" (Platão, 2000, p. 38).

No livro IV de "A República", Platão concebe a natureza humana como corpo e alma de modo que o corpo se transforma com a velhice e a alma mantém-se imutável e eterna. Sendo a justiça um bem da alma enquanto a injustiça, um defeito dessa, poderíamos inferir que, para Platão, o corpo seria apenas uma matéria dotada de impulsos, enquanto a alma um arcabouço de virtudes esquecidas pelo homem, competindo à razão possibilitar que o homem relembre a bondade própria da alma e a coloque em prática a fim de tornar-se um homem justo.

Paviani (2008, p. 104) sintetiza que os livros II, III e IV discutem a natureza da justiça e da injustiça ao mesmo tempo que problematiza as transformações da Cidade e as propostas de educação em Atenas, para finalmente mostrar que a cidade ideal deverá possuir as quatro virtudes, quais sejam: "sabedoria própria da classe dos guardiões, coragem dos militares, temperança dos artesãos e justiça de todos".

Nesse sentido, a educação para Platão foi uma das grandes realizações de sua vida numa tentativa de tocar o mal em sua origem e reformar as formas erradas de viver, assim como a perspectiva de alguém em relação à vida.

O objetivo da educação seria transformar a alma em luz na medida em que a principal função dela seria trazer à tona os talentos latentes na alma, direcionando-os para objetivos certos. Essa explicação de Platão destaca o objetivo da educação e orienta os leitores na direção correta para desdobrar as ramificações de sua teoria da educação.

Platão foi, de fato, o primeiro filósofo político antigo a estabelecer uma Universidade ou a introduzir um curso superior e falar em educação como tal. Essa ênfase na educação só veio à tona devido ao sistema educacional predominante em Atenas. Platão era contra a prática de pagar por conhecimento, fato que, segundo ele, era um crime hediondo.

Foi a partir da educação que o princípio da justiça foi devidamente trabalhado em sua obra. A educação foi o caminho para o funcionamento da justiça no estado ideal uma vez que Platão estava convencido de que a raiz do vício e da injustiça residia na ignorância, e somente pela educação adequada se poderia converter-se em um homem virtuoso.

Por fim, o principal objetivo da teoria da educação de Platão era coibir o individualismo, abolir a incompetência e a imaturidade bem como estabelecer a regra da eficiência.

1.3 Aristóteles

> Existem três fatores para os homens se tornarem bons e íntegros: natureza, hábito e razão. Muitas vezes os homens, com efeito, são levados a não seguir a natureza e o hábito, se a razão os persuade de que outro caminho é melhor. Definimos já, pois, que condições é necessário terem os cidadãos, para serem mais facilmente moldados pelo legislador. Tudo o mais diz respeito à educação; aprenderão em parte pelo hábito, em parte por instrução. (Aristóteles, 2005, p. 255-256).

Nascido em 384 a.C., em Stagira, no noroeste da Grécia, Aristóteles, ao contrário de Platão, não era um descendente da aristocracia ateniense de alto nível, nem mesmo um cidadão de Atenas. Ele era um estrangeiro residente (um "metic") privado de direitos políticos. No entanto, ele era de uma família de renome. Seu pai, Nicômaco, era um médico real no tribunal macedônio; o que fez Aristóteles receber uma educação de primeira classe, supervisionada por um tutor após a morte de seu pai. Em 367 a.C., aos 17 anos, Aristóteles, devido a tensões na corte, foi a Atenas para estudar com Platão, por 20 anos, na Academia.

Durante essa primeira estada em Atenas, Aristóteles começou a lecionar e aparentemente produziu os primeiros rascunhos de suas obras sobre física, metafísica, ética, política e retórica.

Aristóteles não parece ter se envolvido diretamente com questões políticas na *polis*, embora tenha considerado a política como uma ciência autônoma. Dito isso, ele atuou como mediador entre a Macedônia e várias cidades gregas, fato pelo qual os cidadãos de Atenas lhe eram gratos. A maior parte de seu tempo foi consumida com seus estudos, pesquisa e ensino, representando um leitor diligente e pensador, sempre aberto ao mundo, aprendendo, em seus caminhos, muito além dos ensinamentos da Academia. Ele foi magistralmente versado nas obras dos sofistas, dos pré-socráticos, dos escritores médicos, bem como da lírica, da épica e do drama gregos.

Em 345 a.C., Aristóteles mudou-se para Mytilene em Lesbos. Dois anos depois, recebeu um pedido do rei Filipe II da Macedônia para instruir seu filho Alexandre. Aristóteles concordou com o pedido e passou sete anos trabalhando em estreita colaboração com o jovem que mais tarde se tornaria o famoso Alexandre, o Grande. Ao final de sete anos, Alexandre foi coroado rei e o trabalho de Aristóteles estava completo.

Deixando a Macedônia, retornou a Atenas, onde montou o Liceu, uma escola que se tornou rival da Academia de Platão. Durante 12 anos, Aristóteles trabalhou no Liceu perto do Monte Lycabettus, um ginásio aberto a todos, onde estabeleceu sua extraordinária biblioteca, bem como instrumentos científicos; o que lhe possibilitou lecionar publicamente, no estilo do ensino e da pesquisa da Academia, revisando trabalhos anteriores e elaborando novos projetos de pesquisa.

Após a morte de Alexandre, em junho de 323 a.C., Aristóteles deixou Atenas novamente, com medo de ser vítima de intrigas. Ele se retirou para a casa de sua mãe em Cálcis, na Eubeia, e morreu logo depois, aos 62 anos. De acordo com seus desejos, ele foi enterrado ao lado de sua esposa Pythia.

1.3.1 A teoria aristotélica sobre educação moral e cidadania

Buscamos, neste espaço, analisar o pensamento de Aristóteles com foco em sua teoria, podendo ser aplicada à educação vinculada à construção da cidadania. Ocorre que a compreensão do filósofo sobre esses tópicos não está disposta em títulos específicos em suas obras e sim espalhada ao longo de suas abordagens sobre ética e política. Por essa razão, não é prudente analisar as concepções sobre cidadania e educação como existindo separadamente de uma posição ética. Assim, para entender o esclarecimento de Aristóteles às questões "o que é um cidadão?" e "o que faz um bom cidadão?" devemos primeiro conhecer sobre sua resposta à questão "O que é uma vida ética?".

As duas obras mais estudadas de Aristóteles são "Ética a Nicômaco" e "Política". Para os propósitos desta pesquisa, muito do que Aristóteles diz sobre a educação foi encontrado em "Ética a Nicômaco", apesar de haver uma breve, mas sustentada discussão, no fim de "Política". Já a cidadania como conceito está na situação inversa. A maior parte dessa discussão Aristóteles apresenta no livro "Política" enquanto "Ética a Nicômaco" contém algumas informações importantes, porém poucas, sobre suas visões acerca da cidadania.

Ao contrário de muitos outros pensadores, Aristóteles (e os gregos antigos em geral) não viam os "dois contextos como" distintos ou independentes. Para Aristóteles, a ética é o estudo de como os seres humanos devem viver e, entendido dessa maneira, é fácil compreender por qual razão ele pensaria que a organização do governo e da ordem social seria parte integrante para a concepção de uma vida humana equilibrada.

Na história da Humanidade, a Grécia é um dos lugares onde a necessidade de formatar um estado ideal é logo confirmada por meio da quantidade de pensadores de campos diferentes, como filosofia, política, cultura, arte, ciência, educação, que se dispuseram a divulgar suas ideias e contribuir para o empoderamento da *polis* (cidade-estado) frente à crise da democracia.

Foi nesse contexto que Aristóteles se destacou por dedicar sua obra ao esforço em superar a ordem existente e propor a construção de uma sociedade melhor, manifestando seus pensamentos, sistematicamente, nas obras que escreveu. Para que a sociedade se transformasse de fato, o filósofo acreditava que o Estado deveria intervir de tal forma a orientar e determinar condutas para os cidadãos em praticamente todas as dimensões da vida humana. Há, na obra "Política", por exemplo, orientações sobre a organização do Estado, estrutura da escola, constituição dos casamentos, alimentação, ou seja, Aristóteles não só tratou de questões relacionados ao governo como também de outras instituições como religião, esporte, lazer, família, educação, entre outras. O pensador deixa claro essa intenção, no início do capítulo I do livro VII da obra "Política" ao mencionar:

> Aquele que deseja realizar de maneira conveniente uma investigação da melhor forma de governo, **deve primeiramente ser capaz de determinar o modo preferível de vida para o habitante da cidade.** Enquanto isso continuar no âmbito da incerteza, a melhor forma de governo também será incerta, pois na ordem natural das coisas, os que podem almejar viver da melhor maneira são governados tão bem quanto as melhores circunstâncias de sua vida admitem. (Aristóteles, 2005, p. 233, grifos nossos).

Para que o referido pensamento tenha sentido, torna-se conveniente retomar a história de Atenas, trabalhada no início desta pesquisa. Precisamos imaginar uma era democrática enfraquecida, com sérios problemas acompanhados pela crise de valores e crenças. É nesse contexto que Aristóteles ressalta a necessidade de dar destaque ao papel da educação. Ele afirma que ela não só direciona as pessoas para a virtude, para a origem oficial da felicidade, como também cria condições para o estabelecimento da moralidade, garantindo a legitimidade para a comunidade.

Portanto, todos os cidadãos deveriam ser educados, de forma abrangente, em fisicalidade, mente e espírito com o propósito de servir o governo. Nesse sentido, educar uma criança para se tornar um homem virtuoso é um assunto particularmente importante para Aristóteles à medida que o sucesso de um território é proporcional à quantidade de cidadãos bem educados e corretos que alcancem a excelência da moral.

Trata-se de um tema complexo uma vez que, para o filósofo, compreender a excelência moral requer considerar que uma pessoa alcança harmonia plena quando se torna capaz de equilibrar o pensamento e o desejo, permitindo-lhe agir conscientemente.

A educação, na visão aristotélica, deveria acompanhar toda a existência do homem com a finalidade de preservá-lo feliz e virtuoso. Ocorre que, para adquirir esses benefícios (*agathón*) e gozar de felicidade, seria preciso antes conhecê-lo. Para conhecer-se, o homem deveria dominar a política por ser a maior de todas as ciências. Desse modo, para alcançarem a felicidade, os cidadãos necessitam de uma educação moral "correta e sadia" (Houradakis, 2001, p. 50). E, para atingi-la, seria necessário que soubessem determinar e sintonizar bem os seus meios e fins aos quais direcionavam suas ações[12].

Como pode ser compreendido, o modelo do filósofo, no sentido de aquisição de padrão moral, é um desenvolvimento em que o indivíduo gradualmente progride em direção à excelência. Nessa perspectiva, a escola deve orientar a criança para a sublimidade, embora suas capacidades naturais sejam desenvolvidas mediante o convívio com a sociedade e sobretudo com a família. Conforme Aristóteles, a educação deveria ser um dever do "Estado" por meio de uma educação pública voltada para todos e, ao mesmo tempo, teria seus fundamentos na família, sendo essa orientada, supervisionada e controlada pelo Estado a fim de que haja garantia de qualidade na preparação do homem para a *polis*.

1.3.2 O cidadão para Aristóteles

Para compreender as concepções aristotélicas sobre ética e política, é necessário considerar três conceitos centrais: virtude, felicidade e

---

[12] Síntese retirada das obras "Ética a Nicômaco" (Aristóteles, 1987) e "Política" (2005).

natureza humana. As virtudes, para Aristóteles, são o modo central pelo qual os seres humanos são concebidos e avaliados eticamente. Em termos simples, seriam aqueles estados de caráter que os homens desenvolvem e utilizam como norte para sua vida pessoal, profissional e social. Para ser uma boa pessoa, na visão de Aristóteles, é preciso desenvolver e promulgar as virtudes na medida certa; o que exige treinamento e controle, por parte do indivíduo, para que essas características o tornem um ser humano exemplo para sua coletividade.

Podemos afirmar que, para Aristóteles, ter uma vida feliz é ser ético e ser ético compreende possuir virtudes que tornam a pessoa um homem de bem. Por fim, Aristóteles via a ética como ligada inexoravelmente à política uma vez que a primeira coisa a pensar, quando se quer ser um bom cidadão, é conhecer os propósitos do Estado, cuja função principal é garantir que as pessoas que vivem nele sejam felizes.

Aristóteles expressa esse ponto de vista em algumas declarações:

> A sociedade constituída por diversos pequenos povoados forma uma cidade completa, com todos os meios de se abastecer por si, e tendo atingido, por assim dizer, o fim a que se propôs. Nascida principalmente da necessidade de viver, ela subsiste para uma vida feliz. Eis por que toda cidade se integra na natureza, pois foi a própria natureza que formou as primeiras sociedades: ora, a natureza era o fim dessas sociedades; e a natureza é o verdadeiro fim de todas as coisas. (Aristóteles, 2005, p. 56).

Os seres humanos, como grupos e indivíduos, não poderiam satisfazer, de modo confiável, objetivos naturais sem que existisse o Estado como parte determinante desse processo.

No livro III, Aristóteles (2005, p. 113) se dedica a entender as partes que compõem a cidade, propondo o seguinte questionamento: "quem é o cidadão e qual o sentido deste termo?".

Para nós brasileiros, hoje, essa é uma questão legal: qualquer pessoa nascida no país ou de brasileiros no exterior é automaticamente um cidadão enquanto outras pessoas podem adquirir cidadania, seguindo os procedimentos legais corretos para isso. No entanto, essa regra não é coerente com a lógica aristotélica uma vez que os escravos, as mulheres e os estrangeiros, ainda que nascessem e vivessem nas mesmas cidades que os homens livres, isso não os tornaria cidadãos.

Para Aristóteles, ser cidadão vai além de viver em um lugar particular ou participar de atividades econômicas ou ser governado sob as mesmas leis. Um cidadão, em sentido estrito, contra o qual nenhuma exceção pode ser imposta, é aquele cuja "sua qualidade característica é ter o direito de administrar justiça e exercer magistraturas" (Aristóteles, 2005, p. 114).

Nessa perspectiva, a tarefa essencial do cidadão é participar na administração deliberativa ou judicial do que é bom e justo e seguir essas diretrizes, devendo ser elegível. Nos dias atuais, podemos compará-lo a um eleitor e jurado ou membro de uma assembleia para quem é reservado o direito de deliberar ou julgar sobre alguma pendência. Isso não significa que um cidadão tenha que ocupar o cargo.

Para Aristóteles, diferentemente de alguns governos contemporâneos, a cidadania é definida por participação e autoridade e não por um "status" oficial em uma cidade ou estado-nação. Assim, um cidadão é definido pelo que faz (e deve fazer) e pelo tipo de autoridade política passível de participar da governança local e da composição legislativa e judiciária. Aristóteles declara essa previsão conceitual, na obra "Política"(2001, p. 12), ao afirmar: "Agora podemos dizer que alguém que é elegível para participar do ofício deliberativo e judicial é um cidadão na cidade-estado.

O filósofo expande essa definição, explicando que os cidadãos podem participar de duas maneiras: compartilhando do poder de decisão e sendo governados. Dessa forma, vincula essas duas possibilidades participativas a uma divisão baseada nos tipos de trabalhos envolvidos em cada uma e pelos tipos de virtudes necessárias para ocupar cada posição.

Percebemos, na descrição dos dois tipos, que há uma ordem hierárquica, uma vez que governar é uma tarefa superior à atividade de ser governado. Isso exemplifica exatamente a hierarquia de valor que ele descreve em relação às virtudes da boa vida humana. Para Aristóteles, as virtudes superiores são aquelas do intelecto, possibilitadas pela sabedoria prática, enquanto as virtudes inferiores são aquelas do caráter, como generosidade e coragem. Segundo Aristóteles, a sabedoria prática é a virtude essencial para governar bem, enquanto as virtudes do caráter são necessárias para ser bem governado.

Uma vez que, na ótica aristotélica, a cidadania exige liberdade de se preocupar diariamente com as necessidades da *polis*, participando da discussão sobre o bem público e interesse coletivo, implica ao cidadão possuir riqueza material e conforto que lhe assegure disponibilidade e poder constituído.

Ao definir quem é o cidadão, Aristóteles (2005, p. 114) esclarece que existem tanto tipos de cidadania quanto formas de governo, de tal modo que "aquele que é cidadão na democracia muitas vezes não será um cidadão em uma oligarquia"; portanto, ele afirma que sua definição está bem mais adaptada ao cidadão da democracia.

Após definir cidadão, o filósofo discute as formas possíveis para aquisição da cidadania. Os laços de sangue compreendem a titularidade mais comum desde que pai e mãe sejam cidadãos de um determinado local, havendo também a possibilidade de se adquirir cidadania por concessão de uma autoridade política como forma de recompensa por serviços prestados ao Estado.

Em resumo, na defesa aristotélica, o título de "cidadão" aplica-se preeminentemente a um adulto, homem fisicamente capaz, que seja filho de um também cidadão, que goza de meios econômicos suficientes para se envolver ativamente na governança de sua cidade natal, votando ou sendo eleito para as decisões estatais.

Nesse sentido, é possível excluir escravos, mulheres, crianças e residentes estrangeiros por não cumprirem os requisitos necessários para serem considerados cidadãos, por possuir, cada um, uma ausência determinada. As mulheres e as crianças, por lhes faltar maturidade intelectual e moral. Os escravos, por executarem as tarefas mecânicas e servis, não dispondo de tempo livre necessário ao exercício da vida política, bem como por não serem livres, não poderiam governar nem exercer magistraturas. Os estrangeiros residentes dedicavam-se, regra geral, ao comércio e ao artesanato, pelo que não dispunham, também, de tempo livre para o exercício da cidadania.

Como pode ser visto, além da capacidade para ser cidadão depender de um determinismo biológico e geográfico, também devem-se considerar as virtudes e boas qualidades. Nesse sentido, dando continuidade aos questionamentos propostos sobre o tema, ainda no livro III, capítulo IV, o filósofo inicia apresentando um ponto relacionado com o precedente "a virtude do bom homem e do cidadão bom são as mesmas?" (Aristóteles, 2005, p. 117).

Se considerarmos que o bom cidadão, perante um imaginário coletivo contemporâneo, seria aquele indivíduo comprometido em seguir as leis, pagar impostos e possivelmente servir à justiça, diríamos que sim, pois todas essas atitudes são boas e próprias de um homem de bem. Ocorre que, para

Aristóteles, esse não é o caso diante de vários tipos de regime¹³ de governo que exigem cada qual seu perfil próprio de bom cidadão.

Para ele, há apenas uma situação em que as virtudes do bom cidadão e do homem bom são as mesmas: quando o primeiro vive em uma cidade que está sob o regime ideal: "No caso do melhor regime, [o cidadão] é aquele que é capaz e intencionalmente escolhe ser governado e governar tendo em vista a vida de acordo com a virtude" (Aristóteles, 2005, p. 120).

No livro IV, Aristóteles traça um paralelo entre a virtude nos indivíduos e a virtude nas cidades. A cidade, diz ele, tem três grupos diferentes: os ricos, os pobres e a classe média. Aparentemente poderíamos pensar que são os ricos os mais afortunados desses três grupos, mas essa não é a posição de Aristóteles (2005, p. 164). Ele diz:

> Em todas as cidades há três classes de cidadãos: uma classe de cidadãos é muito rica, outra é muito pobre, e uma terceira é o meio. Em geral admite-se que o que é moderado e está no meio é melhor e, por conseguinte será evidentemente melhor desfrutar com moderação os presentes que a forma oferecer, visto que nesta condição de vida é mais fácil seguir o princípio racional. Ao contrário, para aqueles que são excessivamente belos, fortes, bem nascidos, ou ricos, ou então, aqueles que são muito pobres, fracos, ou extremamente desafortunados, resulta muito difícil seguir o princípio racional, com efeito, os primeiros tendem à insolência e perversidades, enquanto os segundos tendem a mesquinharias e maldades. Além disso, a classe do meio inclina-se menos a fugir do exercício de funções no governo ou de procurar ambiciosamente por elas.

Na visão do pensador, uma comunidade política que tem extremos de riqueza e pobreza "é uma cidade não de pessoas livres, mas de escravos e senhores, uns consumidos pela inveja, os outros por desprezo. Nada é removido do afeto e de uma parceria política" (Aristóteles, 2005, p. 165).

Assim, na visão aristotélica, as pessoas da classe média estão livres da arrogância que caracteriza os ricos e da inveja perpetuada pelos pobres.

---

¹³ No Livro III, Capítulo 7, Aristóteles (2001, p. 124) estabelece os seis tipos de regimes. Em sua visão, os regimes corretos são a monarquia (o governo de um homem para o bem comum), a aristocracia (o governo de alguns para o bem comum) e a política (o governo de muitos para o bem comum); os regimes falhos ou desviantes são: tirania (governar por um homem em seu próprio interesse), oligarquia (governar por poucos em seu próprio interesse) e democracia (governar por muitos a seu próprio interesse). Aristóteles depois classifica-os em ordem de bondade, com a monarquia a melhor, a aristocracia, a segunda melhor, depois a política, a democracia, a oligarquia e a tirania. No próximo livro, o pensador se dedica a tratar sobre o melhor dos regimes tecendo as críticas aos demais.

E, como os membros dessa classe são semelhantes e iguais em riqueza, eles tendem a considerar um ao outro como semelhantes e estar dispostos a governar e ser governados por sua vez, nem exigindo governar em todos os momentos como os ricos fazem ou tentando evitar governar como os pobres fazem por falta de recursos.

> Assim, é a maior boa fortuna para aqueles que estão engajados na política ter uma propriedade mediana e suficiente, porque onde alguns possuem muitas coisas e outras nada, ou [o governo] do povo em sua forma extrema deve vir a existir, ou a oligarquia não misturada, ou — como resultado de ambos os excessos — a tirania. Pois a tirania surge do tipo mais obstinado de democracia e da oligarquia, mas muito menos dos tipos médios [do regime] e daqueles próximos a eles. (Aristóteles, 2005, p. 166).

Por meio da análise desse pensamento, podemos inferir que a definição de cidadania de Aristóteles permite um esquema visível de categorização para identificar melhores e piores cidadãos. Exemplos, desse caso, são aqueles envolvidos no processo de governar, enquanto aqueles somente envolvidos na atividade de serem governados são, em certo sentido, cidadãos incompletos.

Outra reflexão importante, em "Política" refere-se à estrita relação da cidadania com parâmetros de sucesso e competência. Logo, em sua opinião, há pessoas que não podem ser cidadãos plenos, uma vez que não são capazes de desenvolver certas virtudes ora em função de suas características biológicas, ora sociais. Dessa forma, muitos autores contemporâneos defendem que, na obra de Aristóteles, encontra-se o vestígio periférico das visões racistas, sexistas e classistas de seu tempo e, por essa razão, tendem a rejeitar veementemente esses tipos de alegações biológicas e não igualitárias.

1.3.3 O significado e a natureza da educação

Aristóteles, no Livro "Ética a Nicômaco" remete a oferta da educação à iniciativa privada. Mas, logo depois, no livro "Política", ele faz uma reflexão sobre esse ensino e passa a defendê-la como obrigação do Estado, com a justificativa de que, enquanto privada, os proprietários teriam liberdade para ensinar o que quisessem para os jovens. Sendo pública, seria coerente com a necessidade estatal, reforçando o perfil de cidadão, defendido, na época, para atuar na *polis* (cidade-estado).

> [...] o cidadão deveria ser educado em harmonia com a forma de governo sob a qual vive, pois cada governo tem um caráter peculiar que o acompanha desde a sua origem e que ele preserva com o passar do tempo. O caráter democrático gera democracia, e o caráter oligárquico gera a oligarquia; e é fato que quanto mais sólido for o caráter, melhor o governo será. (Aristóteles, 2005, p. 267).

Segundo o filósofo, a educação deve estar relacionada ao modelo de constituição do Estado, sendo que exerce uma forte contribuição para a implementação de uma forma de governo. Uma educação democrática, por exemplo, cria e sustenta o Estado democrático enquanto uma educação ditatorial reforça um governo ditador; o que também ocorre com todos os outros tipos de regimes.

Ao afirmar que a educação deveria ser regulamentada pelas leis do governo, ainda que fosse uma atividade da *polis*, no capítulo II do livro VIII, Aristóteles discute a natureza desse tema, possibilitando-nos alguns questionamentos: *Qual é o significado de Educação? O que os jovens devem aprender?* Essas são as duas questões essenciais colocadas neste capítulo.

Aristóteles concorda que não há resposta específica para essas questões. Ele afirma que não está claro se os jovens devem aprender para servir a virtude ou a vida perfeita e se a educação deve ser direcionada principalmente para o entendimento, ou para o desenvolvimento do caráter moral.

O livro VIII está principalmente preocupado com o tipo de educação que os filhos dos cidadãos devem receber. É importante ressaltar que, na lógica aristotélica, a educação é uma ferramenta tão importante que não pode ser deixada nas mãos das famílias, como era costume na Grécia e sim padronizada pelo Estado. A importância de uma educação comum que molda cada cidadão de modo a capacitá-lo a servir ao bem coletivo da cidade lembra a discussão de como a cidade é anterior ao indivíduo no Livro I, Capítulo 2 da obra "Política" na medida em que um cidadão não pertence a si mesmo, mas sim que todos pertencem à cidade:

> Fica evidente, pois, que a cidade é uma criação da natureza, e que o homem, por natureza, é um animal político — isto é, destinado a viver em sociedade —, e que o homem que, por natureza e não por mero acidente, não tivesse sua existência

> na cidade, seria um ser vil, superior ou inferior ao homem. Tal indivíduo segundo Homero, é um ser sem lar, sem família, sem leis, pois tem sede de guerra e, como não é freado por nada, assemelha-se a uma ave de rapina. (Aristóteles, 2005, p. 56).

Pode-se dizer que, nessa perspectiva, o objetivo da educação não é conhecimento produtivo ou teórico. Em vez disso, pretende-se ensinar aos jovens potenciais conhecimentos práticos dos cidadãos — o tipo de conhecimento do qual cada um deles precisará para desempenhar suas funções convenientes com os interesses estatais.

No capítulo III do livro VIII, Aristóteles define claramente os desígnios da educação, elencando quatro propósitos práticos básicos: a leitura e a escrita, o treinamento físico, a música e o desenho. Para o filósofo,

> [...] a leitura, a escrita e o desenho são considerados igualmente úteis aos propósitos da existência de várias formas diferentes, enquanto se acredita que a ginástica possa dotar o cidadão de coragem. Quanto à música, uma dúvida se levanta — em nossos próprios dias, a maioria das pessoas cultivam-na por prazer, mas originalmente ela fazia parte da educação, pois a própria natureza, como se tem afirmado com frequência, exige que sejamos capazes não apenas de trabalhar bem, mas também de nos divertir bem; pois, como devo realçar, o princípio de toda a atividade é o lazer.

Como está claro nesse parágrafo, ele primeiro hesita em apontar o significado e os propósitos da música enquanto, mais tarde, a relaciona como parte do lazer da vida. Sobretudo, Aristóteles disserta mais sobre música e seu papel no desenvolvimento psicológico dos jovens nas páginas seguintes do capítulo.

Interpretar, a partir desse parágrafo, a visão aristotélica sobre a contribuição do lazer no processo educativo não é uma tarefa tão simples. Ainda que, na obra, apareça a distinção entre trabalho e diversão e sua relação com a educação, o autor não elenca o lazer como um dos quatro propósitos. Sobretudo, aponta a importância disso ao atribuir aos educadores a obrigação de estarem cientes da relevância de incluírem, em sua prática pedagógica, momentos pelos quais os alunos alcancem o relaxamento do pensamento, pois

> [...] a diversão é mais necessária do que nunca nas horas de trabalho compenetrado, pois aquele que se empenha no tra-

> balho tem necessidades de relaxamento, e a diversão sempre oferece a possibilidade do relaxamento, enquanto o trabalho vem sempre acompanhado das tensões e do esforço. Deveríamos introduzir a diversão apenas nas horas adequadas, e ela deve nos servir como um remédio, pois as emoções que ela faz sentir na alma contribuem para o relaxamento, e no prazer obtemos o descanso. (Aristóteles, 2005, p. 269).

A partir dessa citação, podemos perceber que a obra de Aristóteles, ainda que seja datada do século III a.C., trata de um pensamento cujas reflexões sobre a sociedade humana, suas instituições, suas leis, suas constituições e principalmente seus modos de gerir a coisa pública são bases para muitas práticas observadas hoje, no século XXI d.C., sobretudo na educação.

A relação entre lazer e aprendizagem, nos parágrafos posteriores, torna-se mais clara. Como mencionado anteriormente, mesmo que Aristóteles tenha apontado, no capítulo III do livro III, que os assuntos estudados na escola devem passar pelo crivo da utilidade, a música deveria ser estudada, mesmo não sendo útil, a "priori".

É nesse momento que o filósofo (Aristóteles, 2005, p. 270) relativiza seu pensamento e admite que "a procura permanente da utilidade não promove a liberdade e a elevação do espírito", sendo que há ramos de aprendizagem e de educação que devemos estudar, tendo exclusivamente em vista o ócio dedicado à atividade intelectual. E esses ramos devem ser valorizados em si mesmos; ao passo que aqueles tipos de conhecimento imprescindíveis ao trabalho devem ser considerados necessários; e existem como meios para atingir outros fins. Assim justifica Aristóteles:

> Por isso, nossos pais admitiam o ensino da música em nossa educação, não por ela ser necessária ou útil pois ela não é necessária nem de fato tão útil quanto a gramática, que é útil para ganhar dinheiro, na gestão do lar, na aquisição de conhecimento e no desempenho da vida política, nem é tão útil quanto o desenho, que nos ajuda a fazer um julgamento mais apurado das obras dos artistas, nem tão útil como a ginástica, que contribui para nos fortalecer a saúde; nenhuma dessas coisas pode ser adquirida pelo estudo da música. Desse modo, a música parece estar reservada ao deleite intelectual nas atividades de lazer; o que é, de fato, a razão evidente para a sua introdução na educação de um homem livre, pois essa é uma das atividades a que se deve dedicar em seu tempo de ócio; como disse Homero. (Aristóteles, 2005, p. 269-270).

Essas discussões nos mostram a preocupação com a seleção de conteúdos e seus objetivos para que haja correspondência com os propósitos gerais da educação. A contribuição de Aristóteles, nesse sentido, leva-nos a perceber que todos os assuntos que escolhemos ensinar nas escolas precisam ser analisados e discutidos em sua essência. Essas ideias fundamentais sobre a educação, objetivos e suas relações com o desenvolvimento do aluno devem ainda serem práticas frequentes, utilizadas nas escolas contemporâneas, quando o objetivo é formar um cidadão que estabeleça conexão com seu contexto histórico, econômico e social.

Por fim, ser um bom cidadão, para Aristóteles, é ser uma pessoa de boa educação não apenas em profundidade, mas também em amplitude. Por isso, preocupa-se em descrever as especificidades para a educação de um cidadão ateniense.

Para tanto, Aristóteles propõe um planejamento adequado com o objetivo de formar integralmente o ser humano antes do seu nascimento até a idade madura. Trata-se de um sistema permanente, constante, construído a partir da integração de hábitos no cotidiano humano, familiar e, sobretudo, social, uma vez que, do seu ponto de vista, as pessoas, ao atingirem a idade adulta, continuam desenvolvendo a aprendizagem, transformando-a em habilidades para si.

Ainda antes de a criança nascer, Aristóteles recomenda que o período conveniente para a gestação é sempre o inverno e, durante esse período, as mães devem agir cuidadosamente, praticando caminhada, tendo uma dieta adequada e mantendo uma harmônica paz interior. Como, depois de nascer, a alimentação influencia consideravelmente o desempenho físico das crianças, elas precisam de alimentos altamente nutritivos para serem saudáveis[14] o suficiente na obrigação de defender o Estado em caso de guerra.

Uma das contribuições de Aristóteles para a educação contemporânea é sua explícita declaração relativa entre o nível de escolaridade e o período de vida dos indivíduos. De fato, o desenvolvimento humano é um elemento muito importante na educação porque os conteúdos devem ser concebidos de uma forma que o nível de compreensão da criança possibilite que ela consiga estabelecer conexões entre a teoria estudada e a realidade que a cerca.

---

[14] A preocupação com o desenvolvimento físico era tamanha que diversas recomendações são observadas na obra de Aristóteles, para que as crianças e jovens se tornassem adultos fortes, resistentes e robustos. Dentre elas, curioso destacar: abundância de leite na amamentação, ingestão de vinho para evitar enfermidades, uso de aparelhos mecânicos, que sustentam o corpo da criança em uma postura ereta, costume com temperaturas baixas (Aristoteles, 2005, p. 264).

Ao final do capítulo 17 do livro VII, Aristóteles (2001, p. 265) aborda a questão da idade e sua relação com a compreensão e o desenvolvimento psicológico dos jovens, afirmando que "até a idade de 5 anos nenhuma exigência de estudo ou trabalho deveria ser feita à criança, evitando assim que seu processo de crescimento seja atrapalhado"; por isso, até os sete anos de idade ela deveria morar em casa.

Da mesma forma que Platão, Aristóteles reconheceu a importância da primeira infância como um período formativo no desenvolvimento humano e dividiu a escolaridade em três estágios: primário, secundário e superior. Com as idades de 7 a 14 anos, as crianças frequentariam a primária e poderiam usufruir de ginástica, escrita, leitura, música e desenho. Entre 14 e 21 anos, frequentariam a secundária e continuariam seus estudos primários enquanto implementavam literatura, poesia, teatro, música coral e dança. Os últimos quatro anos seriam gastos em exercícios militares, táticas e estratégia. Os estudos mais profundos começariam aos 21 anos e continuariam enquanto o aluno estivesse disposto e capacitado, lembrando que a educação superior era apenas para homens, pois Aristóteles acreditava que as mulheres não eram capazes de estudos tão complexos.

Os estágios da educação escolar, para Aristóteles, são claramente classificados, em "Política", da seguinte maneira: 1. Treinamento do corpo; 2. Treinamento de desejos (a parte irracional da alma); e 3. Treinamento da mente (a parte razoável da alma). Segundo ele, os dois primeiros referem-se a um tipo de educação como hábito e o último, a uma educação por meio da razão. Na discussão de Aristóteles, a ordem do ensino oferecida ao sujeito torna-se muito importante pelos resultados possíveis alcançados nesse processo.

O pensamento de Aristóteles é, portanto, claramente um sistema de educação ao longo da vida, ao afirmar, na obra "Retórica", que "o corpo atinge a maturidade entre os 30 e os 35 anos de idade e a alma com a idade de 49" (Aristóteles, 2005, p. 198). Nesse sentido, defendia que os cidadãos deveriam realizar diferentes funções no decorrer de suas vidas, obedecendo, julgando e ordenando quando necessário.

Ainda que Aristóteles não concedesse possibilidade do título de cidadão a filhos de agricultores, artesãos ou comerciantes, podemos inferir, por meio de seus escritos em "Política", que o filósofo propôs o que podemos chamar de formação profissional para comerciantes, já que ele frequentemente se refere à importância de um bom aprendizado para a prática adequada de um ofício.

Da mesma forma, quanto aos escravos, há um momento e, em certas condições, Aristóteles chega a prescrever uma forma de educação para os escravos, tendo em vista a necessidade de moldar o caráter de jovens destinados a ocupações próprias da escravidão.

Entretanto, a educação para meninas foi pouco explorada nas obras do autor embora houvesse a previsão de escola pública para o referido grupo, direcionada para a beleza, a castidade e o gosto pelo trabalho sem ganância.

Para Aristóteles, as mulheres certamente não são iguais aos homens, pois, por sua própria natureza, são destinadas a obedecer e, portanto, não são livres. Suas virtudes corporais e morais também não equivalem às dos homens, contudo, os indivíduos e a comunidade deveriam igualmente esforçar-se para desenvolver cada uma dessas qualidades em meninos e meninas.

Quanto às categorias educacionais, Aristóteles identifica duas possibilidades que compreendem a educação pela razão e a educação por meio do hábito. Para ele, "educação pelo hábito" não significa uma espécie de treinamento envolvendo repetição automática. O que ele entende por essa expressão é o que hoje chamaríamos de "aprendizagem ativa"[15].

Em "Ética a Nicômaco", Aristóteles explica em que consiste o hábito e sua relação com a aprendizagem das artes, da ciência e da moral:

> Por outro lado, de todas as coisas que nos vêm por natureza, primeiro adquirimos a potência e mais tarde exteriorizamos os atos. Isso é evidente no caso dos sentidos, pois não foi por ver ou ouvir frequentemente que adquirimos a visão e a audição, mas, pelo contrário, nós as possuíamos antes de usá-las, e não entramos na posse delas pelo uso. Com as virtudes dá-se exatamente o oposto: adquirimo-las pelo exercício, como também sucede com as artes. Com efeito, as coisas que temos de aprender antes de poder fazê-las, aprendemo-las fazendo; por exemplo, os homens tornam-se arquitetos construindo e tocadores de lira tangendo esse instrumento. Da mesma forma, tornamo-nos justos praticando atos justos, e assim com a temperança, a bravura, etc. (Aristóteles, 2015, p. 42).

---

[15] A fim de questionar a passividade à qual o aluno é submetido pela pedagogia tradicional, a matriz pedagógico-metodológica escolanovista originou-se no decorrer do século XIX com fundamentos ligados aos avanços científicos da Biologia e da Psicologia. Passou a imperar a corrente do determinismo biológico para a qual o sujeito era visto como um organismo e seu desenvolvimento desencadeava a aprendizagem. Nesse sentido, a atividade, promotora de experiência, é vista como o motor da aprendizagem que se constrói livremente à medida que o sujeito se desenvolve biologicamente. O papel do professor passa a ser apenas de orientador desse processo.

Como pode ser observado, para Aristóteles, a educação não é algo a que a pessoa deve se submeter passivamente. Pelo contrário, é uma ação que importa imitação, experiência e memória na medida em que é construída por meio de exemplos bem-sucedidos de práticas virtuosas.

No mesmo sentido, a educação pela razão complementa a educação pelo hábito. É a educação no sentido próprio do termo, incluindo, especificamente, o ensino das ciências. Seu objetivo é transmitir uma compreensão das causas. As ciências teóricas — matemática, física e teologia — são ensinadas principalmente por demonstração, isto é, não com base em exemplos, mas partindo de princípios universais. Assim, em grande medida, a educação pela razão coincide com a abordagem científica ou filosofia teórica, assim como a educação pelo hábito coincide com a ação ética ou filosofia prática.

Embora o trabalho de Aristóteles tenha chegado até nós de forma incompleta e muitos textos importantes, com trechos inacabados, sua teoria da educação pode ser vista como ocupando um lugar importante na teoria filosófica. Os seres humanos possuem aptidões naturais específicas, mas é somente pela educação que eles constroem a cultura.

Em conclusão, podemos afirmar que o pensamento de Aristóteles, incluindo filosofia, lógica, física, biologia, psicologia, metafísica, ética, política e retórica, continua presente nas reflexões dos filósofos contemporâneos e fornece um arsenal de ferramentas conceituais, ou seja, definições, distinções, conexões e classificações para a filosofia ocidental. A teoria da educação de Aristóteles possui relevância em face de suas observações sobre a política educacional e seu papel na sociedade, seu conceito de sistema continuado e educação para a cidadania.

2

A EDUCAÇÃO CRISTÃ COMO PRESSUPOSTO PARA A CIDADANIA NO PERÍODO MEDIEVAL

2.1 Da cidade antiga à Igreja cristã

Por volta do século III, o Império Romano tornou-se uma instituição com poucas possibilidades para manter uma sociedade organizada, por não mais atender às necessidades e aos interesses de sua população. Os problemas sociais e econômicos do Império, unidos às invasões bárbaras, contribuíram para a desorganização daquele mundo.

Souza (2001, p. 92) menciona que as despesas estatais com a estrutura militar e administrativa; o aumento dos impostos para custear o exército e a burocracia; o declínio do comércio, que favoreceu a ampliação do número de miseráveis entre a plebe, os comerciantes e os camponeses, dentre outros fatores, foram estratégias malsucedidas, adotadas pelos governantes, que, ao contrário de reestruturar, mantiveram o estado de caos.

Em meio à profunda desordem, a religião cristã, por meio da Igreja, mostrou-se como uma instituição organizada, com condições para assumir o comando do poder até então exercido pelo Estado.

> A antiga ordem imperial, enfim, apesar de todas as medidas de força que tentam impor a coesão, vai cedendo à inevitável desestruturação, a uma desagregação dos elementos que, antes coesos, conformavam a ordem do sistema. Contra tudo isto, o Cristianismo, organizando em Igreja e gerando os seus próprios padrões de espacialização política, começa a constituir um sistema paralelo, que agrega em dioceses o espaço sociorreligioso propondo uma nova organização administrativa, ora superposta ora desencaixada em relação à administração imperial. Decisivamente, a ideia de universalidade que antes residia no Império vai se deslocando para a Cristandade consolidada institucionalmente na Igreja, e este confronto entre dois projetos universais — na vida política ou imaginária — em breve se estenderá pelos séculos posteriores como uma longa reminiscência do jogo de encaixes e desencaixes entre os dois sistemas. (Barros, 2009, p. 567-568).

Como pode ser visto, o estabelecimento da religião cristã e da Igreja, em uma forma unificada, tornou-se tão importante que se transformou no centro de controle do pensamento político medieval. O Cristianismo, cuja ascendência foi acelerada pela filosofia romana e, acima de tudo, pelos imperadores da época, particularmente Constantino, caracterizou a Idade Média.

Rumo aos períodos de declínio do Império Romano, a religião cristã se espalhou rapidamente e isso recebeu um novo impulso quando o imperador romano consolidou o Cristianismo como a religião oficial do Estado. A queda do poder imperial encorajou as autoridades eclesiásticas a exercerem a gestão ativamente e a tradição política das instituições também enfrentou crises na medida em que tiveram que reinventar seus formatos. Isso facilitou o crescimento da influência da Igreja que intensificou o processo de transformação do mundo antigo da seguinte forma:

> O advento do cristianismo operou uma profunda revolução cultural no mundo antigo, talvez a mais profunda que o mundo ocidental tenha conhecido na sua história. Uma revolução da mentalidade, antes mesmo que da cultura e das instituições sociais e, depois, políticas também. Trata-se da afirmação de um novo 'tipo' de homem (igualitário, solidário, caracterizado pela virtude da humildade, do amor universal, da dedicação pessoal, como ainda pela castidade e pela pobreza), que do âmbito religioso vem modelar toda a visão da sociedade e também os comportamentos coletivos, reinventando a família (baseada no amor e não apenas e sobretudo na autoridade e no domínio), o mundo do trabalho (abolindo qualquer desprezo pelos trabalhos 'baixos', manuais, e colocando num plano de colaboração recíproca os patrões e os escravos, os serviçais, os empregadores e os dependentes) e o da política (que deve inspirar-se nos valores ético-sociais de igualdade e solidariedade, devendo ver o soberano agir como um pai e um guia do povo, para dar vida a uma res publica christiana). (Cambi, 1999, p. 121).

Conforme o que foi apresentado pelo autor, as dificuldades enfrentadas pela população geraram a necessidade de um novo padrão formativo para os homens daquele tempo. Tal necessidade se justifica pelos sentimentos de insegurança e instabilidade que permeavam a coletividade. Foi nesse contexto de medo e caos que a doutrina cristã encontrou um terreno fértil para ancorar suas bases, gerando a sensação de que "a filiação ao Estado trazia apenas sofrimentos, ao passo que a filiação à Igreja representava um conforto material e moral" (Rostovtzeff, 1967, p. 277-278).

Isso posto, o Cristianismo representou um abrigo para os homens que passaram a acreditar que a felicidade não seria mais encontrada nesse mundo terreno, mas, sim, em uma vida futura, após a morte. Para tanto, a expectativa de uma vida melhor possibilitou que a instituição familiar contribuísse para o empoderamento da Igreja Católica que, com base em seus conceitos, prescrevia direcionamentos aos seguidores, os quais levariam ao estabelecimento de uma nova cultura.

Foi nesse processo de consolidação do Cristianismo que percebemos a importância de um grupo de padres que representavam a comunidade intelectual, como autores de reflexões que serviram de base para a organização do pensamento filosófico-doutrinário da Igreja. Adiante nos dedicamos a compreender as teorias que Agostinho e Santo Tomás de Aquino propuseram ao remeter à educação uma importante tarefa de formar o homem para se tornar um cidadão-cristão e exercer suas funções na sociedade que o cerca.

2.2 Santo Agostinho

> Na eternidade nada passa, tudo é presente, ao passo que o tempo nunca é todo presente. Esse tal verá que o passado é impelido pelo futuro e que todo o futuro está precedido dum passado, e todo o passado e futuro são criados e dimanam d'Aquele que sempre é presente. Quem poderá prender o coração do homem, para que pare e veja como a eternidade imóvel determina o futuro e o passado, não sendo ela nem passado nem futuro? Poderá, porventura, a minha mão que escreve explicar isso? Poderá a atividade da minha língua conseguir pela palavra realizar a empresa tão grandiosa? (Agostinho, 1987, p. 216).

Santo Agostinho, também chamado Santo Agostinho de Hipona — nome latino original Aurélio Agostinho — nasceu em Tagaste[16] e viveu entre 13 de novembro de 354 d.C. e 28 de agosto de 430 d.C., representando um dos principais padres latinos e talvez um dos mais importantes pensadores cristãos.

Foi um dos principais filósofos e teólogos do Cristianismo primitivo, exercendo uma profunda influência no desenvolvimento do pensamento e da cultura no ocidente e, mais do que qualquer outra pessoa, criou categorias e problematizou questões que caracterizaram as tradições ocidentais da teologia cristã.

---

[16] Uma modesta comunidade romana em um vale fluvial a 64 km da costa do Mediterrâneo, na África, perto do ponto em que o verniz da civilização romana se estreitava nas terras altas da Numídia.

A produção intelectual de Agostinho sobre a educação cristã com base nos princípios da Antiguidade clássica criou um sistema teológico de grande poder e influência que perdura até os dias hoje. Suas numerosas obras escritas moldaram a prática da exegese bíblica e ajudaram a estabelecer as bases para grande parte do pensamento cristão medieval e moderno. No catolicismo romano, ele é formalmente reconhecido como médico da Igreja.

Agostinho é notável pelo que fez e extraordinário pelo que escreveu. Se nenhuma de suas obras escritas tivesse sobrevivido, ele ainda teria sido uma figura a ser considerada, pela influência que exerceu em seu tempo. Seu estilo teológico característico transformou o Cristianismo latino de uma maneira superada apenas pela própria Escritura.

Intelectualmente, Agostinho representa a adaptação mais influente da antiga tradição platônica com as ideias cristãs que já ocorreram no mundo latino-cristão. Ademais, tanto o Cristianismo católico moderno quanto o Cristianismo protestante devem muito a Agostinho, embora, de certa forma, cada comunidade tenha, em algumas situações, camuflado referida lealdade diante de elementos polêmicos existentes em seu pensamento.

Aos 28 anos, inquieto e ambicioso, Agostinho deixou a África em 383 d.C., para fazer sua carreira em Roma, onde trabalhou como professor em Milão por 2 anos[17]. Retornou a sua cidade natal de Tagaste, onde teve o filho Adeodatus, por quem teve intensa admiração, cuja morte, na adolescência, marcou a vida e a obra do filósofo:

> Juntamos também a nós Adeodato, o filho carnal do meu pecado, a quem tínheis dotado de grandes qualidades. Com quinze anos incompletos ultrapassava já em talento a muitos homens idosos e doutos. Confesso estes vossos dons, Senhor meu Deus, Criador de todas as coisas e tão poderoso para corrigir as nossas deformidades, porque nada de meu havia nesse jovem, além do pecado. Se por mim fora criado na vossa lei, fostes Vós e mais ninguém quem no-lo inspirou. Confesso-Vos, pois, estes vossos dons. Há um livro meu que se intitula *De Magistro*, onde ele dialoga comigo. Sabeis que todas as opiniões que aí se inserem, atribuídas ao meu inter-

---

[17] Ao chegar a Milão, no outono de 384 d.C., Agostinho era um homem desiludido. As certezas de sua juventude haviam se desfeito. Nesse estado de espírito, mais uma vez ele se voltou para Cícero. Em seus diálogos filosóficos, Cícero tornara disponíveis em latim as concepções céticas da "Nova Academia". Essas doutrinas tinham sido elaboradas no século II a. C., por Carnéades, um admirável lógico grego, em oposição aos estoicos. Os estoicos haviam afirmado que o homem era capaz de conhecer com exatidão a natureza do mundo que o cercava e, desse modo, agir sabiamente e com perfeita certeza, à luz desse conhecimento. Os céticos — chamados de academici, "os acadêmicos" haviam negado que o conhecimento pudesse ser conquistado com tamanha facilidade (Brown, 2011, p. 95).

> locutor, eram as dele quando tinha dezesseis anos. **Notei nele coisas ainda mais prodigiosas. Aquele talento causava-me calafrios de admiração, pois quem, senão Vós, poderia ser o artista de tais maravilhas?** (Agostinho, Confissões, 1964, p. 193, grifos nossos).

Agostinho sempre foi um amante, de uma forma ou de outra, da religião cristã, e o colapso de sua carreira em Milão foi associado a uma intensificação da religiosidade. Todos os seus escritos, daquela época em diante, foram motivados por sua lealdade ao Cristianismo. As habilidades literárias e intelectuais de Agostinho, no entanto, deram a ele o poder de articular sua visão sobre o Cristianismo de um modo que o diferencia de seus contemporâneos africanos. Seu dom original era a capacidade de escrever, em um nível altamente teórico, para os leitores mais exigentes e ainda ser capaz de fazer sermões fervorosos em um idioma que um público de menor instrução poderia admirar.

A formação educacional e o ambiente cultural de Agostinho o treinaram para a arte da retórica: o poder de convencimento por meio da fala o diferenciava como interlocutor de seus companheiros e influenciava a multidão a seguir seus pontos de vista, sendo que o estilo do retórico transita em sua personalidade eclesiástica.

Ao longo desses anos, Agostinho construiu seriamente para si uma reputação de escritor em toda a África e Europa afora. O grande rol de seguidores tornara seu nome conhecido na Gália, na Espanha, na Itália e no Oriente Médio, e seus pensamentos circulavam pelo mundo mediterrâneo.

Uma das melhores formas para conhecer a história da vida de Agostinho é recorrer à sua obra "Confissões". O próprio filósofo narra que a vida primitiva é imensamente persuasiva, e poucos biógrafos conseguem resistir a resumir essa história para servir a seus próprios propósitos. O objetivo desse livro era, em última análise, a autojustificação e a autobiografia. Modestamente bem-sucedido para Agostinho, o livro triunfou desde então, definindo sua vida e suas concepções mais relevantes.

Por meio dessa obra, podemos apreender que, para Agostinho, o momento decisivo de sua vida foi o tempo de sua conversão religiosa a uma forma intensa e altamente individual de tornar-se cristão. Marrou (1975, p. 36) assim se expressou sobre tal dedicação e entrega:

> Mas tal sacrifício nunca fica sem recompensa, mesmo na terra, e nós podemos avaliar sem esforço quanto ganhou o espírito de Agostinho em submeter-se, sem reserva, a essa

fecunda servidão. Transformou-se, realmente, num intelectual passado a serviço do povo, saído da torre de marfim das pequenas preocupações pessoais.

Quando Agostinho aceitou o batismo nas mãos de Ambrósio, em 387 d. C., unindo assim a religião de sua mãe às práticas culturais de seu pai, constituiu-se um cristão.

> Minha mãe era a serva de todos os teus servos. Todos os que a conheciam louvavam, honravam e amavam profundamente a ti, por nela sentirem a tua presença, comprovada pelos frutos de uma vida santa. Tinha sido esposa de um só marido, tinha cumprido seu dever para com os pais, tinha governado a casa com dedicação e dado o testemunho das boas obras. Educara os filhos, gerando-os de novo tantas vezes quantas os visse afastarem-se de ti. Enfim, ainda antes de adormecer para sempre no Senhor, quando vivíamos em comunidade depois de ter recebido a graça do batismo — já que por tua bondade, ó Senhor, permites que falem teus servos — ela cuidou de todos, como se nos tivesse gerado a todos, servido a todos nós, como se fosse filha de cada um (Agostinho, Confissões, Livro IX, 9).

Até certo ponto influenciado por Ambrósio, Agostinho transformou seu Cristianismo em rival e substituta da austeridade dos filósofos antigos. Lendo textos platônicos e entendendo algumas de suas doutrinas, Agostinho decidiu, por si mesmo, que o Cristianismo só era possível se ele fosse mais longe do que qualquer eclesiástico se comprometesse a ir.

Alguns trabalhos de Agostinho destacam-se acima dos outros, por sua influência duradoura. "A Cidade de Deus" lida no tempo de Agostinho e durante toda a Idade Média, ainda tem relevância nos dias atuais embora necessite ser lida considerando seu contexto histórico. "Confissões" tem sido continuamente estudada como um retrato vívido da luta de um indivíduo por autodefinição na presença de um Deus poderoso. Por fim, O mestre compreende uma obra voltada para a filosofia da educação que revela as concepções do filósofo sobre o conhecimento, a linguagem e a aprendizagem.

Sua carreira subsequente, como padre e bispo, foi dominada por controvérsias e debates principalmente por ter contribuído de modo significativo com a educação cristã. Além de ter fornecido uma base filosófica para interpretar as Escrituras, foi autor de uma espécie de manual de instrução para professores cristãos.

Nesse sentido, desenvolveu um trabalho de considerável importância pedagógica e permaneceu um clássico para educadores durante séculos. Embora tenha valorizado a razão como a única coisa que coloca o ser humano acima de toda a criação (*Credo ut intelligam*. "Acredito para entender"), ele enfatizou a primazia da fé na aquisição do conhecimento.

Sempre pronto a discutir questões teológicas, filosóficas e morais, participou de muitas disputas ideológicas que perturbaram a Igreja na África. A principal característica de Agostinho, nessas discussões, era se opor ao donatismo, que negava a validade dos sacramentos administrados pelos eclesiásticos em estado de pecado, e defendia uma Igreja de homens puros e perfeitos.

Outra marca agostiniana foi argumentar vigorosamente contra o Pelagianismo, que exaltou a liberdade absoluta da vontade humana, negando o pecado original e a necessidade da graça divina. Finalmente, acabou recusando o maniqueísmo como doutrina defendida até então e o ceticismo[18] dos acadêmicos a quem ele havia se juntado anteriormente.

A doutrina cética ligeiramente tornou-se escassa para contentar a ansiedade pela procura da verdade que sempre marcou a vida de Agostinho numa busca constante por respostas. Nesse sentido, o ceticismo não corresponderia aos seus anseios teológicos e filosóficos; ao contrário, assegurava não haver certezas em filosofia, tendo seu público que se satisfazer com a dúvida. Essa característica cética o incomodou e fez com que se desiludisse também com essa doutrina. "Com efeito, o princípio fundamental deles é que nunca se chega a saber nada em filosofia" (Gilson, 2007, p. 86).

Aos 75 anos de idade, uma doença fatal atingiu Agostinho no ano 430 d.C., numa época em que os vândalos, bárbaros de excepcional ferocidade, sitiavam a cidade de Hipona. A produção literária de Santo Agostinho foi incomparável e cujo seu propósito foi dogmático e moral; isto é, ele se detém nos problemas que mais diretamente dizem respeito à resposta à questão da vida.

A teoria da educação criada por Santo Agostinho é inseparável das concepções sobre todos os grandes temas desenvolvidos em suas produções consideradas, ao mesmo tempo, diversificadas e singularmente unificadas. Referidas produções são dotadas de cunho filosófico e teológico e, para

---

[18] Se ele insiste na necessidade de refutar o ceticismo antes de ir mais longe, é porque se lembra de ter se desesperado para descobrir a Verdade. Assim, Agostinho quer descartar de nossa rota a dificuldade imprevista na qual ele mesmo tropeçou; o antigo acadêmico quer nos libertar do pirronismo do qual ele mesmo sofreu (Gilson, 2007, p. 83-84).

além dessas aparências, ainda é possível verificar nelas a temática pedagógica: "Na sua grandiosa síntese de pensamento repleta de conflitos, mas também de perspectivas novas e ousadas, que fizeram dele 'o mestre do cristianismo ocidental', a pedagogia tem uma presença realmente central" (Cambi, 1999, p. 136).

No entanto, para os fins que buscamos neste trabalho, escolhemos limitar nossa consideração aos seus escritos especificamente educativos. Para tanto, ocupamos-nos adiante na análise da obra "O mestre" buscando evidenciar as concepções agostinianas sobre educação e cidadania.

2.2.1 Epistemologia Agostiniana: fé, razão e conhecimento

A fim de compreender o ideário pedagógico traçado por Santo Agostinho, faz-se necessário considerar algumas concepções de destaque: Deus, homem, conhecimento e felicidade. Referida necessidade se justifica pelo fato de a proposta formativa agostiniana ter como requisito o homem que pretendia formar, bem como sua concepção acerca do conhecimento necessário para que esse homem concebesse Deus como propósito final, para o alcance da felicidade. Essas concepções são encontradas com facilidade no conjunto de obras escritas pelo filósofo.

Em "Confissões", sobretudo no Livro I, capítulo 4, Agostinho destaca alguns predicados atribuídos a Deus que serão intensificados no decorrer da leitura:

> Ó altíssimo, infinitamente bom, poderosíssimo, antes todo poderoso, misericordiosíssimo, justíssimo, ocultíssimo, presentíssimo, belíssimo e fortíssimo, estável e incompreensível, imutável que tudo muda, nunca novo e nunca antigo, tudo inovando, conduzindo à decrepitude os soberbos, sem que disso se apercebam, sempre em ação e sempre em repouso, recolhendo e de nada necessitando; carregando, preenchendo e protegendo; criando, nutrindo e concluindo; buscando, ainda que nada te falte. (Agostinho, 1964 I, 4, 4).

Outro aspecto relacionado à epistemologia de Agostinho é sua disposição em aceitar que grande parte de nossa crença sobre o mundo deve, por uma questão de necessidade prática, repousar sobre a confiança e o livre arbítrio. Como ele nos diz em "De Magistro", não podemos esperar a comprovação de todas as nossas crenças sobre a história e até mesmo muito do que acreditamos sobre o presente é uma questão de fé (Agostinho, 2010,

p. 37). Aqui, como em outros lugares de sua obra, ele enfatiza o papel da crença em oposição à compreensão, apontando não apenas que devemos acreditar em muitas coisas que não podemos entender, mas também que a crença é uma condição necessária para o entendimento como um todo. Por fim, para Agostinho, a preocupação primordial é lançar as bases para o que muitos consideram o elemento menos convincente, embora mais eminente, de sua epistemologia: a doutrina da iluminação divina.

Para Agostinho, Deus deveria ser o único caminho a ser seguido e a única verdade considerada de fato. Com isso, o conhecimento da verdade passa pelo conhecimento de Deus, mesmo que isso aconteça de forma indireta (Pereira Melo, 2010). Nessa perspectiva, tão somente por meio da divindade, é admissível ao homem conhecer todas as coisas e atingir o conhecimento verdadeiro.

> Para Santo Agostinho, Deus é o Bem Supremo e, sendo bondade, não poderia criar o mal; sendo o mundo criado por Deus, nele não existe o mal, já que o princípio que vigora é o bem. O mundo foi criado perfeito em sua totalidade, portanto, aquilo que percebemos como mal é devido à visão parcial que temos de algo que, incluído no contexto geral do mundo, é na verdade um bem. (Rubano; Moroz, 2001, p. 147).

Podemos inferir que, na visão Agostiniana, Deus é bondade e tudo que criou é do bem embora atribua ao homem uma condição de miserabilidade[19] em função de sua vida em pecado. Santo Agostinho propõe aos homens um processo de sublimação interior para que a comunicação com Deus aconteça por meio da alma. Dessa forma, pode ocorrer a entrega plena aos desígnios divinos uma vez que sua concepção, fundamentada nos textos por ele tidos como sagrados, parte da ideia de que cada homem traz em si a imagem de Deus, mas carrega também a marca do pecado original (Moura, 2002).

Para o homem ser feliz, precisa primeiramente conhecer Deus, aliando a razão[20] aos preceitos de fé[21], esperança e amor já que, conforme Agostinho, "[...] quem possui a Deus é feliz!" (Agostinho, 1988, p. 11). Dessa forma, busca

---

[19] Essa representação depreciativa que Santo Agostinho faz do homem ocorre em função de sua própria vida antes da conversão, a qual ele passa a classificar como miserável, por ser um momento em que se encontrava ligado aos bens materiais, ao pecado e aos prazeres do corpo.

[20] Por conseguinte, só quando a razão domina todos os movimentos da alma, o homem deve se dizer perfeitamente ordenado. Porque não se pode falar de ordem justa, sequer simplesmente de ordem, onde as coisas melhores estão subordinadas às menos boas (Agostinho, 1995, p. 18).

[21] Com efeito, se crer não fosse uma coisa e compreender outra e, se não devêssemos, primeiramente, crer nas sublimes e divinas verdades que desejamos compreender, seria em vão que o profeta teria dito: "Se não o crerdes não entendereis" (Agostinho, 1995, p. 6).

consolidar o ideal formativo cristão, defendendo que o homem deve adotar uma conduta reta, por meio da qual se afaste do pecado e chegue à contemplação de Deus, condição precípua para o que entendia como um processo de santificação. À medida que o homem se aproxima de Deus, aproxima-se, concomitantemente, do verdadeiro conhecimento (Pereira Melo, 2002a).

Ao considerar a educação como o caminho para a busca interior da verdade que permite o afastamento da materialidade e dos prazeres proporcionados pelo pecado, Santo Agostinho destaca o papel do homem e de Deus em tal processo. À medida que Deus age como um guia na caminhada educativa, o homem aprende, aproximando-se Dele e consultando o conhecimento que é possibilitado por Ele:

> Sobre as muitas coisas que entendemos consultamos não aquelas cujas palavras soam no exterior, mas a verdade que interiormente preside à própria mente, movidos talvez pelas palavras para que consultemos. E quem é consultado ensina, o qual é Cristo que, como se diz, habita no homem interior, isto é, a virtude incomutável de Deus e a eterna Sabedoria, que toda alma racional consulta, mas que se revela a cada alma o quanto esta possa abranger em função da sua própria boa ou má vontade. (Agostinho, 1980, p. 38).

Como pode ser percebido, ao longo de sua longa carreira literária, Agostinho enfatiza o papel da iluminação divina no pensamento humano. "Confissões" corresponde a uma das várias obras que ilustram essa teoria e nela invoca a iluminação divina constantemente, fazendo afirmações importantes:

> A mente precisa ser iluminada pela luz de fora de si mesma, de modo que possa participar da verdade, porque não é ela mesma a natureza da verdade. Você vai acender minha lâmpada, Senhor. (Agostinho, 1980, p. 25).

> Ninguém além de você é o professor da verdade, onde e de qualquer fonte que seja manifesta. (Agostinho, 1980. p. 10).

> Verdade, quando você nunca deixou de andar comigo, ensinando-me o que evitar e o que procurar... Sem você eu não poderia discernir nenhuma dessas coisas. (Agostinho, 1980, p. 65).

Nesse sentido, a teoria da iluminação divina sustenta que os seres humanos requerem uma assistência especial em suas atividades cognitivas comuns. Embora esteja mais intimamente associada a Agostinho e seus seguidores escolásticos, a teoria tem sua origem nos períodos antigos e reaparece transformada no início da era moderna.

Essa teoria é geralmente concebida como medieval e distintamente agostiniana. Trata-se de uma explicação para aquisição do conhecimento considerado como crucial para o desenvolvimento cognitivo. A teoria da iluminação de Agostinho, em oposição ao ceticismo, é um tributo ao poder racional para florescer algo inteligível da nossa realidade à medida que a verdade seja acessível à racionalidade. São as verdades pelas quais a sabedoria precisa ser iluminada pela luz divina, tornando-se assim inteligíveis. Ocorre que referida iluminação não dispensa o homem de desenvolver a inteligência, pois a busca da iluminação não pode substituir o esforço humano em aprimorar seu intelecto.

Sobre esse assunto, na obra "A Verdadeira Religião", Agostinho aponta que há um limite para a liberdade humana em relação à razão: que uma alma que é purificada e aberta à verdade, recebendo-a, não tem liberdade humana sobre ela: "Nenhuma liberdade humana é estabelecida sobre a razão de uma alma purificada, pois é capaz de chegar a uma clara verdade" (Agostinho, 1992, p. 248).

Para o filósofo, a razão não produz a verdade, mas nos abre a possibilidade para que possamos conhecê-la. Nas palavras a seguir, certificamos a importância da busca pela verdade na medida em que:

> [...] a sabedoria não é a própria verdade mas o caminho que a ela conduz. Assim, quem usa este caminho usa a sabedoria e quem usa a sabedoria é necessariamente sábio. Portanto, sábio é aquele que busca perfeitamente a verdade, mesmo que ainda não a tenha alcançado. Pois, a meu ver, a melhor definição do caminho que conduz à verdade é a diligente pesquisa da verdade. Consequentemente quem usa este caminho já será sábio. E nenhum sábio é infeliz. Ora, todo o homem é infeliz ou feliz. Logo o que faz feliz não é só a descoberta, mas a própria procura da verdade. (Agostinho, 2008, p. 58).

Nessa perspectiva, a Verdade Suprema deve depender de algo mais confiável do que a mente humana falível e, para ele, a solução para o problema é encontrada em sua Doutrina da Iluminação, que pode ser entendida como a tese de que Deus desempenha um papel ativo na cognição humana, de alguma forma, iluminando a mente do indivíduo para que ele possa perceber as realidades inteligíveis que a Divindade simultaneamente apresenta.

Considerando-se que Santo Agostinho era um neoplatonista em sua perspectiva filosófica (o neoplatonismo é, em linhas gerais, a ideia de que a realidade é, em última instância, derivada de um poder transcendental), não é de surpreender que ele tenha chegado às conclusões que fez. É claro que Santo Agostinho, sendo um homem instruído, desejava reconciliar o Cristianismo, tanto quanto possível, com a razão exemplificada pela filosofia clássica e tentou fazê-lo em suas obras. Prosseguimos no entendimento da educação como ferramenta para a compreensão dos desígnios divinos, possibilitados pela busca da verdade, mediante aquisição do conhecimento.

2.2.2 A base do ensino e o alcance da aprendizagem

Não podemos analisar Santo Agostinho sem considerar a importante influência de Platão para seu pensamento. A apresentação de Platão, acerca do paradoxo da investigação, no Mênon, permeia "O Mestre", cujo formato próprio é semelhante à estrutura do diálogo socrático-platônico.

Essa é a primeira das fontes de que Agostinho se valeu para a busca da compreensão da composição substancial humana. De fato, o neoplatonismo acentua traços espirituais que renova a visão principalmente do homem em relação à sua natureza. Pelas palavras seguintes, confirmamos essa afirmação:

> Tu me proporcionaste, através de um homem inflado de orgulho imenso, alguns livros dos platônicos traduzidos do grego para o latim, onde encontrei escrito, se não com as mesmas palavras, certamente com o mesmo significado e com muitas provas convincentes, o seguinte: 'no princípio era o verbo, e o Verbo estava com Deus'.... aí encontrei também que a alma do homem, embora dê testemunho da luz, não é a própria luz. (Agostinho, 1997, p. 186-187).

A obra "O Mestre" é considerada como o principal trabalho de Agostinho, que se concentra em sua filosofia da linguagem. O diálogo, no entanto, volta-se centralmente para a questão da aquisição de conhecimento e é por meio de uma análise dessa questão que Agostinho chega às suas conclusões sobre a importância da linguagem. Para a lógica agostiniana, a aquisição de conhecimento implica aprendizagem, a aprendizagem implica ensino e ensino envolve tanto a revelação como a exibição de algo para alguém. Nessa perspectiva, apresentamos a seguir uma síntese da referida obra por meio de questionamentos que envolvem a educação.

Para que o aprendizado ocorresse, Agostinho defendia a docência como um ato de amor, aconselhando os professores a "imitar os bons, suportar o mal, amar a todos" (Agostinho, 2005 p. 87). Esse amor era necessário frente às dificuldades do estudo e à resistência ativa dos jovens ao aprendizado.

Agostinho acreditava numa hierarquia em que Deus era o Ser Supremo, sob o qual todos os outros seres eram totalmente dependentes. Por isso, no capítulo XI, preocupa-se também em fazer uma pequena distinção entre o "Mestre divino" e o "mestre terreno", uma vez que, para o filósofo, o verdadeiro e único Mestre de todos está no céu, embora não deixe de reconhecer que "o mestre terreno tem um papel importante, pois favorece a ação divina e estimula seus discípulos a se voltarem para seu interior e ali buscar o conhecimento" (Souza; Pereira Melo, 2009, p. 11).

Uma das grandes contribuições de Agostinho para a educação é refletir sobre o papel do professor e os efeitos da prática pedagógica. Em verdade, para o filósofo, homem algum é verdadeiramente mestre (Agostinho, 2010, XI). Sendo assim, o ato de ensinar é chamar atenção para a representação que os signos exercem sobre as coisas, pois nenhum homem, em sentido estrito, é mestre de outro homem, por mais que possa ensinar, conforme podemos comprovar na passagem a seguir:

> E, porventura, os mestres pretendem que se conheçam e retenham os seus próprios conceitos e não as disciplinas mesmas, que pensam ensinar quando falam? Mas quem é tão tolamente curioso que mande o seu filho à escola para que aprenda o que pensa o mestre? Mas quando tivera explicado com as palavras todas as disciplinas que dizem professar, inclusive as que concernem à própria virtude e à sabedoria, então é que os discípulos vão considerar consigo mesmos se as coisas ditas são verdadeiras, contemplando segundo as suas forças a verdade interior. Então é que, finalmente, aprendem; e, quando dentro de si descobrirem que as coisas ditas são verdadeiras, louvam os mestres sem saber que elogiam mais homens doutrinados que doutos: se é que aqueles também sabem o que dizem. Erram, pois, os homens ao chamarem mestres os que não o são, porque a maioria das vezes entre o tempo da audição e o tempo da cognição nenhum intervalo se interpõe; e porque, como depois da admoestação do professor, logo aprendem interiormente, julgam que aprenderam pelo mestre exterior, que nada mais faz do que admoestar. (Agostinho, 1980, p. 401).

Agostinho criticou a aprendizagem mecânica, que consistia em repetição demasiada de palavras bem como a opinião de que o professor é, em sentido real, a causa desse processo já que a aprendizagem ocorre pelo esforço do livre arbítrio do aluno. O que percebemos, em sua obra, é que, de acordo com Agostinho, o professor pode ser muito útil no processo de aprendizagem, mas não é essencial nos casos em que os alunos estivessem intimamente envolvidos com o assunto.

Nas elaborações de Santo Agostinho, a ação do Mestre interior na aprendizagem representa um momento individual de percepção da realidade. Todas as recomendações feitas por ele sobre a relação professor-aluno derivam do mandamento de amor que ele vê como a base para todas as relações pessoais. Sua razão é que o mesmo amor, pelo qual Deus criou os seres humanos, deve ser a fonte do desejo do homem de aprender.

Nesse sentido, a sintonia pessoal com Deus capacita a Humanidade a avançar e compreender o que é uma vida feliz e deve se refletir na relação professor-aluno uma vez que essa associação é projetada para concretizar exatamente a mesma finalidade.

Para a pedagogia Agostiniana, quando o amor[22] é a base do ensino, o que será aprendido torna-se familiar e o resultado acaba sendo um grau elevado de produtividade que possibilita descoberta mútua. Se essa preocupação mútua estiver ausente, resta apenas o tédio de reproduzir teorias obsoletas que geram pouco sentido para o aluno.

A proposta agostiniana aos professores é que empregue, em seu ofício, um amor semelhante ao dispensado pelas famílias e justifica sua razão:

> Ora, se realmente nos desagrada repetir muitas vezes estórias comuns e próprias para crianças, **adaptemo-las aos nossos ouvintes com amor fraterno, paterno e materno e, unidos a eles pelo coração, também a nós nos parecerão novas**. Tão poderoso é o sentimento da simpatia que, no momento em que eles são impressionados por nós — que falamos, e nós por eles — que aprendem habitamos uns nos outros. Assim, tanto eles como que dizem em nós o que houve, como nós, de certo modo, aprendemos neles o que ensinamos. [...]. E tanto mais se renovará quanto mais forem nossos amigos: porque, pelo vínculo do amor, tanto quanto estamos neles, assim se tornam novas para nós as coisas que foram velhas. (Agostinho, 2005, p. 17, grifo nosso).

---

[22] "[...] a lei do amor assim foi estabelecida por Deus: 'Amarás ao próximo como a ti mesmo, mas a Deus com todo teu coração, com toda tua alma e com todo teu espírito'. Em consequência, consagra teus pensamentos e toda tua vida e toda tua mente àquele de quem recebeste estes bens. Porque quando é dito 'de todo teu coração, de toda tua alma e de toda tua mente', não te é permitido nenhuma parte de tua vida ficar desocupada para que possas gozar de outro objeto. [...]. Logo, quem ama realmente o seu próximo deve tratar que esse alguém também ame a Deus com todo o seu coração, com toda a sua alma, com todo o seu espírito. Amando-o assim como se ama a si próprio, referirá todo o amor, próprio e alheio, naquela direção do amor de Deus [...]." (Agostinho, A Doutrina Cristã, 1991 Liv. I, cap. 22, § 20).

Além disso, Agostinho insiste que, para que o amor seja eficaz na promoção da aprendizagem, deve ser especificamente direcionado na medida em que o professor deve estar atento às necessidades e às reações individuais e adaptar seus métodos em conformidade com o perfil do aluno. O entusiasmo do professor deve necessariamente ser expresso em modos diferentes, para acomodar diferentes graus de maturidade, perfil cultural e características pessoais das várias pessoas que constituem a classe.

> O fato é que somos ouvidos com maior prazer quando a nós mesmos nos agrada o nosso trabalho: o fio da nossa elocução é tocado pela nossa alegria e desenrola-se mais fácil e mais inteligível. Assim, não é difícil prescrever os limites da narração daquilo que se deve ensinar para que seja aceito como verdade: a narração há de ser variada — às vezes mais breve, outras mais longa, sempre porém completa e perfeita. Também não é difícil ensinar quando se deve lançar mão de relatos mais curtos ou mais longos. A grande preocupação reside na maneira de narrar, para que aquele que catequiza, quem quer que seja, o faça com alegria: tanto mais agradável será a narração, quanto mais puder alegrar-se o catequista. (Agostinho, 2005, § 4).

Para Agostinho, a educação tinha um objetivo único: por meio dela, seria possível alcançar a felicidade. Em "A Trindade" e em outros momentos de sua produção intelectual, o filósofo defende ser preciso amar o que se aprende já que a busca pelo conhecimento não é simplesmente a absorção de informações. O esforço intelectual é sempre — e sem falta — relacionado às afinidades ou ao estado do próprio coração. Assim, para Agostinho, o ato de conhecer está relacionado ao amor, pois não podemos saber o que não amamos.

Como podemos perceber, a obra "De Magistro" contempla temas pertencentes à filosofia da linguagem e da pedagogia, mas, no fundo, a questão é tipicamente platônica e neoplatônica: qual é a verdadeira natureza da alma, como ela pode participar da verdade que, em si mesma, não pertence ao mundo em que vivemos? Em suma, como pode a mente do homem acessar a verdade mais íntima de si mesmo, que, na realidade, o transcende?

A primeira parte da obra em estudo inicia-se com a questão de Agostinho sobre quais são as funções da linguagem:

> — Que te parece que pretendemos fazer quando falamos?
> Adeodato

> — Pelo que de momento me ocorre, ou ensinar ou aprender.
> Agostinho
> — Vejo uma dessas duas coisas e concordo; com efeito, é evidente que quando falamos queremos ensinar; porém, como aprender?
> Adeodato
> — Mas, então, de que maneira pensas que se possa aprender, senão perguntando?
> Agostinho
> — Ainda neste caso, creio que só uma coisa queremos: ensinar. Pois, dize-me, interrogas por outro motivo a não ser para ensinar o que queres àquele a quem perguntas?
> Adeodato
> — Dizes a verdade.
> Agostinho
> — Vês portanto que com o falar não nos propomos senão ensinar. (Agostinho, 1980, p. 349).

Portanto, a tese é muito clara: para Agostinho, onde há palavras, há alguém que tem um propósito de ensinar ou lembrar. Mas, como as palavras não são senão sinais e só significam algo se se referem a um significado, permitem-nos ensinar e recordar, de uma maneira autêntica, somente se nos permitir passar do signo para o significado.

A primeira parte de "De Magistro" chega ao fim caracterizada por um exame da questão dos signos por meio de uma densa relação dialética entre Agostinho e Adeodato. Deve-se notar que esta é uma pesquisa comum: o jogo dialético não é usado por Agostinho apenas para educar a criança, mas também como método de pesquisa.

A segunda parte de "De Magistro" começa com Agostinho afirmando que a análise dialética realizada naquele momento não seria para se divertir com argumentos fúteis, mas sim para fortalecer as capacidades mentais e a visão em prol de uma jornada que conduzirá à vida feliz e eterna.

Agostinho e Adeodato, depois de uma tortuosa jornada lógica, chegam à conclusão de que a referência das palavras a outras palavras e, portanto, de sinais a sinais, não permitiria nenhum tipo de entendimento se, em algum momento, não houvesse significado.

> Sobre este ponto surge uma discussão novamente, mas a conclusão no final é clara: 'o uso de palavras é mais importante que palavras: palavras de fato existem para serem usadas e nós as usamos para ensinar. [...] O que é ensinado vale muito

> mais do que as palavras com as quais se ensina'. O conhecimento dos significados é mais importante que os sinais. (Agostinho, 1980, p. 386).

As palavras "não podem nos mostrar coisas para nos informar", podem apenas nos estimular em sua busca para lembrar o que já sabemos ou procurar algo novo. Portanto, não temos compreensão intelectual porque alguém nos ensina por meio de palavras, mas porque vemos em nós mesmos a verdade intelectual. Palavras só podem ajudar a verificar se ele é capaz de aprender em sua própria interioridade. É por isso que os exercícios dialéticos são necessários, pois desenvolvem a competência de ler a própria vida interior e verificar os resultados alcançados. Assim, a felicidade é o fruto da visão direta da verdade e o caminho do "De Magistro" é, portanto, uma preparação para essa contemplação.

Em complemento à fala, Agostinho nos mostra que a leitura também compreende uma ação fundamental para uma formação pedagógica, pois é por meio dela que o leitor, debruçado nas Sagradas Escrituras, encontra a verdade. E é sob a perspectiva dessa leitura que o homem deve ler o mundo que o cerca e (re)significar os seus valores a serem aplicados nesse mundo.

Ao analisar, sob a ótica agostiniana, quais conhecimentos e habilidades valem a pena aprender, percebemos que o foco está na interpretação das Escrituras e das crenças cristãs. Agostinho era um forte defensor de que a palavra escrita e falada era poderosa habilidade necessária à formação do homem. No mesmo sentido, habilidades de tradução da língua eram importantes porque os livros e seus conhecimentos não eram acessíveis a menos que pudessem ser traduzidos já que as obras escritas eram limitadas durante esse período.

Oliveira, em seu artigo "Agostinho e a Educação Cristã: um olhar da História da Educação", analisa a importância do conhecimento a partir de considerações agostinianas presentes, especialmente na obra "A Doutrina Cristã".

> Ao apresentar um roteiro de como se tornar cristão, Agostinho nos brinda com um verdadeiro programa de estudos, necessários, em nosso entender, para qualquer aprendizagem e que independe da época em que o estudo se realiza. O autor destaca a importância da linguagem, do conhecimento da escrita, portanto, das letras, da necessidade do aprendizado do cálculo, de se entender a música, de se conhecer as instituições nas quais e para quais se realizam determina-

> dos estudos, de se conhecer a língua na qual o estudo está sendo realizado. Dentro deste aspecto, destaca a precaução necessária em relação às traduções. Do ponto de vista agostiniano, saber a língua no qual o texto foi escrito é condição para o bom entendimento da mensagem contida no mesmo (mais adiante retomaremos esta questão). Na verdade, a preocupação de Agostinho perdura até os tempos atuais e é constante no ensino e na leitura. Com efeito, a maioria dos nossos alunos não conhece as línguas originais nas quais os autores apresentam suas formulações, dependendo sempre dos 4 tradutores que, em última instância, para verterem os escritos para nossa língua também interpretam e modificam muitas vezes o significado das palavras. Acabamos por ler o que o tradutor interpretou e não, efetivamente, o que o autor escreveu. (Oliveira, 2008, p. 6).

Pelo exposto, percebemos que a trajetória formativa e a vida de dedicação aos estudos proporcionaram a Agostinho a oportunidade de concluir que a formação do cristão passaria pela necessidade do conhecimento da leitura e da escrita. Por isso, ele se dedicou a propagar os meios a serem utilizados para formar aqueles que formariam outros cristãos.

Quanto ao conteúdo, defendido por Agostinho, para a consolidação da educação cristã, destaca-se a prevalência pelas artes liberais, que ele havia aprendido como aluno e professor. Sendo assim, o primeiro meio para alcançar os objetivos da educação seria a opção pelos conhecimentos do *Trivium* e do *Quadrivium*, como necessários para a compreensão e divulgação das Escrituras.

As artes liberais[23] ocuparam uma posição de destaque na educação medieval, sendo constituídas por sete áreas de conhecimento: o *Trivium* incluía gramática, retórica e dialética, enquanto o *Quadrivium* compreendia aritmética, geometria, música e astronomia.

> O trivium inclui aqueles aspectos das artes liberais pertinentes à mente, e o quadrivium, aqueles aspectos das artes liberais pertinentes à matéria. Lógica, gramática e retórica constituem o trivium; aritmética, música, geometria e astronomia constituem o quadrivium. A lógica é a arte de pensar; a gramática, a arte de inventar símbolos e combiná-los para expressar pensamento; e a retórica, a arte de comunicar pen-

---

[23] Na Idade Média, as artes liberais não eram mais uma preparação para filosofia ou sabedoria filosófica, mas sim para a teologia, que reinou suprema sobre as artes liberais e dominou como a única verdadeira ciência capaz de proporcionar sabedoria. As artes liberais foram consideradas como auxiliares da teologia e como uma fase preparatória para o conhecimento das coisas divinas.

samento de uma mente a outra, ou de adaptar a linguagem à circunstância. A aritmética, ou teoria do número, e a música, uma aplicação da teoria do número (a medição de quantidades discretas em movimento), são as artes da quantidade descontínua ou número. A geometria, ou teoria do espaço, e a astronomia, uma aplicação da teoria do espaço, são as artes da quantidade contínua ou extensão. (Joseph, 2008, p. 27).

As aulas de gramática permitiam a leitura e a escrita, uma vez que a gramática forneceria as regras para falar e escrever corretamente. A ementa considerada incluiu ortografia, vocabulário e especialmente a estrutura da linguagem (sujeito, predicado, substantivo, pronome etc.). Em muitos aspectos, a gramática medieval é precursora da linguística moderna. A retórica relaciona-se principalmente ao estilo ou maneira de falar, levando em conta a capacidade de convencer e, por conseguinte, a dialética é uma forma de raciocínio que usa o diálogo e o debate (ou seja, uma troca de ideias) para chegar a conclusões[24].

Em sua análise dos campos de conhecimento do Trivium na educação medieval, Durkheim (1995, p. 52) afirma que:

> O trivium tinha por objetivo ensinar a própria mente, isto é, as leis às quais obedece ao pensar e expressar seu pensamento, e, reciprocamente, as regras às quais deve sujeitar-se para pensar e expressar-se corretamente. Tal é, com efeito, a meta da gramática, da retórica e da dialética. Esse triplo ensino é, pois, totalmente formal. Manipula unicamente as formas gerais do raciocínio, abstração feita de sua aplicação às coisas, ou com o que é ainda mais formal do que o pensamento, ou seja, a linguagem.

Essas competências deviam fazer parte da formação daquele que se dispusesse a compreender as Escrituras, não apenas com o objetivo de articular discussões para ludibriar o adversário, mas também para convencer da verdade, que, para Santo Agostinho, era aquela contida nas Escrituras conforme percebemos a seguir:

> [...] a ignorância da natureza das coisas dificultaria a interpretação das expressões figuradas, quando estas se referissem aos animais, pedras, plantas ou outros seres citados freqüentemente nas Escrituras e servindo como objeto de comparações. (Agostinho, 1998, § 24).

---

[24] Na alta Idade Média, como forma de educar seus alunos, os mestres das universidades se engajavam em debates públicos sobre todos os tipos de coisas, incluindo questões teológicas. Essa prática, que teve suas origens na antiga Grécia de Aristóteles, veio a ser chamada Escolasticismo e foi usada pela Igreja para refutar ideias consideradas heréticas, usando a lógica para expor crenças falsas.

> Assim, para santo Agostinho, a leitura, a matemática, a natureza, a música, o conhecimento das línguas e a memória tornam-se condição primeira para a conversão do cristão. O cristão deve ser antes de tudo um ser que consegue entender e interpretar os escritos sagrados pelo conhecimento e não somente pela fé. O cristão também deve entender as relações sociais de cada tempo presente vivido pelos homens, pois são elas que imprimem os signos do conhecimento. É exatamente por isso que o autor chama a atenção para as mudanças que ocorrem de uma dada sociedade para outra. (Oliveira, 2008, p. 6).

Em continuidade à importância da compreensão das Escrituras para a obtenção do conhecimento, percebemos que as diretrizes cristãs buscam, em sentido amplo, nortear a educação do homem para tornar-se um cidadão de bem. Nesse contexto, analisamos a concepção agostiniana de cidadania e o contraponto das ideias cristãs daqueles que não concebem referida ideologia como manual de vida.

2.2.3 A Cidade de Deus como espelho da cidadania

Em agosto de 410 d.C., o inimaginável ocorreu quando Roma, considerada pelos cidadãos do império como a "Cidade eterna", foi saqueada, deixando boa parte da civilização desabrigada, com fome e com sentimento de frustração quanto à invencibilidade e à segurança nacional. Foi a primeira vez, em 800 anos, que Roma foi invadida com sucesso.

Nesse contexto, o argumento dos pagãos era que os deuses, considerados como os guardiões de Roma, tinham se irritado com a falta de devoção do povo cristão e, por isso, permitiram que a cidade desmoronasse. Enquanto os pagãos respondiam com raiva, o resto dos cidadãos de Roma, incluindo seus muitos cristãos, reagiram aos acontecimentos com desalento e desespero.

Foi frente a esses acontecimentos que Agostinho se dedicou a escrever "A Cidade de Deus" com o objetivo de dar uma resposta às acusações dos aristocratas romanos de que os cristãos eram culpados pelo saque. Nesse sentido, os dez primeiros livros são para tornar a raiva e a culpa dos pagãos injustificadas enquanto a segunda metade é dirigida aos cristãos desnorteados, tentando chegar a um acordo, com a queda iminente de sua civilização.

Ao mesmo tempo em que demonstrava grande preocupação pela situação dos desabrigados, Agostinho escolhe superar o conflito e oferecer uma perspectiva diferente sobre a história romana. Assim, embora "A Cidade de Deus" fosse certamente um trabalho desenvolvido em resposta à queda de Roma, devemos afirmar que Agostinho elaborou um novo conceito de cidadania, uma vez que o antigo perdeu sentido junto ao falecimento do mundo romano pagão.

> O exorcismo agostiniano final do passado pagão, entretanto, não se deteve na revelação de sua contracorrente demoníaca. Ele fez algo muito mais sutil e irreversível. A Cidade de Deus é um livro sobre a 'glória'. Nele, Agostinho drena a glória do passado romano a fim de projetá-la muito além do alcance dos homens, na 'Gloriosíssima cidade de Deus'. As virtudes que os romanos haviam atribuído a seus heróis só se realizariam nos cidadãos dessa outra cidade; e somente dentro dos muros da Jerusalém Celestial é que se poderia alcançar a nobre definição ciceroniana da essência da república romana. (Brown, 2011, p. 384).

Em "A Cidade de Deus", Agostinho lembra aos cristãos que sua cidadania não é de nenhum reino terrestre, mas de um reino celestial. No início dessa obra, o autor afirma existirem "duas cidades" no interior humano, sendo uma cidade terrena e outra do céu. Essa alegoria de duas cidades tem como objetivo mostrar que elas são diretamente opostas uma à outra: uma é alimentada pelo "ego" avassalador, paixões, vaidades e desejo de poder, e a outra, pela superação da fé, do amor altruísta e da humildade. Ambas tiveram sua origem conforme este relato:

> [...] o primeiro homem criado deu origem, junto com o gênero humano, a duas sociedades, deste modo duas cidades. Desde o princípio procediam por uma oculta, mas justa determinação de Deus, duas classes e categorias de homens: uns que deveriam ser companheiros dos anjos maus no suplício eterno e outros tendo como prêmio a convivência eterna com os anjos bons [...]. (Agostinho, 2000, XII).

As duas cidades representam a antítese existente entre a Igreja e o mundo não cristão uma vez que a cidade do céu significa os filhos eleitos por Deus, enquanto a cidade da terra significa os filhos do diabo. Caim e Abel, filhos de Adão e Eva, configuram os dois polos da antítese:

> [...] foi um fratricida; dominado pela inveja, matou seu irmão, cidadão da cidade eterna e peregrino nesta terra [...] Os irmãos Caim e Abel não tinham entre eles a ambição de coisas terrenas; nem o fratricida teve inveja de seu irmão por temer que se limitasse mais seu poderio, se ambos mandassem (Abel não buscava ser o senhor na cidade que seu irmão fundou). Caim estava dominado pela inveja diabólica com que os maus invejam os bons, sem motivo algum, apenas

> porque uns são bons e outros maus [...]. O que aconteceu com Caim e Abel é reflexo das inimizades existentes na humanidade, em particular, entre as duas cidades, a cidade de Deus e a cidade dos homens. Em suma, os maus lutam uns contra os outros e, por sua vez, contra os bons [...]. (Agostinho, 2000, XV).

Embora esses dois meninos tenham sido criados sob o mesmo lar, com as mesmas concepções, acabaram em dois caminhos muito diferentes. Por isso, ao analisar a Humanidade, ele classificou as pessoas como pertencentes a dois conjuntos de realidades diferentes (a cidade terrena e a cidade de Deus).

Mesmo que homens e mulheres usassem as mesmas roupas, frequentassem o mesmo mercado ou sentassem à mesma mesa, Agostinho atribuiu a eles uma cidadania espiritual baseada no objetivo de sua intenção. Em suma, os membros da cidade terrena são consumidos com amor próprio, enquanto os cidadãos da cidade de Deus estão em sintonia pelos caminhos de Deus. A partir dessa dialética, o bispo Agostinho representa as duas cidades, desta forma:

> Dois amores deram origem a duas cidades: o amor a si mesmo até o desprezo de Deus, a terrena; e o amor de Deus até o menosprezo de si, a celestial. A primeira se glorifica em si mesma; a segunda se glorifica no Senhor. A primeira está dominada pela ambição do domínio de seus príncipes ou as nações que submetem; a segunda utiliza mutuamente a caridade dos superiores mandando e os súditos obedecendo. (Agostinho, 2000, XIV).

Dada essa breve definição, vamos nos debruçar nos seguintes questionamentos: como se tornar um cidadão dos dois tipos de cidade? De que forma um cidadão da cidade de Deus habita na cidade terrena?

Como observado por Agostinho, uma consequência desastrosa da queda de Adão foi que seus filhos nasceram com uma natureza corrupta e rapidamente demonstram sua capacidade de pecar, tornando-se assim cidadãos da cidade terrena. Em contrapartida, Santo Agostinho pregava que, uma vez que os homens se dessem conta do que é a Cidade de Deus, passariam a aspirar à sua cidadania: "[...] damo-nos conta da existência da Cidade de Deus, de que, pelo amor que nos inspirou seu Fundador, aspiramos a ser cidadãos" (Santo Agostinho, 2000, XI).

Podemos observar que, na ótica agostiniana, os cristãos preenchem as exigências para a construção da cidadania por obediência a Deus na esperança de criar um tipo de sociedade justa. Em sua obra *A Trindade*, Santo Agostinho afirma que: "é justa a alma que segundo os ditames da ciência e da razão dá a cada um o que a cada um pertence, na vida e nos costumes".

Essa concepção agostiniana de justiça está embasada, sobretudo, nas cartas de Paulo, em que o apóstolo estimula os homens a serem submissos à autoridade divina, obedecendo a Deus:

> [...] não somente por temor da cólera [divina], mas também por motivo de consciência [...] dai a cada um o que lhe é devido, o imposto, as taxas, o temor, o respeito, a cada um o que lhe deveis, não tenhais nenhuma dívida para com quem quer que seja, a não ser a de vos amardes uns aos outros, pois aquele que ama o seu próximo cumpriu plenamente a lei. (Santo Agostinho, 2000, XI).

Para Agostinho, a paz está associada ao desejo íntimo das pessoas no sentido de serem governadas e, desse modo, não há paz sem um governo forte assim como não há justiça sem a submissão de todos os membros de uma sociedade humana a esse governo.

"A Cidade de Deus", que atrai todos tipos de pessoas, não faz exceção a essa regra. Ela vive em submissão ao Supremo; o que faz com que, consequentemente, seus habitantes não busquem a paz nas vantagens terrenas dessa vida.

Para o alcance da posição de um cidadão em plenitude, o homem deve seguir as Escrituras como um direcionamento que estabelece os limites para o exercício da ética enquanto compromisso marcado pela justiça.

Entretanto, Santo Agostinho pondera não ser possível livrar-se do mal e abolir as injustiças da vida em sociedade. Ocorre que a submissão a Deus dá acesso a uma vida na qual a injustiça pode ser definitivamente superada.

O verdadeiro Cristianismo, por sua própria natureza, produz bons cidadãos que seguem as leis da terra com o melhor de suas habilidades. No entanto, nunca podemos ser verdadeiramente cidadãos do mundo em um sentido espiritual. A Igreja deve, como Abel, "desejar um país melhor, isto é, celestial. Portanto, Deus não se envergonha de ser chamado seu Deus, porque Ele preparou uma cidade para eles" (Hebreus, 11:16).

Na perspectiva agostiniana, todos os homens são chamados a colocar a justiça em prática por meio das coisas boas que possuem como: saúde, segurança, convivência humana, abrigo, família, dentre outras. Ao desfrutar desses benefícios, o homem tem a oportunidade de progredir em direção a Deus, por meio da vida justa e da fé.

Enquanto, no mundo terreno, o uso de bens para o propósito da paz terrena é marcado pelo orgulho, perversão da inteligência e satisfação dos prazeres do corpo, o uso de bens com o propósito celestial é permeado pela humildade, sabedoria e caridade.

Consequentemente, Agostinho concebe a justiça mais como uma oportunidade de remissão de pecados do que propriamente aperfeiçoamento das virtudes. Por isso, a máxima "Perdoai-nos as nossas dívidas, assim como nós perdoamos aos nossos devedores" (Bíblia, Mateus 6:12) é necessário pelo justo.

No pensamento de Agostinho, a justiça sem ordem e paz não faz sentido. Por essa razão, não considera a justiça como uma norma absoluta da ética humana. A norma absoluta é a paz celestial. O desejo de paz domina todos os seres vivos: povos, nações, cidades, famílias e a pessoa em si. Até os malfeitores lutam pela paz e por uma vida em paz. O que torna os membros da Cidade de Deus diferentes daqueles da Cidade Terrena é a sua certeza de estar na posse da paz celestial pela fé e esperança. Por fim, a referida paz celestial é a que, em última análise, impulsiona seus esforços por justiça.

O princípio dinâmico da ética de Agostinho é essa paz que ele denominou beatitude, revelada por Deus, como realizada na Cidade Celestial. A prática da justiça só leva a essa paz por meio da obediência bem-ordenada e da fé na lei eterna. Ao fazer isso, os justos vivem, já neste mundo, além dos desejos e capacidades da Humanidade mortal.

2.3 Santo Tomás de Aquino

> Ora, o conhecimento preexiste no educando como potência não puramente passiva, mas ativa, senão o homem não poderia adquirir conhecimentos por si mesmo. E assim como há duas formas de cura: a que ocorre só pela ação da natureza e a que ocorre pela ação da natureza ajudada pelos remédios, também há duas formas de adquirir conhecimento: de um modo, quando a razão por si mesma atinge o conhecimento que não possuía, o que se chama descoberta; e, de outro, quando recebe ajuda de fora, e este modo se chama ensino. [...] E assim, do mesmo modo, no ensino: o professor deve conduzir o aluno ao conhecimento do que ele ignorava, seguindo o caminho trilhado por alguém que chega por si mesmo à descoberta do que não conhecia. (Aquino, 2001, p. 33).

Santo Tomás de Aquino, filho do conde Landulf de Aquino, nasceu em 1225, no castelo da família, perto de Aquino, na Itália, em 1225 e, aos 5 anos de idade, foi enviado para o Mosteiro Beneditino Monte Cassino, para ser educado. Aos 14 anos, foi para Nápoles, a fim de completar sua formação religiosa e se juntou aos dominicanos para o desgosto de sua família.

Tornou-se mestre em Teologia em Paris, em 1256. Foi professor não apenas em Nápoles, mas também em outras cidades italianas. Concluiu seu doutorado aos 30 anos, ocupando uma das cátedras dominicanas na Faculdade de Teologia.

Santo Tomás de Aquino passou muito tempo escrevendo, mas infelizmente sua maior obra, "Suma teológica", nunca foi concluída porque, a caminho do segundo Concílio de Lyon, em 1274, adoeceu e morreu no mosteiro de lá.

Junto a Agostinho, ele é um dos maiores e mais influentes teólogos de todos os tempos. Mesmo sete séculos após sua morte, seu pensamento ainda domina o ensino católico e seus escritos são caracterizados pela conexão entre fé e razão. Batista (2010, p. 83) a reforça com esta afirmação:

> Reunindo, no conjunto de sua obra, ideias de pensadores cristãos e não cristãos, o teólogo e filósofo napolitano e dominicano deu à intelectualidade cristã ocidental um novo alento que, malgrado as invectivas sofridas pelo seu pensamento, vindas do interior do próprio pensamento cristão, o tomismo foi, não obstante, finalmente apropriado como referência oficial da orientação do pensamento eclesiástico cristão católico-romano.

O filósofo viveu em um momento crítico da cultura ocidental, quando a chegada do "corpus" aristotélico na tradução latina reabriu a questão da relação entre fé e razão, colocando em xeque a ideologia que havia sido seguida durante séculos. Essa crise se instalou justamente quando as Universidades estavam sendo fundadas[25]. Santo Tomás de Aquino, após os primeiros estudos

---

[25] O surgimento das primeiras universidades, na virada dos séculos XII e XIII, é um momento capital da história cultural do Ocidente medieval. [...]. Pode-se compreender que ela comportou, em relação à época precedente, elementos de continuidade e elementos de ruptura. Os primeiros devem ser buscados na localização urbana, no conteúdo dos ensinamentos, no papel social atribuído aos homens de saber. Os elementos de ruptura foram inicialmente de ordem institucional. Mesmo que se imponham aproximações entre o sistema universitário e outras formas contemporâneas de vida associativa e comunitária (confrarias, profissões, comunas), este sistema era, no entanto, no domínio das instituições educativas, totalmente novo e original, [...] o agrupamento dos mestres e/ou dos estudantes em comunidades autônomas reconhecidas e protegidas pelas mais altas autoridades leigas e religiosas daquele tempo, permitiu tanto progressos consideráveis no domínio dos métodos de trabalho intelectual e da difusão dos conhecimentos quanto uma inserção muito mais eficiente das pessoas de saber na sociedade da época. (Verger, 2001, p. 189-190).

em Montecassino, mudou-se para a Universidade de Nápoles, onde conheceu membros da nova Ordem Dominicana. Foi em Nápoles também que teve seu primeiro contato prolongado com o novo aprendizado.

Santo Tomás de Aquino foi um escritor prolífico. Sua obra mais extensa, "Suma Teológica", caracteriza um imponente conjunto de tomos, compreendendo milhares de páginas de respostas, bem fundamentadas, a questões sobre teologia e doutrina da Igreja. Na tentativa de demonstrar aos incrédulos a razoabilidade da fé cristã, essa obra não é apenas a joia da coroa do escolasticismo, isto é, da teologia e da filosofia medievais, mas uma das pérolas da cultura ocidental como um todo.

Santo Tomás de Aquino também escreveu reflexões sobre o pensamento de Aristóteles, vários comentários bíblicos, registros de disputas teológicas e filosóficas e diversos tratados, cartas e notas. Essa produção prodigiosa é especialmente impressionante porque Santo Tomás de Aquino alcançou tudo dentro de um período aproximado de 20 anos.

Para compreender sua obra, é importante ressaltar que Santo Tomás de Aquino viveu durante uma época em que a Igreja Católica era a detentora predominantemente de boa parte do poder político e religioso na maior parte da Europa. A Reforma Protestante, que estabeleceu uma alternativa rival à Igreja Católica, ainda tinha cerca de 250 anos de folga quando Santo Tomás de Aquino estava vivo. Igreja e Estado não foram separados e, de fato, eram, em grande parte, idênticos. Não havia nações europeias com soberania suficiente para gerir e conduzir seus próprios planejamentos econômicos, políticos e sociais.

Os padres, que geralmente eram as únicas pessoas que sabiam ler e escrever, possuíam o monopólio do ensino. A educação era necessariamente um aprendizado católico e ocorria, quase exclusivamente, em mosteiros, uma vez que poucas Universidades existiam e a maioria delas eram instituições para a formação de futuros sacerdotes.

Durante seis anos, os candidatos a um diploma de bacharel estudavam as sete artes liberais já abordadas anteriormente e, depois de concluírem esse curso, os alunos poderiam continuar estudando Direito, Medicina ou Teologia por mais 12 anos, em busca de um mestrado ou doutorado.

A maior influência de Santo Tomás de Aquino na história intelectual foi transferir o foco dos trabalhos de Platão para os de Aristóteles, uma vez que grande parte da história da filosofia ocidental envolvia a elaboração e o desenvolvimento das ideias desses dois grandes filósofos gregos.

Como já evidenciado anteriormente, na abordagem da Antiguidade Clássica, Platão foi particularmente influente entre os pensadores no início da história da Igreja. Santo Agostinho (354-430 d.C.) aderiu aos ensinamentos desse filósofo, defendendo que uma divisão intransponível separa o mundo material transitório, que percebemos com nossos sentidos, do mundo eterno e imutável, que abriga a realidade transcendente.

De outro modo, Aristóteles deixou-se levar pela obscuridade, se não pelo claro esquecimento, no que dizia respeito à Igreja; e é, graças apenas aos esforços dos eruditos judeus e árabes, que seus escritos sobreviveram até que Santo Tomás de Aquino aparecesse. Assim, os ensinamentos de Platão reinaram supremos quando Santo Tomás de Aquino estudava, embora tenha resistido a essa tradição, recuperando Aristóteles para o Ocidente e, sozinho, assimilando-o à ortodoxia católica. Sobre essa questão, afirma-se:

> A terceira manifestação intelectual da renascença do século XII, que se prolongará ao longo do século XIII e foi causa próxima do declínio do platonismo, é o enorme esforço de tradução que, de meados do século XII a meados do século XIII, disponibilizará aos leitores latinos não só o corpus aristotelicum então conhecido, mas também todo o acervo da ciência grecoislâmica. Uma cadeia de tradutores, de Toledo, na Espanha, passando por Oxford, com Robert Grosseteste, até Nápoles, na corte de Frederico II, transpõe para o latim a enciclopédia do saber antigo, conservada e comentada pelos sábios islâmicos. O corpus aristotélico que estará praticamente todo traduzido na segunda metade do século XIII, avulta dominador neste amplo conjunto textual e doutrinal. [...]. A entrada de Aristóteles em meados do século XII abre o mundo da cultura latina para nova visão do mundo, abrangente e grandiosa, compreendendo uma lógica, uma epistemologia, uma cosmologia, uma antropologia, uma ética, uma metafísica e uma teologia natural. Diante do ensinamento de Aristóteles e de suas versões árabes, o paradigma da secundariedade cultural age plenamente, pois esse grande caudal vindo de fontes exógenas é acolhido através de um processo de assimilação, de decantação, de recriação, que acaba por definir um complexo de práticas intelectuais, de ideias diretrizes, de novos problemas e de diferentes tendências do pensamento, profundamente original, que ficou conhecido como a escolástica do século XIII. (Aquino, 2008, p. 44).

Vemos adiante que as visões de Santo Tomás de Aquino são mais do que meramente filosóficas, pois são doutrinas católicas oficiais e, portanto, representam um conjunto vivo de tradições e crenças. Cabe ressaltar que a Igreja Católica Romana é uma das instituições mais antigas, duradouras e poderosas do Mundo. Em 1879, o papa Leão XIII declarou que os ensinamentos de Santo Tomás de Aquino eram doutrina oficial da Igreja, cristalizando o "status" de Santo Tomás de Aquino como um dos filósofos e teólogos mais influentes de todos os tempos.

2.3.1 Filosofia, Teologia e a concepção aristotélica de Aquino

Há uma dúvida instalada acerca do enquadramento de Santo Tomás de Aquino como teólogo ou filósofo. Embora tenha se dedicado inicialmente à teologia, encontramos, entre seus escritos, obras que qualquer um reconheceria como filosóficas por conterem uma grande diversidade de comentários que vão ao encontro do interesse pelos eruditos aristotélicos.

Mesmo em suas obras teológicas, existem discussões extensas, que são facilmente lidas como pertencentes a um caráter filosófico. Ainda que, para o filósofo, ambas possuam como objeto a interpretação do Criador, Santo Tomás de Aquino defende que o crente e o filósofo consideram as criaturas de maneira diferente. O filósofo acredita que pertence a suas naturezas próprias, enquanto o crente considera apenas o que é verdadeiro de criaturas na medida em que estão relacionadas a Deus (Aquino, 2000, p. IV). Assim, confirma Santo Tomás de Aquino:

> Há, com efeito, duas ordens de verdades que afirmamos de Deus. Algumas são verdades referentes a Deus e que excedem toda capacidade da razão humana, como por exemplo, Deus ser trino e uno. Outras são aquelas as quais a razão pode admitir, como, por exemplo, Deus ser, Deus ser uno, e outras semelhantes. Estas os filósofos, conduzidos pela luz da razão natural, provaram, por via demonstrativa, poderem ser realmente atribuídas a Deus. (Aquino, 2000, p. III).

> Como se viu, há duas ordens de verdades referentes às realidades divinas inteligíveis: uma, a das verdades possíveis de serem investigadas pela razão humana; outra, a daquelas que estão acima de toda capacidade desta razão. (Aquino, 2000, p. IV).

Nesse sentido, a primeira e maior diferença formal entre filosofia e teologia é encontrada em seus princípios, ou seja, em seus pontos de partida. As conjecturas do filósofo são caminhos que todos, num primeiro momento, podem conhecer após reflexão. Esses princípios não são, eles próprios, produtos da prova dedutiva — o que não significa, evidentemente, que sejam imunes à análise e à investigação racionais — e, portanto, eles são conhecidos por si mesmos. Em contraste, o discurso do teólogo é finalmente levado de volta a pontos de partida ou princípios que são considerados verdadeiros com base na fé, isto é, os dogmas são possibilitados pela revelação oriunda de Deus. É caracterizado formalmente pelo fato de que seus argumentos e análises são considerados verdadeiros apenas para quem aceita a revelação das Escrituras como tal.

Na concepção aquiniana, é possível raciocinar de forma prática, para decidir se um discurso é filosófico ou teológico. Se a conclusão depende apenas de verdades, qualquer um pode esperar de uma reflexão suficiente para saber sobre o mundo e se oferecer para divulgar novas verdades. Por outro lado, o discurso cuja coerência — não formal, mas substantiva — depende de aceitarmos como verdadeiras alegações de que há três seres em uma natureza divina, que nossa salvação foi efetuada pelo sacrifício de Jesus, que Jesus é uma pessoa, mas duas naturezas, uma humana, uma divina e outras semelhantes, é um discurso teológico. Qualquer apelo a uma fonte bíblica autorizada, como o nexo necessário em um argumento, é, portanto, diferente do discurso filosófico.

Para Santo Tomás de Aquino, o discurso teológico começa com o que Deus revelou sobre si mesmo e sobre sua ação na criação e redenção do mundo. Mas, mesmo dada a distinção entre os dois, ele sugere que existem, de fato, elementos daquilo que Deus revelou que são formalmente filosóficos e sujeitos à discussão filosófica — embora revelados, podem ser conhecidos e investigados sem a precondição da fé. Por essa razão, os trabalhos de Santo Tomás de Aquino são, muitas vezes, paradigmas desse engajamento entre a reflexão teológica e a reflexão filosófica, capazes de fornecer um arcabouço imenso para a compreensão do homem.

Dada a distinção entre filosofia e teologia, pode-se então distinguir as fontes e influências filosóficas e teológicas no trabalho de Aquino que, como filósofo, é enfaticamente aristotélico. É geralmente visto como uma figura de destaque no surgimento desse novo interesse por Aristóteles na medida em que se propôs à tarefa de "desplatonização" do pensamento aristotélico, apresentando, assim, aquele que seria um Aristóteles "puro" das influências do pensamento neoplatônico (Libera, 1998, p. 359).

Seu interesse e compreensão perceptiva acerca de Aristóteles estão presentes desde seus primeiros comentários textuais sobre a compreensão da matéria, sua visão do lugar, tempo e movimento, sua prova do motor principal do homem, sua cosmologia e demais assuntos relacionados.

A filosofia moral de Santo Tomás de Aquino está intimamente baseada no que ele aprendeu com Aristóteles e suas interpretações sobre a Metafísica fornecem um relato convincente e coerente sobre as difíceis teorias deixadas por seu mestre. Ocorre que reconhecer o papel primordial de Aristóteles na filosofia de Santo Tomás de Aquino não é negar outras influências filosóficas. Na formação de Agostinho, há uma presença importante de São Dionísio[26], Proclo[27] e Boécio[28] que representaram os canais, por meio dos quais, ele aprendeu o neoplatonismo.

Para explicar o processo de construção do conhecimento, por exemplo, Santo Tomás de Aquino não recorre nem às ideias inatas do platonismo nem à iluminação de Agostinho. Em vez disso, como se vê em seguida, ele postula uma faculdade cognitiva naturalmente capaz de adquirir conhecimento do objeto, em proporção a essa faculdade.

2.3.2 Do sensível ao intelecto, a produção do conhecimento com base na fé e na razão

A defesa de que nada existe no intelecto que antes não tenha passado pelos sentidos[29] vai ser a base da "teoria do conhecimento" no empirismo moderno.

---

[26] O Santo Dionísio, popularmente conhecido como o São Dênis de Paris, que é comemorado neste dia, foi durante muito tempo venerado como único padroeiro de França, até surgir santa Joana d'Arc para dividir com ele a grande devoção cristã do povo daquele país. De origem italiana, ele era um jovem missionário, enviado pelo Papa Fabiano para evangelizar a antiga Gália do norte no ano 250, portanto, no século III. Formou, então, a primeira comunidade católica em Lutécia, atual Paris, sendo eleito o seu primeiro bispo.

[27] *Proclus Lycaeus* (412-485 d.C.) foi filósofo na antiguidade tardia e desempenhou um papel crucial na transição da filosofia platônica da antiguidade para a Idade Média. Por quase 50 anos, ele foi chefe responsável pela "Academia" platônica em Atenas. Sendo um escritor produtivo, compôs comentários sobre Aristóteles, Euclides e Platão, tratados sistemáticos em várias disciplinas da filosofia como era na época (metafísica e teologia, física, astronomia, matemática, ética) e trabalhos exegéticos sobre tradições da sabedoria religiosa.

[28] *Anicius Manlius Severinus Boethius* conhecido como Severino Boécio ou simplesmente Boécio, foi um filósofo, poeta, estadista e teólogo romano, cujas obras tiveram uma profunda influência na filosofia cristã do Medievo. Entre os fundadores da Escolástica traduziu algumas obras de Aristóteles para o latim, comentários escritos sobre elas e livros didáticos de lógica, contribuindo para as discussões teológicas da época. Todos esses escritos, que foram influentes na Idade Média, baseavam-se no pensamento neoplatônico.

[29] Dentre as várias passagens de Aristóteles em que Tomás de Aquino fundamenta essa concepção, destacamos: ARISTÓTELES, III **Sobre a Alma**, 4, 430a I. apud S. Th. q. 74, a 3; I **Metafísica** I, 98a 2. e II **Analíticos Posteriores** 15, 100a 3. apud S. Th. q. 74, a. 6.

Concordando com Aristóteles, Santo Tomás de Aquino admite que o conhecimento é obtido por meio de dois estágios de operação, sensível e intelectivo, intimamente relacionados entre si. O objeto apropriado da faculdade sensível é a coisa particular, enquanto o objeto apropriado do intelecto é o universal, lembrando que o intelecto não alcança nenhuma conjectura a menos que o material para essa ideia lhe seja apresentado pelos sentidos.

As duas faculdades cognitivas, sentido e intelecto, são naturalmente capazes de adquirir conhecimento de seu próprio objeto, já que ambas estão em sintonia — o sentido, em direção à forma individual; e o intelecto, em direção à forma universal.

A obtenção do conceito universal pressupõe que o conhecimento sensível do objeto que está fora de nós aconteça por meio do desenho da forma da coisa em si por meio da faculdade sensitiva. Sobre essa impressão material, a alma reage de acordo com sua natureza, isto é, psiquicamente, produzindo conhecimento daquele objeto cuja forma foi impressa nos sentidos. Assim, a faculdade que estava em potência é acionada em relação a esse objeto e expressa, em si mesma, o conhecimento como um todo.

Mas como é o processo da passagem da cognição sensível para a intelectual? Para entender a solução do problema, é necessário recorrer à obra "Suma Teológica", na qual o autor descreve o funcionamento desse ato, situando seu início na impressão causada nos sentidos e o papel do intelecto agente para a formação do conhecimento.

> Os "phantasmata" podem ser considerados como imagens, mas sob a condição de se precisar que o conjunto dos sentidos externos e internos contribui para a sua formação. Também não devem ser considerados como simples reprodução de sensações, mas como o resultado de toda uma elaboração muito complexa. Do ponto de vista objetivo, diz-se que os "phantasmata" são inteligíveis em potência ou contêm em potência o inteligível. Os "phantasmata" contêm atualmente a essência da coisa que devem fazer conhecer, pois sem isso não se vê como poderiam transmiti-la à inteligência; mas são ditos em potência em relação ao ser inteligível ou "intencional" que esta essência deverá revestir para ser efetivamente conhecida. A atuação do inteligível, de que deveremos falar concerne, portanto, não à determinação formal do objeto, que vem do exterior, mas a seu ser objetivo ou de representação no espírito. (Gardeil, 1967, p. 108).

Como pode ser observado, de acordo com Santo Tomás de Aquino, isso é exatamente o que acontece por meio da ação de um poder especial do intelecto, ou seja, o poder pelo qual o fantasma (imagem dos sentidos) é iluminado. Sob a influência dessa iluminação, a forma perde sua materialidade e torna-se a essência ou espécie inteligível. Tal afirmação, repetida várias vezes nas questões 84-89 da primeira parte da ""Suma Teológica"" referente ao conhecimento intelectual humano, recebe uma formulação característica:

> E a razão disto é que a potência cognoscitiva é proporcionada ao cognoscível. Por onde, o intelecto angélico, totalmente separado do corpo, tem como objeto próprio à substância inteligível separada do corpo e, nesse inteligível, conhece as coisas materiais. Porém o intelecto humano, unido ao corpo, tem como objeto próprio a qüididade ou natureza existente na matéria corpórea; e, por tais naturezas, do conhecimento das coisas visíveis ascende a um certo conhecimento das invisíveis. (Aquino, 2001, p. 707).

Como pode ser observado, para Santo Tomás de Aquino, o intelecto agente é uma atividade especial da alma cognitiva, que é recebida pelo intelecto chamado passivo, pois acolhe seu objeto próprio e se torna inteligível.

Segundo Santo Tomás de Aquino, a quididade caracteriza-se como objeto próprio do intelecto humano: é ela que, à sua maneira, confere elementos para o conhecimento intelectual das coisas sensíveis. Visto a importância que a quididade possui para a teoria do conhecimento intelectual humano de Santo Tomás de Aquino, tornou-se fundamental, para nossa compreensão entendê-la como qualidade essencial.

Nessa perspectiva, observamos que, de acordo com Santo Tomás de Aquino, a forma, tanto inteligível quanto individual, não é aquilo que a mente apreende ou entende (isso reduziria o conhecimento ao mero fenomenalismo[30]), mas é o meio pelo qual a mente entende o objeto (forma individual) e a essência do objeto (forma inteligível).

---

[30] Segundo o fenomenalismo, lidamos sempre com o mundo das aparências, com o mundo que aparece com base na organização a priori da consciência, e nunca com as coisas em si mesmas. Em outras palavras, o mundo no qual eu vivo é modelado por minha consciência. Jamais serei capaz de saber como é o mundo em si mesmo, à parte de minha consciência e de suas formas *a priori*, pois tão logo tento conhecer as coisas, já lhes imponho as formas de minha consciência. O que tenho diante de mim, portanto, não é mais 'coisa-em-si', mas a aparência da coisa, a coisa tal como me aparece. (Hessen, 2003, p. 62-63)

> Segundo o fenomenalismo, lidamos sempre com o mundo das aparências, com o mundo que aparece com base na organização a priori da consciência, e nunca com as coisas em si mesmas. Em outras palavras, o mundo no qual eu vivo é modelado por minha consciência. Jamais serei capaz de saber como é o mundo em si mesmo, à parte de minha consciência e de suas formas *a priori*, pois tão logo tento conhecer as coisas, já lhes imponho as formas de minha consciência. O que tenho diante de mim, portanto, não é mais a 'coisa-em-si', mas a aparência da coisa, a coisa tal como me aparece. (Hessen, 2003, p. 62-63)

O conhecimento tem assim fundamento na realidade, na metafísica, uma vez que a faculdade cognitiva está em potência e, quando acionada, ela se revela na forma que atua. Assim, pode-se dizer, em certo sentido, que o intelecto é identificado com a forma determinada que ele conhece.

Para Santo Tomás de Aquino, todos os dados do conhecimento dos sentidos e de todas as coisas inteligíveis são essencialmente verdadeiros. A verdade consiste na igualdade do intelecto com o seu objeto enquanto essa concordância é sempre encontrada, tanto na cognição sensível como na ideia. O erro pode existir no julgamento, pois pode acontecer que um predicado possa ser atribuído a um objeto ao qual ele realmente não pertence.

Santo Tomás de Aquino distingue entre os sentidos exteriores e os sentidos interiores, havendo uma causa exterior que é percebida pelo sentido, sendo que a diversidade dessas causas externas dá origem aos poderes sensíveis distintivos e seus consequentes órgãos sensoriais.

Os poderes sensoriais externos são aqueles possibilitados pela visão, audição, olfato e tato. Todos esses sentidos comunicam as duas formas de transformação com a exceção do sentido da visão que comunica apenas uma versão espiritual.

Juntamente à experiência oferecida por esses sentidos exteriores, há os sentidos interiores que representam o poder sensível que preserva as sensações recebidas no primeiro. Eles são listados como senso comum, fantasia, imaginação e os poderes memorativos. Enquanto no sentido exterior sensações físicas são percebidas, nos sentidos interiores percebemos as intenções. As espécies sensoriais que foram recebidas nos sentidos exteriores foram transmitidas aos sentidos interiores, gerando sensações valorativas.

A função de apreensão de intenções, não obtidas por meio dos sentidos, repousava com o poder de estimativa, bem como sua retenção depende do poder memorativo. Esses sentidos interiores eram responsáveis pelo passo adicional, necessário na cognição humana real. Santo Tomás de Aquino também faz uma distinção necessária entre o homem e os animais, na medida em que os segundos intuem intenções, por meio do instinto natural ou da estimativa natural, enquanto o primeiro o faz pelo cognitivo. Como consequência, os sentidos simplesmente são relevantes para nos fornecer matéria-prima para todo o processo de conhecer.

Assim, para Santo Tomás de Aquino, a ciência é um corpo organizado de conhecimento que segue, de maneira demonstrativa, certas premissas que são imediatamente conhecidas como verdadeiras ou que são provadas por outra ciência. Assim, uma ciência é primariamente o hábito da alma na forma de uma virtude especulativa do intelecto. Por isso, Santo Tomás de Aquino afirma ser a doutrina sagrada uma ciência e menciona uma distinção entre dois tipos de ciência:

> A doutrina sagrada é uma ciência. Mas existem dois tipos de ciência. Algumas procedem de princípios que são conhecidos à luz natural do intelecto, como a aritmética, a geometria etc. Outras, procedem de princípios conhecidos à luz de uma ciência superior: tais como a perspectiva, que se apoia nos princípios tomados à geometria; e a música, nos princípios elucidados pela aritmética. (Aquino, 2001, p. 123).

Essa distinção garante a autonomia das ciências humanas e teológicas. No entanto, não é equivalente à separação, mas implica colaboração recíproca e vantajosa. A fé, de fato, protege a razão de qualquer tentação de desconfiar de suas próprias habilidades, estimula-a a estar aberta a horizontes cada vez mais amplos, mantém viva nela a busca de fundamentos e, quando a própria razão é aplicada à esfera sobrenatural da relação entre Deus e o homem, a fé enriquece o seu trabalho. Segundo Santo Tomás de Aquino, por exemplo, a razão humana pode certamente alcançar a afirmação da existência de um só Deus, mas somente a fé, que recebe a revelação divina, é capaz de extrair o mistério da Tríade Divina.

Podemos perceber, pela leitura de Santo Tomás de Aquino, que não é só a fé que colabora com a razão. A razão também, com seus próprios meios, pode fazer algo importante para a fé, tornando-se um tríplice serviço que Santo Tomás de Aquino resume no prefácio de seu comentário sobre o *De Trinitate* de Boécio:

> [...] demonstrando aquelas verdades que são preâmbulos da fé; dando uma noção mais clara, por certas similitudes, das verdades da fé; resistindo àqueles que falam contra a fé, ou mostrando que suas declarações são falsas, ou mostrando que eles não são necessariamente verdadeiros. (Aquino, 1998, p. 135).

Toda a história da teologia é basicamente o exercício dessa tarefa da mente que mostra a inteligibilidade da fé, sua articulação e harmonia interior, sua razoabilidade e sua capacidade de promover o bem humano. A exatidão do raciocínio teológico e seu significado cognitivo real são baseados no valor da linguagem teológica que, na opinião de Santo Tomás de Aquino, é principalmente uma linguagem analógica.

Por meio do estudo de suas obras, conhece-se que Santo Tomás de Aquino recorre, nesse caso, à teoria da "subalternação" das ciências de Aristóteles. Tanto os que creem, quanto os que não creem, veem na razão um campo neutro de acesso comum. Assim é, pois nada impede que aquilo que, por si, é demonstrável e compreensível, seja recebido como objeto de fé por aquele que não consegue apreender a demonstração.

As relações entre filosofia e teologia e entre fé e razão foram repensadas a partir de Santo Tomás de Aquino, uma vez que antes existia uma filosofia completa e convincente em si mesma, pois tratava de uma racionalidade que precedia a fé, seguida pela teologia, uma forma de pensar com a fé e na fé.

A questão premente era a seguinte: há compatibilidade entre racionalidade e fé? Ou elas são mutuamente contraditórias? Opiniões que afirmavam a incompatibilidade desses dois mundos não faltavam, mas Santo Tomás de Aquino estava firmemente convencido, de fato, de que a filosofia funcionava sem que o conhecimento de Cristo estivesse à espera, por assim dizer, da luz de Jesus para ser completa. Essa foi a grande novidade de Santo Tomás de Aquino que determinou o caminho que ele tomou como pensador.

Em seu trabalho teológico, Santo Tomás de Aquino supõe e concretiza essa relação à medida que a fé consolida, integra e ilumina a herança da verdade que a razão humana adquire. A confiança que Santo Tomás de Aquino confere a esses dois instrumentos para a aquisição do conhecimento pode remontar à convicção de que ambos provêm da única fonte de toda a verdade.

Juntamente ao acordo entre razão e fé, devemos reconhecer, por outro lado, que elas se valem de diferentes procedimentos cognitivos. A razão recebe uma verdade em virtude de sua evidência intrínseca, mediada ou não mediada; a fé, pelo contrário, aceita uma verdade com base na autoridade da Palavra de Deus que é revelada.

É indubitável que a contribuição de Aquino para a Epistemologia do conhecimento seja importante no desenvolvimento do empirismo. No entanto, como todos os empiristas, parece reduzir a aquisição do conhecimento humano ao sensível. Ele desconsidera, sem qualquer suporte, a posição de ideias inatas, como apresentado por Platão.

Apesar dos pontos questionáveis que podem parecer evidentes na concepção de Santo Tomás de Aquino sobre ciência, sua proposta investigativa é importante para a Epistemologia. Seu sistema filosófico serve de base não só para o desenvolvimento da teologia cristã, como também para uma teoria educacional que propomos conhecer adiante.

2.3.3 A teoria educacional aquiniana

O texto principal, dedicado por Santo Tomás de Aquino ao problema educacional, é o décimo primeiro dos "Quaestiones disputatae de Veritate", intitulado "De Magistro" (Sobre o ensino). Essa obra que compreende um total de 29 questionamentos sobre temas filosóficos e teológicos faz parte de um conjunto de questões sobre a verdade, escrito durante o primeiro momento de Santo Tomás de Aquino na Universidade de Paris, de 1256 a 1259.

"De Magistro" é composto por quatro artigos em forma de interrogações: (a) Quem pode ensinar e ser chamado mestre? Ambos, Deus e o homem, ou apenas Deus? (b) Alguém pode ser mestre de si mesmo? (c) O homem pode ser ensinado por um anjo? (d) Ensinar é um ato da vida ativa ou da vida contemplativa?

O primeiro artigo é de fundamental importância para compreender a doutrina tomista sobre o cenário educacional. Dividido em 18 argumentos "prós" e "contras", Santo Tomás de Aquino trata a tese segundo a qual somente Deus ensina e, portanto, só Ele pode ser chamado de mestre, examinando as doutrinas agostinianas. Agostinho afirmou que a linguagem do mestre não pode proporcionar ao aluno uma ciência que ele não possui, mas que só pode dar sentido ao que ele já tem em si mesmo. Segundo Agostinho, portanto, só Deus é a luz que inflama no homem a razão e ao mestre corresponde o papel de mediar o processo de aquisição do conhecimento.

Com base nessa perspectiva, no que se refere ao questionamento sobre quem realmente ensina e quem realmente aprende, a partir das potencialidades naturais do aluno e do saber como ato constituído no professor, esclarece Santo Tomás de Aquino:

> E do mesmo modo que se diz que o médico causa a saúde no doente pela atuação da natureza, também se diz que o professor causa conhecimento no aluno com a atividade da razão natural do aluno. E é nesse sentido que se diz que um homem ensina a outro e se chama mestre. (Aquino, 2000, 1, p. 32).

Tomando como base tal contexto, pode-se dizer que a maior influência educacional e filosófica da Idade Média foi Santo Tomás de Aquino, que, no século XIII, teve a iniciativa de conciliar duas grandes correntes da tradição ocidental. Por meio de seus escritos, particularmente o Suma "Teológica e Suma contra os gentios", buscou sintetizar razão e fé, filosofia e teologia, universidade e mosteiro e atividade e contemplação. No entanto, a fé e a teologia, em última instância, tiveram precedência sobre a razão e a filosofia, porque se presumia que as primeiras davam acesso a verdades que não estavam disponíveis pela investigação racional.

Assim, Santo Tomás de Aquino começou com pressupostos baseados na revelação divina e prosseguiu para uma explicação filosófica do homem e da natureza. Nesse sentido, o modelo de homem educado que emergiu desse processo foi o Escolástico, cuja inteligência racional foi vigorosamente disciplinada para a busca da excelência moral e cuja maior felicidade foi encontrada na contemplação de Deus.

O modelo escolástico[31] afetou muito o desenvolvimento da educação ocidental, especialmente na promoção da noção de disciplina intelectual. Tornando-se o modo dominante de compreender a teologia na Idade Média, o escolasticismo refere-se aos métodos e práticas dos estudiosos[32] das Universidades medievais. Como as primeiras Universidades foram estabelecidas nos séculos XI e XII, em toda a Europa, os acadêmicos que examinaram textos sagrados desenvolveram um sistema para estudar,

---

[31] O escolasticismo desenvolveu-se a partir dos estudos monásticos realizados por alguns dos maiores pensadores cristãos primitivos, incluindo Anselmo de Canterbury, que primeiro propôs o argumento ontológico como prova da existência divina de Deus. A figura mais dominante do escolasticismo é Santo Tomás de Aquino, cuja "Summa Theologica" é considerada uma das obras mais importantes da Europa medieval. Ao redescobrirem os antigos textos gregos e incorporá-los à sua visão de mundo teológica contemporânea, escolásticos como Santo Tomás de Aquino começaram a enfatizar a racionalidade e a lógica como um método de entender o divino.

[32] Os escolásticos não eram geralmente vistos como filósofos durante a Idade Média, como Tomás de Aquino considerava os filósofos pagãos. No entanto, eles eram altamente considerados como homens de sabedoria e eram frequentemente convidados para os tribunais de reis europeus para ensinar, pregar e iluminar os outros para os verdadeiros significados das lições e mensagens da Bíblia. Assim como na academia hoje, era importante que um escolástico fosse educado tanto nos textos antigos quanto nos modernos entendimentos teológicos. Esse tipo e nível de informação poderia torná-lo um bem valioso, ou um adversário formidável, para qualquer poder dominante europeu.

interpretar e analisar dogmas religiosos. Definido por exercícios rigorosos de domínio das línguas antigas, referenciando vários textos uns contra os outros e encontrando harmonias e reconciliações entre diferentes pensamentos teológicos, o escolasticismo tornou-se o método dominante para refletir sobre as teorias de estudiosos do passado para melhor compreender a mensagem de Deus.

Nesse contexto, a doutrina teológico-filosófica de Santo Tomás de Aquino foi uma poderosa força intelectual em todo o Ocidente, sendo oficialmente adotada pela ordem dominicana (da qual Santo Tomás de Aquino era membro) no século XIII e pelos jesuítas no século XVII. Como já dito anteriormente, conhecida como Tomismo, essa doutrina veio construir a base oficial da teologia católica romana de 1879. Embora Santo Tomás de Aquino ocupasse um lugar importante em sua hierarquia de valores, para os usos práticos da razão, os tomistas posteriores eram frequentemente mais intelectuais em sua ênfase educacional.

Batista (2010, p. 88) contribui com nosso estudo, explicando a importância da Escolástica nesse contexto educacional:

> Assim, a Escolástica prepara uma releitura da educação que envolverá de modo radical e inovador tanto os processos de formação quanto os de aprendizagem. A estes últimos, as universidades deram uma contribuição fundamental com a sua organização de estudos e com os mestres que elaboraram aquelas técnicas de trabalho intelectual, mas os modelos de formação que devem guiar o trabalho educativo foram enfrentados pelos grandes intelectuais da Escolástica, com metodologias derivadas da grande disputa sobre razão e fé que atravessa o florescimento — 1200/1300 — da filosofia escolástica.

Nesse rico contexto, Cambi (1999, p. 186-187) ressalta os novos modelos pedagógicos ainda radicalmente caracterizados pelo Cristianismo, mas doravante voltados tanto para uma laicização da vida intelectual como para uma renovação (no sentido laico e ativo) da visão do homem e da vida social.

A perspectiva pedagógica aquiniana se apoia na crença de que a aprendizagem ocorre quando uma pessoa ensina outra, ou seja, o professor transmite o conhecimento para o aluno, fazendo com que ele saiba o que ele anteriormente tinha a capacidade de conhecer (Aquino, 2001, p. 38).

Nesse sentido, o conhecimento deve resultar da atividade da própria mente do aluno, enquanto o professor frequentemente aponta questões que esse aluno não tinha pensado e mostra a relação entre conceitos que não teria percebido sem que o professor os apontasse.

> O ensino é, segundo a perspectiva tomista, uma atividade que, no âmbito mental, vem de fora para dentro, ou seja, trata-se de um processo externo à mente, no qual um agente (Deus, o homem ou ambos) atualiza na mente o conhecimento que anteriormente existia tão somente como mero potencial. Ora, embora a mente possa, por si mesma, executar tal processo de atualização, trata-se, porém, de um processo de descoberta, mas não de ensino, que requer exterioridade, e isso implicaria no fato de a mente ter de pôr-se fora de si mesma para que possa ser mestra de si mesma, o que é impossível. (Batista, 2010, p. 94).

Podemos inferir que, embora o aluno seja parte fundamental da construção de seu próprio conhecimento, ao professor é remetida uma importante tarefa de perceber e motivar a descoberta. Na visão de Aquino (2001, p. 42), o modo de aquisição do conhecimento por descoberta é melhor para o aluno, pois manifesta uma maior habilidade em conhecer; no entanto, para o professor, é melhor a exposição, pois, como ele conhece todo o conteúdo, pode conduzir ao conhecimento de modo mais expedito do que o caminho daquele que, por si mesmo, conduz-se ao conhecimento a partir dos princípios gerais.

Ao tratar do ensino, Santo Tomás de Aquino propõe a análise de dois fundamentos importantes: o conteúdo que será ensinado e a pessoa a quem o ensino será direcionado. Para melhor fundamentar a nossa fala, trazemos um importante fragmento do quarto artigo do "De Magistro" (Sobre o Ensino) de Santo Tomás de Aquino:

> Ora, no ato de ensinar encontramos uma dupla matéria, o que se verifica até gramaticalmente pelo fato de que 'ensinar' rege um duplo acusativo: ensina-se — uma matéria — a própria realidade de que trata o ensino e ensina-se — segunda matéria — alguém, a quem o conhecimento é transmitido. Em função da primeira matéria, o ato de ensinar é próprio da vida contemplativa; em função da segunda, da ativa. Porém, quanto ao fim, o ensino é exclusivamente da vida ativa, pois sua última matéria, na qual se atinge o fim proposto, é matéria da vida ativa. Daí que pertença à vida ativa mais do que à contemplativa, se bem que de algum modo pertença também à vida contemplativa, como dissemos. (Aquino, 2000, p. 61).

Nessa direção, ao tratar da relação entre professor e aluno no processo, Santo Tomás de Aquino se vale, mais uma vez, dos princípios aristotélicos para os quais a aquisição do conhecimento começa com o exercício dos sentidos ligados à realidade externa, que, no caso da escola, são aqueles que provêm do mestre.

> No aluno, as representações das coisas inteligíveis, pelas quais se produz o conhecimento recebido pelo ensino, são imediatamente de seu intelecto agente, mas mediatamente propiciadas pelo professor ao propor sinais das coisas inteligíveis a partir dos quais o intelecto agente capta os conteúdos e os representa no intelecto paciente. **Daí que as palavras do mestre, ouvidas ou lidas, causem o conhecimento do mesmo modo que as realidades externas, pois tanto a estas quanto àquelas volta-se o intelecto agente para receber os conteúdos inteligíveis,** se bem que as palavras do professor estão mais próximas de causar conhecimento do que as realidades sensíveis externas, enquanto sinais dos conteúdos inteligíveis. (Aquino, 2001, p. 36, grifo nosso).

Ainda sobre o ideário pedagógico de Santo Tomás de Aquino, o teólogo-filósofo-educador ressalta que, no ensino, não se deve sobrecarregar as pessoas com perguntas inúteis, mas sim com aquelas que são fundamentais. Essa é uma regra geral que deve ser observada em instituições de ensino, da escola primária à Universidade, sob pena de que os alunos recebam um pouco de tudo e nada de conhecimento (Aquino, 2001, p. 2).

Nessa direção, o conhecimento pode ser comunicado por meio de livros que devem ser escritos de forma clara. Assim, conhecimento e habilidades que valem a pena aprender incluem o estudo da lógica, que ensina os métodos das ciências, matemática, filosofia natural, filosofia moral e ciência divina.

Para concluir, Santo Tomás de Aquino nos apresenta um conceito amplo e confiante da razão humana: amplo, porque não se limita aos espaços da chamada razão "empírico-científica"; confiante, porque a razão humana, especialmente aceita as inspirações da fé cristã, sendo promotora de uma civilização que reconhece a dignidade da pessoa, a intangibilidade de seus direitos e a irrefutabilidade de seus deveres. Não é de surpreender que a doutrina sobre a dignidade da pessoa, fundamental para o reconhecimento da inviolabilidade dos direitos humanos, tenha se desenvolvido em escolas de pensamento que aceitaram o legado de Santo Tomás de Aquino, que tinha uma concepção muito elevada da criatura humana. Ele definiu, com sua linguagem rigorosamente filosófica, como "o que é mais perfeito para ser encontrado em toda a natureza — isto é, um indivíduo subsistente de natureza racional" (Aquino, 2001, p. 336, *Teológica*).

2.3.4 Bases da filosofia política tomista para a construção da cidadania

Como vimos, Santo Tomás de Aquino menciona que um dos bens naturais aos quais os seres humanos estão inclinados é "viver em sociedade". Essa observação apresenta o ponto de partida ideal para um dos mais importantes ensinamentos da filosofia política tomista, ou seja, a natureza política do homem.

Essa doutrina se apoia principalmente no primeiro livro "Política", de Aristóteles, sobre o qual Santo Tomás de Aquino escreveu um extenso comentário, afirmando que a sociedade política (*civitas*) emerge das necessidades e das aspirações da própria natureza humana. Assim entendida, não é uma invenção do homem (como nos ensinamentos políticos dos modernos teóricos do contrato social), nem uma construção artificial destinada a compensar as deficiências da natureza humana. É, ao contrário, uma inspiração da própria natureza que diferencia os humanos de todas as outras criaturas naturais.

Mesmo que os seres humanos estejam inclinados à virtude moral, adquiri-la requer educação e habitualidade. Da mesma forma, embora os seres humanos estejam inclinados a viver em sociedade, tal sociedade ainda precisa ser estabelecida, construída e mantida pela produção humana.

Santo Tomás de Aquino admite, é evidentemente, que a sociedade política não é a única comunidade natural. A família é natural talvez em um sentido ainda mais forte e é anterior à sociedade política. A prioridade da família, no entanto, não é uma prioridade de importância, uma vez que a política visa a um bem maior e mais nobre do que a família. É antes uma prioridade do desenvolvimento.

Em outras palavras, a política supera todas as outras comunidades com dignidade e, ao mesmo tempo, pressupõe a família e dela depende. Nesse ponto, Santo Tomás de Aquino segue a explicação de Aristóteles sobre como a sociedade política se desenvolve a partir de outras sociedades inferiores, incluindo a família e as comunidades. A família humana passa a existir a partir da tendência quase universal de homens e mulheres se unindo para fins de procriação.

À medida que as famílias crescem em tamanho e número, também parece haver uma tendência para que elas se juntem umas às outras e formem o que Aristóteles chama de aldeias. As razões para isso são principalmente utilitárias: enquanto a família é suficiente para suprir as necessidades diárias da vida, a aldeia é necessária para fornecer produtos que não são necessidades diárias, mas também não são possibilitados pela família.

O que Santo Tomás de Aquino e Aristóteles parecem ter em mente, ao descrever o surgimento da aldeia, é a divisão do trabalho. Enquanto os seres humanos podem se reproduzir e sobreviver com facilidade nas famílias, a vida se torna muito mais produtiva e rica quando as famílias se reúnem nas aldeias, pois um homem pode agora se especializar em determinada tarefa enquanto satisfaz as necessidades materiais remanescentes de sua família por meio de troca e comércio.

Apesar da utilidade da aldeia para o homem, ela o deixa incompleto. Assim é, em parte, porque a vila ainda é relativamente pequena e, portanto, a eficácia da divisão do trabalho permanece limitada. Muito mais útil é o conglomerado de várias aldeias; o que proporciona uma maior variedade de produtos e especializações a serem compartilhadas por meio de troca.

Há, no entanto, uma razão muito mais importante pela qual a sociedade política passa a existir. Além de proporcionar maior proteção e benefícios econômicos, também aumenta a vida moral e intelectual dos seres humanos. Identificando-se com uma comunidade política, os seres humanos começam a ver o mundo em termos mais amplos do que a mera satisfação de seus desejos individuais e necessidades físicas.

A comunidade política é assim entendida como a primeira comunidade (maior que a da família) pela qual o indivíduo faz grandes sacrifícios, já que não é apenas um empreendimento cooperativo maior para benefício econômico mútuo. É, antes, o ambiente social em que o homem realmente encontra sua mais alta realização natural.

Nesse sentido, a comunidade política, embora não direcionada ao bem individual, serve melhor ao indivíduo, promovendo uma vida de virtude, na qual a existência humana pode ser enobrecida. É nesse contexto que Santo Tomás de Aquino argumenta (novamente seguindo Aristóteles) que, embora a sociedade política originalmente venha a existir pelo bem da vida, ela existe para viver bem.

Semelhante a essa afirmação é a constatação de Santo Tomás de Aquino de que o homem é, por natureza, um animal cívico e social. Como apoio à sua conclusão, Santo Tomás de Aquino nos remete à observação de Aristóteles de que os seres humanos são os únicos animais que possuem a capacidade de exercer a comunicação. Por meio do discurso, portanto, os seres humanos podem deliberar coletivamente sobre questões cívicas centrais, sobre o que é útil e o que é prejudicial, assim como o justo e o injusto.

O fato de o homem ser um animal naturalmente político tem implicações de longo alcance. Além de ser pai, mãe, fazendeiro ou professor, o ser humano é mais identificado como cidadão. Alcançar a verdadeira excelência humana, portanto, significa sempre alcançar a excelência como cidadão de alguma sociedade política.

Certamente, as exigências relacionadas à Cidadania variam de regime para regime, mas, de modo mais geral, o bom cidadão é aquele que coloca o bem comum acima de seu bem privado e age de acordo com isso. Ao fazê-lo, tal pessoa exibe a virtude da justiça legal pela qual todas as suas ações são referidas, de uma forma ou de outra, para o bem comum de sua sociedade particular.

Como é possível inferir, o argumento de Santo Tomás de Aquino, sobre a necessidade do direito humano, inclui a observação de que alguns seres humanos exigem um incentivo adicional coercitivo para respeitar e promover o bem comum. Por meio da lei, aqueles que mostram hostilidade a seus concidadãos são impedidos de praticar o mal por meio da força e do medo e podem até mesmo vir a fazer, de boa vontade, o que até agora fizeram por medo e, assim, tornarem-se virtuosos.

Durante essa discussão, Santo Tomás de Aquino menciona duas dimensões específicas do bem comum que são de particular interesse para a legislação humana. A primeira delas é "paz". Por esse termo, Santo Tomás de Aquino remete a algo mais consideravelmente concreto coletivamente do que qualquer tipo de "paz interior" ou tranquilidade espiritual que se encontra como resultado da perfeição moral ou intelectual.

Além de preservar a ordem social em seu nível básico, no entanto, Santo Tomás de Aquino também deixa claro, na passagem anterior, que o direito humano deve se esforçar para acumular virtudes e especificamente aquele tipo que tem a ver com o bem comum da sociedade. Em outras palavras, o direito humano está interessado em fomentar virtudes na medida em que essas virtudes aperfeiçoam os seres humanos em suas relações com os cidadãos e com a comunidade como um todo.

Mais tarde, no "Suma Teológica" (Aquino, 2001, p. 2), Santo Tomás de Aquino chama esse tipo de virtude de "justiça legal", que compreende a virtude política por excelência. Ao contrário do que seu nome parece significar, essa virtude não implica simples obediência à lei e, sim, uma disposição interior da vontade humana pela qual aqueles que a possuem remetem todas as suas ações ao bem comum.

No entanto, além de considerar a justiça em geral, Santo Tomás de Aquino também a considera como uma virtude particular própria. Isso parece explicar por que ele menciona, em uma discussão posterior da legislação humana, que a lei deveria promover a justiça, além da promoção da paz e da virtude (Aquino, 2001, p. 1543). Independentemente do fato de que a justiça é uma virtude que os legisladores gostariam de incutir em seus cidadãos, a lei também busca preservar a justiça. Isso fica mais claro quando se considera a discussão de Santo Tomás de Aquino sobre o "direito" (*ius*), que ele caracteriza como o objeto de justiça, considerado como uma virtude particular e que deve ser resguardado pela lei independentemente de os legisladores terem conseguido implantar a virtude da justiça nas almas dos seus cidadãos.

Expor a virtude da justiça, portanto, é muito mais do que realizar uma ação que restabeleça a igualdade ou dê a alguém seu direito. O conceito de justiça de Santo Tomás de Aquino como uma virtude seria ininteligível, pois a igualdade que a justiça requer deve ser considerada proporcionalmente no sentido de que penas maiores para crimes maiores (e punições menores para crimes menores) constituem, de fato, tratamento igual (Aquino, 2000, p. 142).

Nesse contexto, Santo Tomás de Aquino frequentemente se volta para as autoridades públicas como os principais guardiões do bem comum. Ele diz que a função do Estado é assegurar o bem comum, mantendo a paz, organizando e harmonizando as atividades dos cidadãos, provendo os recursos para sustentar a vida e impedindo obstáculos à boa vida.

A expressão, "bem comum", não tem significado para Santo Tomás de Aquino, a menos que produza o bem do indivíduo. Ele afirma que o bem comum resulta de uma irmandade de discernimento, escolha, liberdade e responsabilidade; e que as pessoas, na sociedade, devem definir e implementar esse bem comum por meio do governo.

Santo Tomás de Aquino aceitou a ideia aristotélica de que o Estado é fruto da natureza social do homem e não de sua corrupção e pecado. Ele vê o Estado como uma instituição natural, que é derivada da natureza do homem, uma vez ser esse um animal social e político, cujo fim é fixo e determinado por sua natureza. Santo Tomás de Aquino explica que a vida social requer alguma forma de autoridade civil e que a noção de ordenação para um fim implica autoridade dirigente. Ele diz que o Estado preserva uma sociedade organizada, mantendo a paz interna e externa, garantindo a satisfação das necessidades materiais do homem. Ele acredita que o governo é necessário para regular as atividades econômicas dos indivíduos, mas acha que tal regulamentação deveria ser a exceção e não a regra, usada apenas em emergências e para evitar o caos.

Reconhecendo que a lei natural é anterior a qualquer jurisdição civil, Santo Tomás de Aquino ensinou que o fim inerente da personalidade é a comunhão com os outros e que o fim inerente de uma comunidade verdadeira é o pleno respeito pela personalidade de cada um de seus membros.

DIREITO, ESTADO, EDUCAÇÃO E CIDADANIA NA MODERNIDADE

3.1 A superação do pensamento tradicional como advento da era moderna

O século XVI foi um período de vigorosa expansão econômica e desempenhou um papel importante nas muitas outras transformações — sociais, políticas e culturais — da era moderna. Em 1500, a população, em boa parte da Europa, estava aumentando após dois séculos de declínio ou estagnação. As grandes descobertas geográficas integraram o continente europeu a um sistema econômico mundial.

Não apenas o comércio, mas também a produção de bens aumentou como resultado de novas maneiras de organizar a produção. Nesse sentido, considera-se o século XVI como início, ou pelo menos o amadurecimento, do capitalismo ocidental.

O capital assumiu um papel importante não apenas na organização econômica, mas também na vida política e nas relações internacionais. Culturalmente, novos valores — muitos deles associados ao Renascimento e à Reforma — difundiram-se pela Europa e mudaram a maneira como as pessoas agiam e as perspectivas pelas quais se viam no Mundo.

Ocorre que esse contexto do capitalismo primitivo, no entanto, dificilmente pode ser considerado estável ou uniformemente próspero. Quando o capitalismo avançou no Ocidente, os camponeses da Europa Central e Oriental, outrora livres, entraram em servidão. A aparente prosperidade do século XVI deu lugar, na metade e no final do século XVII, a uma crise geral em muitas regiões europeias. Politicamente, os Estados centralizados insistiam em novos níveis de conformidade cultural por parte de seus súditos, sendo que muitos expulsaram judeus e quase todos se recusaram a tolerar dissidentes religiosos.

Nesse contexto, a modernidade compreende um período especialmente importante para a história da Europa Ocidental. Nasce com a descoberta do Novo Mundo o Renascimento e a Reforma (século XV e XVI); desenvolve-se com as Ciências Naturais no século XVII, conquista seu auge político nas revoluções do século XVIII, é palco da Revolução Industrial do século XIX e finaliza-se no início do século XX. Como afirma Habermas (2002, p. 5):

> O conceito de modernização refere-se a um conjunto de processos cumulativos e de reforço mútuo: à formação de capital e mobilização de recursos; ao desenvolvimento das forças produtivas e ao aumento da produtividade do trabalho; ao estabelecimento do poder político centralizado e à formação de identidades nacionais; à expansão dos direitos de participação política, das formas urbanas de vida e da formação escolar formal e, à secularização de valores e normas.

Marcado pelo desenvolvimento da ciência e da arte, representou um momento em que a Igreja Católica começa a perder o poder em uma Europa que se desenvolvia cientificamente. Como resultado, o mesmo espírito intelectual que possibilitou aos gregos antigos questionarem a mitologia, retornou na medida em que os novos pensadores se dispuseram a interrogar os preceitos da era cristã. A Modernidade constitui-se a partir da pretensão de rejeitar a tradição, submetendo o conhecimento ao exame crítico da razão e à experimentação.

A expansão econômica do século deveu-se a mudanças poderosas que já estavam em andamento em 1500. Naquela época, a Europa compreendia apenas entre um terço e metade da população que possuía por volta de 1300.

Os últimos desastres ocorridos na Idade Média (Peste Negra de 1347-50, fome frequente, guerras incessantes) transformaram radicalmente as estruturas da sociedade europeia, alterando os modos pelos quais produziam alimentos e bens, distribuíam renda e organizavam a sociedade e o Estado.

O final da Idade Média foi, portanto, um período de avanços tecnológicos significativos, vinculados ao alto investimento de capital em dispositivos de economia e trabalho a fim de reestruturar o desequilíbrio econômico, político e social presente até então. Assim, a Europa alcançou o que nunca possuía antes: uma vantagem tecnológica sobre todas as outras civilizações, o que a tornou preparada para uma expansão mundial.

Essas mudanças prejudicaram a liderança da nobreza fundiária e aumentaram o poder e a influência dos grandes comerciantes e banqueiros das cidades. Conforme descreve Batista (2010, p. 29),

> O cenário social inglês do século XVII resume-se como a consolidação de uma sociedade moderna, urbana, burguesa, individualista, antropocêntrica e mercantilista que se sobre-

punha cada vez mais sobre uma sociedade medieval, rural, aristocrática, corporativista, teocêntrica e feudal, embora tais rupturas com o passado não necessariamente signifiquem que não viessem a sobrar, no presente, resquícios do mesmo. Um outro fator que causou mudanças sociais não somente na Inglaterra, mas na Europa em geral, foi a já mencionada expansão marítimo-comercial iniciada no século XVI, pois ela fez com que as diversas sociedades europeias passassem a enxergar o mundo sob novas perspectivas, alimentando esperanças no sentido de, ao encontrarem novas terras, nelas poderiam construir um novo mundo, assim como esboça ficcionalmente o romance Robinson Crusoé, de Defoe; foi assim que muitos, cansados da vida europeia, ou mesmo sem maiores perspectivas na Europa, arriscaram a própria sorte emigrando para a América, para a África, para a Ásia e para a Oceania, em busca de riquezas, principalmente, e em busca da construção de uma nova Europa.

Percebe-se que, culturalmente, os desastres do final da Idade Média tiveram o efeito de alterar atitudes e, em particular, minar a fé medieval de que a razão especulativa poderia dominar os segredos do Universo. Numa era de epidemias ferozes e imprevisíveis, o acaso e o inesperado pareciam dominar o curso do pensamento humano.

A filosofia moderna, portanto, consiste em uma mistura de novas abordagens da filosofia, alimentadas pela ciência, objeções aos ensinamentos religiosos medievais e, por outro lado, defesas da religião, baseadas em novas evidências.

Nessa perspectiva, os filósofos desse período enfrentaram um dos maiores desafios intelectuais da história: reconciliar os princípios da filosofia tradicional aristotélica e da religião cristã com os desenvolvimentos científicos que se seguiram na sequência de Copérnico e Galileu com a revolução newtoniana seguinte.

Maneiras estabelecidas de pensar sobre a mente, o corpo e Deus foram contestadas por uma nova imagem mecanicista do Universo, em que leis naturais, caracterizadas matematicamente, governavam o movimento de partículas sem vida, sem a intervenção de algo não físico.

Em resposta, os filósofos (muitos dos quais foram participantes dos desenvolvimentos científicos) refinaram uma variedade de visões a respeito da relação dos seres humanos com o Universo. Ao fazer isso, estabeleceram termos básicos os quais as gerações seguintes abordariam como problemas filosóficos, desencadeados pelos aspectos político, econômico e social dessa época.

A Idade da Razão (século XVII) e o século das Luzes (século XVIII), juntamente aos avanços da ciência e à ascensão do liberalismo, marcam o início da filosofia moderna. Trata-se de um período que abrigou uma batalha contínua entre duas teorias opostas: o racionalismo (corrente epistemológica para a qual todo conhecimento surge da razão intelectual e dedutiva, e não dos sentidos) e o empirismo (corrente epistemológica para a qual a origem de todo conhecimento é experiência sensorial).

Essa revolução no pensamento filosófico foi desencadeada pelo filósofo e matemático francês René Descartes[33], que representou a primeira figura do movimento conhecido como racionalismo e grande parte da filosofia ocidental subsequente pode ser vista como uma resposta às suas ideias. Seu método, conhecido como cartesiano, era colocar em dúvida tudo o que poderia ser duvidado, na esperança de chegar a uma verdade básica e inegável (incluindo os sentidos não confiáveis): "eu penso, logo existo".

Frente aos problemas desse século, o contratualismo emerge como uma corrente de pensamento para a qual o Estado existe e seus poderes são geralmente definidos ou circunscritos pelo acordo racional de seus cidadãos, representado em um contrato social real ou hipotético entre si.

Nesse contexto,

> Em sentido amplo, o contratualismo compreende todas aquelas teorias políticas que veem a origem da sociedade e o fundamento do poder político (chamado, quando em quando, potestas, imperium, Governo, soberania, Estado) num contrato, isto é, num pacto social, num acordo tácito ou expresso entre a maioria dos indivíduos; acordo esse que assinalaria o fim do 'estado natural' e o início do Estado Social e Político. Com efeito, num sentido restrito, por tal termo se entende uma escola (filosófica) que floresceu na Europa entre os começos do século XVII e os fins do XVIII, aproxi-

---

[33] René Descartes (1596-1650) foi um importante pensador científico e metafísico. Era conhecido entre os eruditos, em sua época, como um matemático de ponta, como o desenvolvedor de uma nova e abrangente física ou teoria da natureza (incluindo seres vivos) e como o proponente de uma nova metafísica. Nos anos seguintes à sua morte, sua filosofia natural foi amplamente ensinada e discutida. Nesse sentido, ele ofereceu uma nova visão do mundo natural que continua influenciando o pensamento contemporâneo: um mundo material que possui propriedades fundamentais e interage de acordo com algumas leis universais. Esse mundo natural inclui uma mente imaterial que, nos seres humanos, está diretamente relacionada ao cérebro. Na metafísica, ele forneceu argumentos para a existência de Deus, para mostrar que a essência da matéria é extensão e que a essência da mente é pensada. Descartes afirmou, desde o início, possuir um método especial, exibido de várias formas em matemática, filosofia natural e metafísica, e que, na última parte de sua vida, incluiu ou foi complementado por um método de dúvida.

madamente, e teve seus máximos expoentes em J. Althusius (1557-1638), T. Hobbes (1588-1679), B. Spinoza (1632-1677), S. Pufendorf (1632- 1694), J. Locke (1632-1704), J. J. Rousseau (1712-1778), I. Kant (1724-1804), dentre outros renomados teóricos. Vale salientar que por escola (filosófica) concebe-se não uma comum orientação política, mas o comum uso de uma mesma sintaxe ou de uma mesma estrutura conceitual para racionalizar a força e alicerçar o poder no consenso. (Bobbio *et al.*, 1998, p. 272).

Posto isso, vejamos a seguir — não desmerecendo as contribuições teóricas político-filosóficas preliminares dos outros autores citados por Bobbio — os teóricos clássicos do contrato social dos séculos XVII e XVIII: Thomas Hobbes (1588-1679), John Locke (1632-1704) e Jean-Jacques Rousseau (1712-1778), bem como as relações de suas teorias com a educação e a cidadania.

3.2 Thomas Hobbes

A biografia de Hobbes é conhecida pelos acontecimentos políticos ocorridos, na Inglaterra e na Escócia, durante seu período de vida. Nascido em 1588, o ano em que a Espanha tenta invadir a Inglaterra, ele viveu 91 anos, morrendo em 1679. Embora tenha nascido em uma família pobre, Hobbes teve sua vida inicial patrocinada por um tio, que colaborou o suficiente para prover sua educação, fazendo com que seus talentos intelectuais fossem reconhecidos e desenvolvidos na Universidade de Oxford.

Sua capacidade intelectual e prática o levou a um patamar profissional elevado, inclusive como professor de matemática do futuro rei Carlos II. Embora isso nunca tenha tornado Hobbes poderoso, significava que ele estava familiarizado e, de fato, vulnerável àqueles que o rodeavam.

Como as Guerras Civis de 1642-46 e 1648-51 faziam parte desse contexto histórico, Hobbes se sentiu forçado a deixar o país para sua segurança pessoal e viveu na França de 1640 a 1651. Mesmo depois de a monarquia ter sido restaurada em 1660, Hobbes, nem sempre, podia contar com sua segurança em função de poderosas figuras religiosas críticas de seus escritos.

Desse modo, viveu em uma época turbulenta do ponto de vista político, religioso, militar e econômico. A Inglaterra passava por um momento de inúmeros conflitos: os ricos e poderosos estavam repartidos quanto ao apoio ao rei em face da alta tributação cobrada naquele tempo; da mesma forma, o Parlamento foi igualmente dividido em relação aos seus próprios poderes em detrimento do rei; a sociedade estava separada religiosa e economicamente, bem como por territórios; a guerra civil possibilitou que os grupos se separassem militarmente; e, por fim, todas essas divisões culminaram num estado de insegurança, medo e tensões.

Diante desse caos, ao temer pelo colapso social e político da Europa, Hobbes construiu seu pensamento filosófico. Sua posição inicial como professor lhe deu o escopo para ler, escrever e publicar a ponto de ter contato com notáveis intelectuais ingleses, envolvendo-se em debates com clérigos, matemáticos, cientistas e filósofos.

Desse modo, Hobbes ganhou uma boa reputação em muitos campos. Ele era conhecido como cientista, matemático (especialmente em geometria), como tradutor dos clássicos, como escritor na área jurídica, como estudioso em metafísica e epistemologia e, não menos importante, ele se tornou notório por seus escritos e disputas sobre questões religiosas.

Mas é por seus escritos sobre moralidade e política que ele é, com razão, mais lembrado, por duas influências marcantes. A primeira é uma reação contra a autoridade religiosa, como era conhecida, e especialmente contra a filosofia escolástica. A segunda é um profundo envolvimento com o método científico emergente, juntamente a uma admiração por uma disciplina muito mais antiga, a geometria[34]. Ambas as influências interferiram no modo como Hobbes expressou suas ideias morais e políticas.

A aversão de Hobbes pela filosofia escolástica é explorada em "Leviatã" e outras obras. Ele não era (como muitos acusaram) um ateu, mas sim extremamente sério ao insistir que as disputas teológicas deveriam ser mantidas fora da política.

No Cap. II dessa obra, ao tratar da imaginação, partindo da afirmação de que "o homem não pode ter um pensamento representando alguma coisa que não esteja sujeita à sensação e que nenhum homem, portanto, pode conceber uma coisa qualquer, mas tem de a conceber em algum lugar, dotada de uma determinada magnitude e suscetível de ser dividida em partes", Hobbes dirige-se contra os teólogos de seu tempo, criticando o

---

[34] Tomei (2006) em Euclides: a conquista do espaço revela como a geometria euclidiana parece ter sido fundada sobre convenções que unificavam diversos modos de utilização do método axiomático nas demonstrações das figuras já conhecidas, a exemplo do círculo, do triângulo, do quadrado. Esse caráter convencional da geometria euclidiana parece mesmo ter influenciado o modo como Hobbes se propôs a conceber as ciências, a política e a própria religião dos antigos povos egípcios, gregos e romanos, a saber, como construtivo e não meramente especulativo.

uso que a Religião fazia das visões e da ignorância do povo, considerando o conhecimento escolástico como uma ilusão (Hobbes, 1979, p. 23).

A determinação de Hobbes em evitar o discurso insignificante (isto é, sem sentido) dos escolásticos também se sobrepõe à sua admiração pelas ciências físicas emergentes e pela geometria. Sua opção não é tanto pelo método emergente da ciência experimental, mas sim pela ciência *dedutiva*.

Hobbes, portanto, aprova uma visão *mecanicista* da ciência e do conhecimento, que se molda muito à clareza e ao poder dedutivo exibidos pela matemática. Em face desse ponto de vista, a Geometria, por conseguinte, é considerada por ele como a ciência dos universais, pois aquilo que é descoberto geometricamente, aqui e agora, é verdade em todos os tempos. É nesse contexto conceitual que Hobbes afirma que a Geometria "é a única ciência que prouve a Deus conceder à humanidade" (Hobbes, 1979, p. 27).

As questões que Hobbes propôs no século XVII ainda são relevantes nos dias de hoje e sua obra ainda mantém uma forte influência no mundo da filosofia, por desafiar a relação entre ciência e religião e as limitações naturais do poder político.

Como mencionado na introdução deste capítulo, os diversos caminhos intelectuais do século XVII, que são genericamente chamados de filosofia clássica moderna, começaram por rejeitar as autoridades do passado — especialmente Aristóteles e seus pares. Descartes, fundador da tradição racionalista, e Francis Bacon (1561-1626), considerado o criador do empirismo moderno (teoria política do Império Britânico), buscaram novos métodos para alcançar o conhecimento científico e uma concepção clara da realidade.

A ênfase de Hobbes, no poder absoluto do soberano do *Leviatã*, parece colocar seu pensamento político em desacordo com a teoria liberal, em que a política é dedicada à proteção dos direitos individuais. Hobbes, no entanto, lançou as bases para a visão liberal uma vez que seu conceito do estado de natureza fundamenta a política no desejo de o indivíduo preservar sua vida e seus bens e estipula que o papel do governo é servir a esses fins.

Para Hobbes, o indivíduo não tem deveres naturais em relação aos outros ou ao bem comum; as obrigações são assumidas apenas como meios necessários aos próprios fins. Além disso, Hobbes deixa claro que o indivíduo mantém seu direito natural de se preservar mesmo depois de ingressar na *Commonwealth*. Embora Hobbes tenha uma compreensão muito mais limitada dos direitos individuais do que os liberais, sua ciência política lança o argumento de que o indivíduo tem um direito inviolável por natureza, e sugere que a política existe para ajudar ainda mais a busca individual de sua própria felicidade.

Vemos que, não muito depois da morte de Hobbes, John Locke usou muitos dos elementos do seu pensamento para desenvolver o primeiro relato completo do liberalismo político moderno. Embora Locke se esforce para se distanciar de Hobbes, a influência de Hobbes pode ser vista no relato de Locke a respeito do estado de natureza, em seu argumento de que a origem de todo governo legítimo está no consentimento dos governados e em sua opinião de que a comunidade política deve ter como objetivo atender às necessidades básicas e comuns.

3.2.1 Do estado de natureza ao estado civil

Hobbes nos convida a considerar como seria a vida em um estado de natureza, isto é, uma condição sem governo. Talvez pudéssemos imaginar que as pessoas poderiam viver melhor nesse estado, em que cada um decidiria, por si mesmo, como agir, levando em conta seus instintos naturais e seu livre arbítrio.

Entretanto, o problema do Homem no estado de natureza está, para Hobbes, no fato de que todos são naturalmente iguais, não tendo um que se distingue de modo a exercer domínio natural sobre os demais. Logo, produzem um estado de natureza potencialmente carregado de disputas uma vez que o direito de cada um a todas as coisas convida a sérios conflitos quando houver, por exemplo, escassez de bens e produtos necessários à sobrevivência. Dessa forma, o autor destaca três causas principais que provocam a discórdia entre os homens, quais sejam: a competição, a desconfiança e a glória.

> A primeira leva os homens a atacar os outros tendo em vista o lucro; a segunda, a segurança; e a terceira, a reputação. Os primeiros usam a violência para se tornarem senhores das pessoas, mulheres, filhos e rebanhos dos outros homens; os segundos, para defendê-los; e os terceiros por ninharias, como uma palavra, um sorriso, uma diferença de opinião, e qualquer outro sinal de desprezo, quer seja diretamente dirigido a suas pessoas, quer indiretamente a seus parentes, seus amigos, sua nação, sua profissão ou seu nome. (Hobbes, 1979, p. 75).

Hobbes classifica essa situação como um estado de julgamento privado, no qual não há autoridade reconhecida para arbitrar disputas e poder efetivo para impor suas decisões. A defesa de Hobbes é que a igualdade dos indivíduos no estado de natureza proporciona, inevitavelmente, uma guerra de todos contra todos.

Nesse sentido, o conflito ocorrerá sempre que houver divergências, seja pelo desacordo religioso, por julgamentos morais ou patrimoniais. Hobbes imagina um estado de natureza em que cada pessoa é livre para decidir, por si mesma, o que ela precisa, o que lhe é devido, o que é respeitoso, correto, errado, piedoso, prudente e livre para decidir todas as questões comportamentais. Como bem afirma as palavras do filósofo, nessa situação em que não há autoridade comum para resolver essas muitas e sérias disputas, podemos facilmente imaginar com Hobbes que o estado de natureza se tornaria um estado de guerra, ou seja, pelas nossas próprias naturezas, somos levados a um conflito perpétuo, que Hobbes chama de "guerra de todos contra todos".

> [...] não haverá como negar que o estado natural dos homens, antes de ingressarem na vida social, não passava de guerra, e esta não ser uma guerra qualquer, mas uma guerra de todos contra todos. Pois o que é a guerra, senão aquele tempo em que a vontade de contestar o outro pela força está completamente declarada, seja por palavras, seja por atos? O tempo restante é denominado paz. (Hobbes, 1998, p. 33).

Inegavelmente, observa Hobbes, de forma natural, somos predadores vorazes, egoístas, impulsionados por necessidades intermináveis e desejos irresistíveis, oferecendo um perigo claro e constante um para o outro. Mas isso é simplesmente como somos feitos e, portanto, não é suscetível ao julgamento moral, seja eclesiástico ou filosófico. Somente quando nos libertamos do estado de natureza (por meios dos quais tratamos em breve) e instituímos leis e autoridade legal, estaremos em qualquer posição para avaliar a retidão ou a promiscuidade dos atos humanos.

Assim, ao defender que o estado de natureza é um estado miserável de guerra, no qual nenhum dos nossos importantes fins humanos é confiável, Hobbes prossegue, enfatizando que, nesse estado, não há certo ou errado, nem justiça ou injustiça, pois ainda não existe nenhum padrão estabelecido — embora artificial — pelo qual tais julgamentos de valor possam ser feitos. Hobbes, por várias vezes, em sua obra, declara que as paixões são contrárias à lei de natureza e, muitas vezes, atrapalham o uso correto da razão:

> Pois as leis de natureza (como a justiça, equidade, modéstia, piedade, ou, em resumo, fazer aos outros aquilo que queremos que nos façam) por si mesmas, sem o terror de algum poder que as faça ser observadas, são contrárias a nossas paixões naturais, e nos conduzem à parcialidade, orgulho, vingança e coisas semelhantes. (Hobbes, 1979, p. 117).

Essa afirmação nos direciona para o eixo central da alegação hobbesiana a respeito da ética e da política: a defesa da necessidade do Estado para direcionar, controlar e fiscalizar o comportamento e instituir relações de direito que possam suprir as manifestações de poder no estado de natureza.

Dessa forma, a receita de Hobbes, para nos livrarmos dessa condição natural, é a seguinte: primeiro, devemos renunciar ao nosso direito natural a todas as coisas que prevalece e perpetua um estado de natureza, estabelecendo contratos sociais, vinculados uns com os outros, os quais somos obrigados a honrar; segundo, devemos concordar em transferir boa parte de nosso poder para uma autoridade que legislará em nosso nome e fornecerá soluções para contratos não cumpridos.

Em suma, o manifesto político de Thomas Hobbes, o "Leviatã" (1651), sustenta que uma comunidade com um contrato social é a maneira ideal de governar um grupo de pessoas. Nesse sentido, o Estado nasce de forma artificial, criado voluntariamente por necessidade dos cidadãos, na medida em que os indivíduos transferem seus direitos ao Leviatã e é nessa transferência que reside a legitimidade do poder político do soberano

> [...] o acordo vigente entre essas criaturas é natural, ao passo que aos homens surgem apenas através de um pacto, isto é, artificialmente. Portanto, não é de admirar que seja necessária alguma coisa mais, além de um pacto, para tornar constante e duradouro seu acordo; ou seja, um poder comum que os mantenha em respeito e que dirija suas ações em benefício comum. A única maneira de instituir um poder comum, capaz de defendê-los dos estrangeiros e das injurias uns dos outros, garantindo-lhes uma segurança suficiente para que, mediante seu próprio labor e graças aos frutos da terra, possam alimentar-se e viver satisfeitos, é conferir toda a sua força e poder a um homem, ou assembleia de homens, que possam reduzir suas vontades, por pluralidade de votos a uma só vontade. (Hobbes, 1979, p. 109).

Sob essa perspectiva, Hobbes argumenta que um poder soberano e autoritário é melhor preparado para manter a paz e a unidade civil e que cada cidadão de uma nação deve se submeter ao contrato social que permite a esse poder central agir em nome da segurança e da defesa pública. Por isso, a imagem representativa proposta por Hobbes é um leviatã[35] ou mons-

---

[35] A figura do Leviatã, incorporada à obra, é baseada no Leviatã bíblico, que é citado, pela primeira vez, no livro de Jó. De acordo com as escrituras sagradas, o Leviatã seria um monstro ou demônio apocalíptico que assolaria o mundo no fim dos tempos. Hobbes toma a ideia da bestialidade para incorporá-la ao princípio de Estado: os indivíduos estariam submetidos ao pacto com esse monstro (Estado), e ele os representaria, e todas as suas ações seriam de responsabilidade da sociedade, pois foi a população quem concedeu o poder para a criatura bestial. Tal besta, porém, também garantiria o cumprimento do código de conduta para a manutenção da paz: caso alguém infringisse alguma das leis estabelecidas para a vida em sociedade, teria sua vida tirada pela criatura maligna e, caso contrário, se as leis fossem cumpridas, ele deixaria sua barbaridade e assumiria forma humana.

tro marinho, com um corpo feito de constituintes humanos e uma cabeça representando o líder soberano.

Em sua essência, o manifesto é dividido em quatro seções, que se baseiam nessa ideia central. A primeira delas, considerada a mais detalhada do livro, revela que uma Nação é essencialmente uma representação maior de um homem. Nela, Hobbes introduz o estado de natureza, que é essencialmente o estado natural do homem sem as regras do governo. Como já abordado anteriormente, nesta seção, Hobbes defende que, ao se unirem em uma comunidade, todos os homens não são mais iguais, mas o poder combinado do Estado oferece uma maior sensação de segurança para aqueles que concordam em viver dentro dele.

Na segunda seção, Hobbes lista os direitos de um soberano que representa seu povo e depois discute os três tipos de governo: monarquia, aristocracia e democracia. A diferença entre eles, diz Hobbes, está no tipo de soberano: se está em um homem (monarquia), um grupo de homens (aristocracia) ou todos os homens (democracia). Ao detalhar as obrigações dos cidadãos para com seu Estado-Nação ou órgão superior de governo, ele defende a monarquia como a forma ideal de governo e que a obrigação do cidadão, então, é agir de acordo com a vontade do poder soberano. Caso não concorde com as regras do governante, tem o direito de retornar ao perigoso estado de natureza sem qualquer proteção estatal.

Num terceiro momento, em "De uma riqueza comum cristã", Hobbes apresenta argumentos de que ser obediente a um rei ou rainha é o mesmo que ser obediente a uma autoridade divina, como Deus. Nesse sentido, nunca deveria haver um conflito entre obedecer às leis civis e divinas uma vez que Deus existe, mas apenas sobrenaturalmente. Assim, a única autoridade verdadeira do homem na terra é o poder soberano.

A seção final, "O Reino das Trevas", discute as tenebrosas possibilidades de não se pautar a vida em um contrato social. Recusando-se a viver com base em seus próprios princípios, Hobbes argumenta que o homem não é punido da mesma forma que alguém é punido no inferno; mas, ao contrário, sua punição é não desfrutar dos benefícios proporcionados pela vida em sociedade. Em suas palavras:

> Numa tal situação não há lugar para indústria, pois seu fruto é incerto; consequentemente não há cultivo de terra, nem navegação, nem uso de mercadorias que podem ser importadas pelo mar; não há construções confortáveis, nem instrumento para mover e remover as coisas que precisam de grande força; não

há conhecimento na face da Terra, nem cômputo de tempo, nem artes, nem letras; não há sociedade; e o que é pior de tudo, um constante temor e perigo de morte violenta. E a vida do homem é solitária, pobre, sórdida, embrutrecida e curta. (Hobbes, 1979, p. 76).

Por fim, em caráter de síntese, trata-se de um trabalho proeminente de filosofia política, que ainda é estudado nos dias de hoje e considerado um dos primeiros argumentos que respaldam a teoria do contrato social e a ideia de que os indivíduos devem renunciar a algumas liberdades para serem protegidos e viverem uma vida de conforto dentro em uma Nação. Como o livro foi escrito durante a Guerra Civil Inglesa, provavelmente Hobbes foi influenciado pelo fato de que uma Nação forte é mais importante do que as liberdades, opiniões individuais e crenças de seus cidadãos.

Nesse mesmo sentido, Hobbes acaba contribuindo para a formulação de uma teoria educacional que objetiva a formação de um cidadão coerente com a monarquia defendida.

3.2.2 A paz como causa e efeito da educação

Propomos, neste espaço, considerar o pensamento educacional de Thomas Hobbes tanto em seu contexto histórico quanto no âmbito de sua filosofia política. Para isso, é necessário considerar o diagnóstico de Hobbes sobre a Guerra Civil Inglesa enquanto produto da omissão da *Commonwealth* e a educação como uma preocupação central e consistente de sua teoria política desde um estágio inicial.

Uma vez que a miséria da condição natural se torna clara, é evidente que algo deve ser feito para mudá-la. O primeiro passo é que os indivíduos decidam buscar a paz e tomar as providências necessárias para alcançá-la e preservá-la. Na obra hobbesiana, torna-se claro que a única maneira de ter paz é que cada indivíduo desista de seu direito natural e preserve os interesses da coletividade, propostos pelo governo soberano.

Como Hobbes estipula, isso deve ser um esforço de todos, uma vez que só faz sentido para um indivíduo desistir de seu direito de atacar os outros se todos concordarem em fazer o mesmo. Como já abordado, ele chama essa renúncia coletiva do direito de cada indivíduo a todas as coisas de contrato social. Referido contrato inverte o estado de natureza ao mesmo tempo que equivale a uma maneira mais inteligente de se preservar e adquirir bens com segurança.

Ao chamar essas regras de leis da natureza, Hobbes altera significativamente o conceito tradicional de lei natural, em que a natureza oferece orientação moral para o comportamento humano. Em contraste, as leis da natureza de Hobbes não são obrigatórias em seu estado de natureza, já que, como ele deixa claro, buscar a paz e manter contratos no estado de natureza seria incoerente. Em outras palavras, a justiça existe apenas como uma convenção, no contexto de uma sociedade civil.

Nesse sentido, para Hobbes, o consenso sobre assuntos civis que proporcionam a paz só poderia ser assegurado por meio de uma educação cívica rigorosa e universal, supervisionada pelo soberano, nas Universidades e na família.

Hobbes não é primariamente considerado um filósofo da educação, no entanto, teceu importantes reflexões de caráter educacional na obra "Leviatã", propondo uma espécie de reforma imediata do ensino pelo poder soberano.

A educação, com efeito, desempenha um papel ético-político fundamental na abordagem filosófica de Thomas Hobbes, levando em conta que ela se torna um dos pilares sobre os quais o Estado é constituído e mantido. Isso ocorre porque observamos uma possibilidade de legitimação do Estado por meio do ensino, transmissão e doutrinação do ordenamento jurídico promulgado.

Para o filósofo inglês, a educação deveria ser uma prioridade em todas as tarefas do Estado por possibilitar a manutenção da ordem social e política quando planejada, controlada e executada pelo poder soberano. É por isso que, no capítulo XII, de "O cidadão" e, no capítulo XXIX, de "Leviatã", ele considera o ensino de falsas doutrinas como uma das causas da dissolução do Estado.

Um dos principais objetivos práticos da filosofia política de Hobbes é a promoção da paz, não somente dentro, mas também entre as Nações. Ele próprio se descreve, no prefácio de "Do cidadão", como "alguém que tem uma paixão pela paz" (Hobbes, 1998, p. 24).

A Guerra Civil Inglesa foi um dos vários conflitos religiosos que assolaram a Europa na esteira da Reforma Protestante. Hobbes esperava que uma teoria política sólida pudesse pôr fim a essas guerras. Na mensagem de dedicatória, faz uma ousada predição de que, se os filósofos morais repetissem o sucesso dos geômetras, especificamente, se os padrões de ação humana fossem conhecidos com a mesma certeza que as relações de grandeza nas figuras, a ambição e a ganância, cujo poder repousa sobre as falsas opiniões das pessoas comuns sobre o certo e o errado, seriam desarmadas e a Humanidade desfrutaria da paz.

Como muitos outros filósofos do século XVII, Hobbes sustentava que nosso conhecimento do mundo externo não era direto, mas sim mediado por ideias. Ter conhecimento científico exigia que se conhecessem as causas reais de um fenômeno e não suas meras possíveis causas. No entanto, a única maneira de possuir tal conhecimento causal é agir como um criador, como Deus fez no caso das coisas naturais.

Essa restrição que Hobbes fez permitiu que ele considerasse apenas a geometria e a filosofia civil como corpos de conhecimento científico uma vez que, somente nessas duas disciplinas, os humanos são autores dos objetos que estudam.

Para Hobbes a educação humana não pode ser alcançada apenas pela soberania da razão, pois não seria suficiente diante das expectativas individuais. A defesa desses próprios interesses o leva, na sua obra, a defender a educação como uma forma de o rei, por meio de seu poder político, conduzir a sociedade para o caminho da paz. Desse modo, a compreensão da concepção educacional do autor nos possibilita entender seu objetivo, assumido na luta por equilíbrio, buscado na sociedade capitalista que estava se fortalecendo.

3.3 John Locke

John Locke nasceu em 1632, na aldeia de Somerset, em Wrington, no sudoeste da Inglaterra. Filho de uma família burguesa, seu pai, também chamado John, era advogado com ideias liberais, serviu às forças parlamentares na Guerra Civil Inglesa e de educação religiosa puritana.

Locke passou sua infância no West Country e, quando adolescente, foi enviado para a Westminster School, em Londres, onde foi bem-sucedido como estudante. Depois de concluir seu curso de graduação, ocupou uma série de cargos administrativos e acadêmicos e seu importante trabalho "Ensaios sobre a Lei da Natureza" foi desenvolvido enquanto praticava o ensino.

Durante o tempo em que permaneceu em Oxford, Locke, especialmente nos últimos anos, dedicou-se ao estudo da medicina e da filosofia natural (o que agora chamaríamos de ciência). Entretanto, foi em Londres que desenvolveu seu trabalho mais famoso, denominado "Ensaio sobre o entendimento humano".

Locke viajou pela França por vários anos, a partir de 1675 e, quando retornou à Inglaterra, o contexto político havia mudado substancialmente, a ponto de o filósofo escrever "Dois Tratados Concernentes ao Governo", que marcou sua obra no campo político. Após passar um tempo na Holanda, escondendo-se de uma possível perseguição política, ao fim da Revolução Gloriosa de 1688-1689, Locke conseguiu retornar à Inglaterra, publicando o "Ensaio e os Dois Tratados".

Em seus últimos anos, Locke dedicou grande parte de sua atenção à teologia. Seu principal trabalho nesse campo foi "A Razoabilidade do Cristianismo", publicado em 1695. Esse trabalho foi controverso porque Locke argumentou que muitas crenças, tradicionalmente consideradas obrigatórias para os cristãos, eram desnecessárias, defendendo uma forma altamente ecumênica de ser cristão. Mais perto do tempo de sua morte, Locke escreveu um trabalho sobre as "Epístolas Paulinas", o qual, por estar inacabado, foi publicado postumamente.

A trajetória de Locke foi marcada por problemas de saúde, em grande parte de sua vida adulta. Em particular, ele tinha doenças respiratórias, que foram exacerbadas por suas visitas a Londres, onde a qualidade do ar era muito baixa. Sua saúde piorou em 1704 e ele ficou cada vez mais debilitado, falecendo em 28 de outubro de 1704.

Como abordamos, seus escritos trataram de religião, educação, política e economia; o que lhe concedeu fama e influência, sendo louvado por toda a Europa como defensor do liberalismo no governo.

3.3.1 As visões de mundo[36] de Locke diante dos antagonismos de sua época

John Locke, como Thomas Hobbes, era um teórico inglês do contrato social. Por ter vivido de 1632 a 1704, sua vida se sobrepôs brevemente à de Hobbes. Ele é amplamente considerado um dos pais do período iluminista, caracterizado pelo uso público da razão e do empirismo (em oposição à religião ou superstição) para promover o conhecimento e o bem-estar, tanto no campo científico quanto no social.

John Locke está entre os mais famosos filósofos e teóricos políticos do contraditório século XVII, conforme denomina Cambi (1999, p. 277-278).

---

[36] Segundo Batista (2003, p. 95), cumpre explicar que a primeira categoria lockeana para se compreender melhor o seu pensamento educacional e pedagógico trata-se da visão de mundo.

> Um século trágico, contraditório, confuso e problemático, que manifesta características frequentemente antinômicas (guerras e revoltas quase endêmicas e profundas aspirações à paz; racionalismo e superstição; classicismo e barroco; absolutismo e sociedade burguesa com seus aspectos de individualismo, jusnaturalismo etc.), mas que opera uma série de reviravoltas na história ocidental, as quais mudaram profundamente a identidade, como o Estado moderno, a nova ciência, a economia capitalista; e ainda: a secularização, a institucionalização da sociedade, a cultura laica e a civilização das boas maneiras.[...] Com o século XVII, de fato, os processos educativos, as instituições formativas e as teorizações pedagógicas também vão se renovando. Também em pedagogia, o século XVII é o século de início da Modernidade, do seu pleno e consciente início, embora não ainda de seu completo desenvolvimento, que se realizará no século XVIII de forma ainda programática, e nos séculos seguintes como realização efetiva e difundida.

Trata-se de uma época marcada por antagonismos de ordem política, econômica, social, intelectual, educacional e religiosa conforme ressalta Batista (2003, p. 35): capitalismo *versus* feudalismo, absolutismo *versus* liberalismo, nobreza *versus* burguesia, educação de orientação religiosa *versus* educação de orientação leiga etc.

Nessa perspectiva, Locke configura-se um filósofo cuja visão de mundo se apresentou ao mesmo tempo empirista, liberal, leiga e antropocêntrica (Batista, 2003, p. 97).

Seu caráter empirista está relacionado à categoria conhecimento. Um dos principais objetivos de Locke, na obra "O Ensaio", é determinar o que pode e o que não pode ser considerado legítimo ao abordar a forma pela qual adquirimos conhecimento.

Para ele, experimentar o Mundo, por meio dos nossos sentidos, é a única maneira de chegar a uma conclusão e conhecer a verdade sobre algo.

> Em se considerando particularmente *o Ensaio* Jonh Locke deixa transparecer uma visão de mundo extremamente de caráter empirista mas com alguns resquícios de caráter racionalista uma vez que delega principalmente à experiência e ém segundo lugar à razão a tarefa de produzir o conhecimento sobre a realidade postulando que ambas são a única via para se ter acesso ao conhecimento; isso significa que, conforme Locke, aquilo que não se encontra nas dimensões empírica e/ou racional não pode ser, portanto, conhecimento, mas

tão somente crença, fé ou opinião, que estão mais para a probabilidade do que para a certeza e, consequentemente, distantes do conhecimento. (Batista, 2003, p. 95-96).

Locke associou o ser humano a uma folha em branco ao nascer e o termo latino frequentemente usado para descrever esse conceito é *tábula rasa*. Para ele, isso significa que nós viemos ao Mundo sem qualquer compreensão dentro de nós, como um pedaço de papel em branco, em que nada foi escrito ainda. Dessa forma, só podemos raciocinar com base no que nos acontece e no que aprendemos. Então, se um ser humano é folha em branco desde o primeiro dia, só podemos conhecer as coisas com base nas interações com o Mundo.

Como filósofo, Locke é conhecido pela teoria da "tábula rasa" do conhecimento, desenvolvida no "Ensaio sobre o Entendimento Humano" (Locke, 1999, p. 57), no qual afirma:

> Todas as ideias derivam da sensação ou reflexão. Suponhamos, pois, que a mente é, como dissemos, um papel em branco, desprovida de todos os caracteres, sem quaisquer ideias; como ela será suprida? De onde lhe provém este vasto estoque, que a ativa e que a ilimitada fantasia do homem pintou nela com uma variedade quase infinita? De onde apreende todos os materiais da razão e do conhecimento? A isso respondo, numa palavra, da experiência. Todo nosso conhecimento está nela fundado, e dela deriva fundamentalmente o próprio conhecimento. Empregada tanto nos objetos sensíveis externos como nas operações internas de nossas mentes, que são por nós mesmos percebidas e refletidas, nossa observação supre nosso entendimento com todos os materiais do pensamento. Dessas duas fontes de conhecimento jorram todas as nossas ideias, ou as que possivelmente teremos.

Nesse contexto, ainda que a razão, considerada uma das principais faculdades mentais humanas, também ocupe lugar muito importante na teoria lockeana do conhecimento, ela só tem condições de operar a partir dos dados sensoriais e reflexivos, oriundos das experiências externa (sensação) e interna (reflexão). Isso significa que, conforme essa teoria, a mente não tem, tal como postula o cartesianismo, ideias inatas, que facultem à razão operar com elas independentemente da experiência.

Assim, considerado como o fundador da escola de pensamento conhecida como Empirismo Britânico, fez contribuições fundamentais para as teorias modernas do governo liberal, deixando claro sua outra visão de mundo.

Tal justificativa se dá pelo fato de que, durante o final do século XVII e início do século XVIII, muitas Nações europeias, como França e Inglaterra, eram monarquias absolutas. De fato, o conceito de absolutismo, segundo o qual, o monarca é a autoridade inquestionavelmente mais elevada e o governante absoluto de todos os elementos no reino, marcou a política europeia nesse período. No entanto, esse poder irrestrito do rei fracassou porque a população se revoltou contra esse tipo de governo e suas políticas.

> Em se considerando particularmente *os Tratados*, John Locke deixa transparecer uma visão de mundo extremamente de caráter liberal (no sentido de antiabsolutista), já que advoga que a defesa da propriedade individual (que são, principalmente, sua vida e liberdade) deve ser a razão da existência de todo e qualquer Estado, o que não justifica que o Estado deva dispor de seus membros por outros motivos a não ser por motivos que, direta ou indiretamente, digam respeito à preservação da vida e da liberdade de seus membros. Dito de outro modo: o Estado existe para o indivíduo e não vice-versa. (Batista, 2003, p. 96).

Em sequência, considerando-se a obra "Cartas Sobre Tolerância", percebe-se que Locke propõe que Estado e religião não devem se misturar, a menos que se refiram à sua preservação em geral e à de seus membros em particular. Da mesma forma, o Estado deve manter-se afastado da religião (ou, melhor dizendo, da Igreja, entendida por Locke como uma sociedade espontânea, ou seja, não política, cujo intuito é a manifestação de alguma forma de culto público à Divindade).

> O cuidado com as almas não pode pertencer ao magistrado civil, porque seu poder consiste apenas na força externa, enquanto que a religião verdadeira e salvadora consiste na persuasão interna da mente, sem a qual nada pode ser aceitável a Deus. E tal é a natureza do pensamento que ele não pode ser compelido à crença em qualquer coisa por força externa. A confiscação de propriedade, prisão, tormentos, nada dessa natureza pode ter tal eficácia que faça os homens mudarem o julgamento interno que estruturaram sobre as coisas. (Locke, 2004, p. 79).

Nesse contexto, percebe-se que Locke propõe uma separação entre assuntos políticos e religiosos ou entre Estado e Igreja, no sentido de que devem cooperar mutuamente, entretanto sem confundir-se. Consequentemente, tais cartas sugerem uma visão de mundo na qual a dimensão do sagrado (isto é, a esfera religiosa) é tomada como algo que não deve misturar-se aos assuntos políticos.

Por fim, a quarta visão de mundo se diz antropocêntrica, pois, na obra "Alguns Pensamentos Sobre Educação", Locke defende que o ensino deve considerar tanto o aspecto físico quanto o aspecto psíquico do ser humano. Isso significa afirmar que deve propiciar o desenvolvimento integral do homem, posto que Locke delega à educação a finalidade de tornar o gentil-homem em um ser humano virtuoso. Destarte, a virtude seria, portanto, a meta final a qual a educação deveria atingir, tendo, por sua vez, Deus como fundamento (Batista, 2010, p. 176).

Essa concepção nos faz entender que a educação pretendida por Locke, por um lado, pressupunha a existência de Deus e, por outro, postulava a necessidade de estabelecê-lo como a base de uma conduta virtuosa; o que, neste trabalho, registra-se de forma mais aprofundada.

3.3.2 Os preceitos pedagógicos de Locke sobre a aprendizagem

É certo afirmar que Locke não escreveu propriamente uma teoria educacional. Mais parecida com um manual de instruções do que a uma obra filosófica, "Alguns Pensamentos sobre Educação" de John Locke é uma coleção de reflexões sobre a educação e sua finalidade num contexto liberal.

À medida que a Inglaterra se tornava cada vez mais mercantilista e secularista, os valores educacionais humanistas da Renascença, que haviam consagrado o escolasticismo, passaram a ser considerados por muitos como irrelevantes. Assim afirmamos que, ao longo de sua obra, Locke propõe uma educação moralista, preocupada com o corpo e a mente, já que o respeito à moral e aos costumes superam a importância de um ensino voltado para o conteúdo disciplinar.

> Uma mente sadia em um corpo sadio é uma breve, mas completa descrição de um estado feliz neste mundo. Aquele que tem estes dois, tem muito menos a desejar; e aquele que deseja um deles, estará, porém, em pior situação, ainda que tenha alguma coisa a mais. A felicidade ou a miséria dos homens é, na maioria das vezes, resultado daquilo que fazem. Aquele, cuja mente não dirige prudentemente, nunca tomará o caminho certo; e aquele, cujo corpo é louco e fraco, nunca será capaz de avançar nele. (Locke, 2001, p. 4).

Como pode ser observado, mais especificamente, o objetivo é incutir o que Locke chama de Princípio da Virtude, a saber, a capacidade de subverter os apetites e desejos imediatos de alguém aos ditames da razão.

> [...] a principal coisa que se deve atender na educação dos meninos são os hábitos que se chegam contrair em princípio moral. (Locke, 1986, p. 53)

> [...] a virtude somente, a única coisa difícil e essencial na educação. (Locke, 1986, p. 102).

> [...] a primeira e a mais necessária das qualidades que correspondem a um homem ou a um cavalheiro. (Locke, 1986, p. 189).

Nesse sentido, segundo Locke, o objetivo da educação é criar uma pessoa que obedeça à razão em vez da paixão. A importância que Locke atribui a essa qualidade justifica o fato de quase dois terços do livro serem dedicados a uma descrição da melhor maneira de concretizar esse princípio.

Os pensamentos de Locke representam o culminar de um século do que tem sido chamado de a descoberta da criança. Na Idade Média, a criança era considerada apenas um simples brinquedo ou um adulto em miniatura, que se vestia, brincava e deveria agir como seus mais velhos. Suas idades não eram importantes e, portanto, raramente eram conhecidas. Sua educação era indiferenciada, seja por idade, capacidade ou ocupação pretendida. Locke tratava as crianças como seres humanos, nos quais o desenvolvimento gradual da racionalidade precisava ser fomentado pelos pais.

Ao discutir como alcançar referido objetivo, Locke aborda questões fundamentais, relacionadas à educação infantil, ao afirmar que o aprendizado deve ser prazeroso. Não há uma boa razão, segundo o filósofo, para que as crianças devam odiar aprender e amar brincar. O único motivo pelo qual as crianças não gostam de livros tanto quanto gostam de brinquedos é que elas são forçadas a aprender e não a se divertir. As crianças podem ser levadas a conhecer as letras, sem se darem conta; ser ensinadas a ler, sem perceberem que seja outra coisa, senão uma brincadeira; divertirem-se com coisas pelas quais outras são açoitadas (Locke, 1999, p. 149).

Com base nessa perspectiva, Locke se propõe a mostrar como o aprendizado pode ser uma forma de recreação. Entre suas propostas, as crianças nunca devem ser forçadas a aprender quando não estão de bom humor; nunca devem ser agredidas ou tratadas com severidade; que a elas não se devem expor conteúdos, mas devem estar envolvidas em conversas; e que suas opiniões devem ser levadas a sério, sob pena de não aprenderem. Além disso, a alegria e o barulho causado por crianças devem ser cultivados em vez de reprimidos.

Na sequência, Locke defende que não apenas as características gerais da infância devem ser consideradas como também o temperamento individual de cada uma, já que toda mente se diferencia da outra pelas suas especificidades, conforme conclui:

> Existem milhares de outras coisas que merecem consideração; especialmente se forem considerados os vários temperamentos, as diferentes inclinações e os defeitos particulares que são encontrados nas crianças e, assim, prescrever os remédios adequados para os mesmos. A variedade é tão grande que requereria um volume; mesmo assim, não seria suficiente. Cada mente de um ser humano tem alguma particularidade, assim como sua face, que o distingue de todos os outros; e existem escassas possibilidades de que duas crianças possam ser conduzidas exatamente pelo mesmo método. Além disso, eu penso que um príncipe, um nobre, e um filho de um simples cavalheiro deveriam ter diferentes maneiras de educação. Mas, tendo-se aqui somente algumas visões gerais referentes ao principal fim e objetivos em educação, e aqueles desejados para o filho de um cavalheiro que, sendo então muito pequeno, eu o considerei apenas como uma folha branca, ou cera, a ser moldada e formada como se desejar; eu alcancei pouco mais que aqueles tópicos que eu julguei necessários para a educação de um jovem cavalheiro sobre a sua condição em geral; e agora publiquei estes meus ocasionais pensamentos com tal esperança que, longe de ser um tratado completo sobre este assunto, ou tal que cada um possa encontrar aquilo no qual ajustará o seu filho, ainda que isso possa dar alguma pequena luz àqueles cuja preocupação pelos seus queridos pequeninos faz deles tão irregularmente ousados que eles se atrevem a aventurar-se a consultar sua própria razão na educação de suas crianças, ao invés de confiar totalmente no antigo costume. (Locke, 2001, p. 7, tradução nossa).

No mesmo sentido, Locke também enfatiza a importância do hábito e do exemplo na educação, ao mesmo tempo que minimiza o papel das regras postas. As crianças geralmente não entendem as ordens e acabam cometendo os mesmos erros por não as recordarem. Ao contrário, o hábito e o exemplo ensinam pela prática; por isso, Locke considera crucial o exemplo dado pelos pais e pelos preceptores conforme relatado a seguir:

> Do mesmo modo que o exemplo do pai deve ensinar o filho a respeitar seu preceptor, do mesmo modo o exemplo deste deve estimular o menino às ações cujo hábito pretende inculcar-lhe. Sua conduta não deve desmentir jamais seus preceitos, a menos que queira pervertê-lo. Não servirá de nada que o preceptor lhe fale da necessidade de reprimir as paixões, se ele mesmo se abandona a alguma delas; e em vão procurará reformar um vício ou uma inconveniência de seu discípulo, se ele o permite a si mesmo. Os maus exemplos se seguem mais seguramente que as boas máximas. O preceptor deve, pois, proteger com cuidado seu aluno contra a influência dos maus exemplos [...]. Para formar um jovem cavalheiro como se deve, é necessário que o preceptor seja um homem bem educado; que conheça os modos de conduta e as maneiras de civilidade em todos os tipos de pessoas, tempos e lugares; que mantenha o seu discípulo, assim que a idade o permita, observando isso constantemente. (Locke, 2001, p. 89, tradução nossa).

Locke não dedica muito espaço, em "Alguns Pensamentos sobre Educação" para delinear um currículo específico; ele está mais preocupado em convencer seus leitores de que a educação é sobre instigar a virtude e o que os educadores ocidentais chamariam agora de habilidades de pensamento crítico. Entretanto, oferece algumas dicas sobre o que ele acha que pode ser um currículo valioso.

Quase ao final do livro, Locke volta sua atenção para o aprendizado acadêmico e assume uma forte posição contra as escolas da época. Para ele, o foco no ensino de gramática grega e latina, por meio da memorização de regras ortográficas, deveria ser revisto e substituído pela prática de linguagem por meio da conversação.

No lugar, Locke propõe seu próprio curso com um método que primeiro introduz uma ideia simples, depois outra logicamente conectada à primeira e, assim por diante, sendo que começaria com a leitura e a escrita em inglês, seguiria para o francês e depois para o latim. Simultaneamente aos estudos franceses, a criança seria apresentada a uma série de outros assuntos que recebem pouca atenção nas escolas.

Podemos observar que a maioria das recomendações de Locke é baseada em um princípio similar de utilidade. Assim, por exemplo, ele afirma que as crianças devem ser ensinadas a desenhar porque seria útil para elas em suas viagens ao exterior (para registrar os lugares que visitam), mas a poesia e a música, ele diz ser uma perda de tempo.

Locke também estava na vanguarda da revolução científica e defendeu o ensino da geografia, astronomia e anatomia. As recomendações curriculares de Locke refletem a ruptura com o humanismo escolástico e o surgimento de um novo tipo de educação — com ênfase não apenas na ciência, mas também na formação profissional prática. Locke também recomendou, por exemplo, que toda criança (masculina) aprendesse uma profissão.

No que se refere à percepção lockeana sobre gênero, Locke escreveu "Alguns Pensamentos Relativos à Educação" em resposta à pergunta de seu amigo Samuel Clarke sobre como educar seu filho, de modo que o principal objetivo do texto, como Locke afirma no início, é como um jovem cavalheiro deveria ser criado desde sua infância.

A educação tratada aqui, segundo Locke, não se adequará perfeitamente à educação das filhas; embora a diferença de sexo exija tratamento diferente, não será difícil distinguir. Essa passagem sugere que, para Locke, a educação era fundamentalmente a mesma para homens e mulheres — havia apenas pequenas diferenças óbvias para as mulheres as quais deveriam aprender ofícios úteis e necessários sobre o funcionamento da casa e da propriedade. Essa interpretação é apoiada por uma carta que ele escreveu para a Sra. Clarke em 1685, afirmando que, desde então, não reconhecia nenhuma diferença de sexo em sua mente, relacionada a verdade, virtude e obediência.

Nas seções 89 e 93 de "Alguns Pensamentos Sobre Educação", pode-se encontrar um resumo da concepção lockeana sobre a educação, como exposto a seguir:

> Esta é uma arte que não se pode aprender nem ensinar através dos livros. Nada pode proporcionar-lhe senão as boas companhias e a sua observação ao mesmo tempo. [...] A ciência [...], se não lhe for bem proporcionada, far-lhe-á mais impertinente e intolerável no trato. A educação é aquilo que dá brilho às outras qualidades e faz com que elas lhe sejam úteis, proporcionando-lhe a estima e benevolência daqueles que o rodeiam. Sem a boa educação, todas as demais qualidades não conseguem senão fazê-lo passar por um homem orgulhoso, pedante, vão e tolo. (Locke, 2001, p. 89, tradução nossa).

Conforme as palavras do filósofo, verifica-se que o preceptor é concebido mais como um ser humano de moral do que como um ser humano de ciência, uma vez que, para Locke, a educação moral tem primazia sobre a educação intelectual. Isso não significa, certamente, que o preceptor não precise oferecer ao seu discípulo a educação intelectual. Dentre as várias possibilidades educacionais, Locke demonstra-se convencido de que a educação moral é mais importante do que todos os outros modelos. Como pontuado anteriormente, o objetivo da educação, em sua opinião, não é criar um estudioso, mas possibilitar a formação de um homem virtuoso.

"Alguns Pensamentos Relativos à Educação" é um tratado de 1693, sobre a educação de cavalheiros, sendo, por mais de um século, o trabalho filosófico mais importante sobre educação na Inglaterra. Foi traduzido para quase todas as principais línguas europeias escritas, durante o século XVIII. E quase todos os escritores europeus que abordam a educação, depois de Locke, incluindo Jean-Jacques Rousseau, reconheceram sua influência.

Um de seus ideais básicos em relação à aprendizagem era de que os métodos naturais de ensino são as abordagens mais eficazes; isto é, ensinamentos mais concretos do que abstratos e que, em certa medida, levaram em conta o temperamento, os interesses e as capacidades individuais dos alunos. Embora Locke tenha escrito as cartas que viriam a se tornar "Alguns Pensamentos Relativos à Educação" para um amigo aristocrático, seu conselho teve um apelo mais amplo, já que seus princípios educacionais sugeriam que qualquer um pudesse adquirir o mesmo tipo de caráter dos aristocratas para quem Locke pretendia originalmente o trabalho.

3.3.3 Cidadania em Locke

Embora não haja, na teoria política de Locke, o uso do termo cidadania, a compreensão desse significado estará ligada ao poder político e aos direitos dos homens na sociedade civil. Logo, buscamos, neste espaço, apresentar a análise da cidadania à luz do "Segundo Tratado" e a interpretação da teoria política lockeana, segundo a qual, haveria isonomia de direitos políticos entre os cidadãos.

Ao defender um tipo de educação que faria com que as pessoas pensassem por si mesmas, Locke objetivava preparar os cidadãos para efetivamente tomarem decisões em suas próprias vidas e participarem do governo de seu país. Indiscutivelmente a contribuição de John Locke pode ser considerada um dos principais pilares na estruturação do pensamento moderno particularmente da ideologia liberal e com importante contribuição para a construção da cidadania de sua época. Personalidade fortemente inserida na sociedade inglesa de seu tempo, colaborou decisivamente para configurar uma nova sociedade e um novo cidadão.

John Locke era um defensor imediato da igualdade de direitos dentro de uma sociedade governada. Ele defendeu os direitos naturais do homem enquanto direito à vida, à liberdade e à propriedade, e articulou que o propósito de cada governo é garantir esses direitos para seus cidadãos.

A visão de Locke sobre a igualdade não se limitou ao domínio político, embora, como teórico do contrato social, acreditasse que a legitimidade do governo dependeria do consentimento de seus cidadãos, que seria possível mediante a legitimidade do direito à igualdade.

Locke não foi o primeiro filósofo a invocar um estado de natureza em seu relato das origens do governo, mas seu estado de natureza, no "Segundo Tratado", merece comparação com as abordagens anteriores da ideia e, em particular, a utilizada por Hobbes em "O Leviatã"[37].

Assim como Hobbes, Locke postula um estado de natureza como o ponto de partida apropriado para o exame da política. No entanto, ao contrário, não vê a condição natural como um estado permanente de guerra de todos contra todos, mas sim como uma situação de reciprocidade. O estado de natureza descrito por Locke é, portanto, de igualdade, porque todos têm os mesmos poderes, implicando estado de não sujeição.

Nesse estado de natureza, os indivíduos não têm controle sobre os outros, a lei natural governa, tornando todas as pessoas iguais; e cada indivíduo detém o poder executivo da lei natural. Entretanto, diferentemente da teoria de Hobbes acerca de uma sociedade amoral, isso não autoriza o abuso em relação aos outros, como afirma:

> [...] perfeita liberdade para regular suas ações e dispor de suas posses e pessoas do modo como julgarem acertado dentro dos limites da lei da natureza, sem pedir licença ou depender da vontade de qualquer outro homem. E também um estado de igualdade, em que é recíproco todo o poder. (Locke, 2001, p. 382).

---

[37] A diferença entre o estado de natureza lockeano e o hobbesiano permite compreender a correspondência entre a recusa do absolutismo, por Locke, e sua defesa, por Hobbes. A recusa do poder absoluto ocorre em Locke em razão do poder político ser confiado a alguém ou um corpo de pessoas; enquanto, para Hobbes, o direito de governar é transferido ao soberano. A comparação entre os filósofos rende extensa discussão e não pode ser feita aqui de modo adequado, o propósito dessa sucinta distinção foi estabelecer que, para Locke, o estado de natureza hobbesiano representa seu estado de guerra, e essa distinção apresenta consequências na concepção da sociedade civil. (Train Filho, 2009, p. 27).

Locke baseia essa ideia na suposição de que existe um sistema de moralidade no qual a lei natural provém de uma teoria da justiça, que fornece um conjunto de direitos naturais. Assim, um código moral deve existir para especificar os direitos e estipular punições. Esse é um contraste marcante com Hobbes, que acredita que a moralidade é insignificante diante de um estado de natureza antagônico e sem lei.

O "Segundo Tratado", de Locke, sobre o governo, contém uma descrição influente da natureza da propriedade privada. De acordo com Locke, Deus deu aos humanos o Mundo e seu conteúdo para ter em comum. O Mundo deveria fornecer aos humanos o que era necessário para a continuação e o prazer da vida. Entretanto, Locke acreditava que era possível que os indivíduos se apropriassem de partes individuais do Mundo e as mantivessem justamente para seu uso exclusivo. Em outras palavras, Locke acreditava que temos o direito de adquirir propriedade privada.

Segundo Locke (1999, p. 405-406):

> Deus, que deu o mundo aos homens em comum, deu-lhes também a razão, a fim de que dela fizesses uso para maior benefício e conveniência da vida [...]. 'Quer consideremos a razão natural [...] — ou a revelação — que nos relata as concessões que Deus faz do mundo para Adão, Noé e seus filhos —, é perfeitamente claro que Deus, como diz o rei Davi (Sl 115, 61), deu a terra aos filhos dos homens, deu-a para a humanidade em comum.

Portanto, trata-se, de certa forma, de um recurso para convencer as pessoas de que a propriedade tem um fundamento inquestionável, por tratar-se de uma doação divina aos homens ou, ao menos, para alguns indivíduos.

A alegação de Locke é que adquirimos propriedades combinando nosso trabalho a algum recurso natural.

> Embora a Terra e todos os seus frutos sejam propriedade comum a todos os homens, cada homem tem uma propriedade particular em sua própria pessoa; a esta ninguém tem qualquer direito senão ele mesmo. O trabalho de seus braços e a obra de suas mãos pode-se afirmar, são propriamente dele. Seja o que for que ele retire da natureza no estado em que lho forneceu e no qual o deixou, mistura-se e se superpõe ao próprio trabalho, acrescentando-lhe algo que pertence ao homem e, por isso mesmo, tornando-o propriedade dele. (Locke, 1999, p. 38).

Por exemplo, se eu descobrir algumas uvas crescendo em uma videira e, por meio do meu trabalho, colher e coletar essas uvas, eu adquiro uma propriedade sobre elas. Se eu encontrar um campo vazio e, por meio do meu trabalho, arar o campo, plantar e cultivar, serei o dono dessas plantações. Se eu cortar árvores em uma floresta não explorada e usar a madeira para esculpir uma mesa, então essa mesa será minha.

O esboço da teoria da propriedade de Locke, no "Segundo Tratado", é bem conhecido, pois ele propõe sua discussão sobre a origem da propriedade no estado de natureza como um estado pré-político tão familiar aos filósofos do século XVII. Nesse estado de natureza, de acordo com Locke, os homens nasceram livres e iguais: livres para fazer o que quisessem, sem precisar pedir permissão a qualquer outro homem e iguais no sentido de não haver nenhuma autoridade política natural de um homem sobre outro.

Ele rapidamente aponta, no entanto, que, embora seja um estado de liberdade, não é um estado de libertinagem, porque é regido pela lei da natureza a que todos são obrigados a obedecer. Assim, desde o início do ensaio, Locke coloca o direito às posses no mesmo nível que o direito à vida, à saúde e à liberdade, dedicando todo o capítulo V de seu segundo tratado para traçar os passos pelos quais a razão ensina que os homens não devem ser prejudicados em suas posses.

A premissa de Locke compartilhou com a maioria dos escritores do século XVII, no sentido de que Deus deu a terra e seus frutos em comum aos homens para seu uso. O problema que ele enfrentou foi explicar como os recursos comumente disponíveis podem se tornar propriedade privada legítima; o que exclui o direito de outros homens. Locke começa seu argumento identificando a única forma de propriedade contra a qual nenhum outro homem poderia ter uma reivindicação em um mundo de iguais, qual seja, a propriedade que cada homem tem de sua própria pessoa.

Embora Locke use o termo trabalho para caracterizar o ato pelo qual os homens criam a propriedade, fica claro, a partir dos exemplos que se seguem, que o trabalho é definido de forma muito ampla. O trabalho, para Locke, inclui pegar pedras do chão, colher maçãs de árvores silvestres, rastrear cervos na floresta e pegar peixes no oceano; o trabalho varia de simples atos de apropriação à produção, envolvendo planejamento e esforço. É um ato criativo e proposital, que estende os limites da personalidade aos objetos físicos anteriormente no estado comum.

Depois de ter estabelecido o direito individual à propriedade no estado de natureza, Locke continua definindo o direito de propriedade de forma ampla o suficiente para incluir tanto os frutos da terra como a própria terra, tanto os bens que se criam quanto o solo que se cultiva.

Enquanto Locke argumenta que os homens têm o direito de criar e desfrutar de suas propriedades, ele também argumenta que há limites para esse direito no estado de natureza.

A implicação é que o direito à propriedade é apenas claro e exclusivo, desde que não coloque em risco a capacidade de qualquer outra pessoa criar tipos equivalentes de propriedade para si mesma. Locke não enfatiza essa limitação, mas coloca a maior parte da limitação da propriedade em seu próximo argumento.

Locke infere que, enquanto os homens seguirem a determinação de não permitir que qualquer coisa seja desperdiçada inutilmente em sua posse, haverá, nesse estado de natureza primitivo, abundância de terras e recursos para todos. Ele argumenta ainda que, originalmente, no estado de natureza, não havia incentivo para que alguém tentasse acumular mais propriedades do que poderia usar, uma vez que a maioria das mercadorias era perecível. De fato, Locke parece descrever um estado inicial de existência em que as populações eram pequenas e os recursos abundantes, embora o nível geral de riqueza fosse provavelmente muito baixo.

Nesse contexto, o surgimento da moeda alterou a concepção desse direito de propriedade, permitindo a troca de coisas perecíveis por ouro e prata. Em seguida, o comércio possibilitou outras formas de aquisição de propriedade além do trabalho. O uso da moeda levou, finalmente, à concentração da riqueza e à distribuição desigual dos bens entre os homens. Nesse sentido, segundo Locke (1999, p. 426),

> [...] instituiu-se o uso do dinheiro, um instrumento durável que o homem pudesse guardar sem se estragar e que, por consentimento mútuo, os homens aceitassem em troca dos sustentos da vida, verdadeiramente úteis mas perecíveis. E assim como os diferentes graus de esforço lograram conferir aos homens posses em proporções diferentes, essa invenção do dinheiro deu-lhes a oportunidade de continuá-las e aumentá-las.

Essa foi, para Locke (1999, p. 428), a forma que determinou o acesso à propriedade limitada, baseado no trabalho, à propriedade ilimitada, constituída pela acumulação oportunizada pelo advento do dinheiro:

> [...] os homens concordaram com a posse desigual e desproporcional da terra, tendo encontrado, por um consentimento tácito e voluntário, um modo pelo qual alguém pode possuir com justiça mais terra que aquela cujos produtos possa usar, recebendo em troca do excedente ouro e prata que podem ser guardados sem prejuízo de quem quer que seja, uma vez que tais metais não se deterioram nem apodrecem nas mãos de quem os possui. Essa partilha das coisas em uma desigualdade de propriedades particulares foi propiciada pelos homens fora dos limites da sociedade e sem um pacto, apenas atribuindo-se um valor ao ouro e à prata e concordando-se tacitamente com o uso do dinheiro. Pois, nos governos, as leis regulamentam o direito de propriedade, e a posse da terra é determinada por legislações positivas.

Finalmente, a doutrina da propriedade de Locke eleva sua prioridade tanto na fundação dos estados quanto como um fim para a política. A propriedade privada existe no estado de natureza, mas, sem um juiz comum para presidir violações contra ela, permanece muito insegura. Dessa forma, o esforço para garantir sua propriedade é uma das principais motivações para os homens estabelecerem um governo; e o propósito primário desse governo é, por sua vez, proteger essa propriedade.

Para Locke, a proteção da propriedade preserva os direitos à vida e à liberdade, cercando uma esfera privada livre do governo e de outros homens. Nesse sentido, Locke argumenta que um governo só pode ser legítimo quando seus cidadãos o consentem. Em resposta à alegação óbvia de que nem todos consentiram com o governo sob o qual vivem, Locke oferece a ideia de consentimento tácito. Ele afirma que, se alguém aceita os benefícios de um governo, ele tacitamente consentiu com os encargos que o governo impõe a ele.

A primeira instância da organização social, na visão de Locke, é o desenvolvimento da família, uma associação voluntária, projetada para garantir a propagação da espécie humana por gerações sucessivas. Segundo o filósofo,

> A sociedade conjugal resulta de um pacto voluntário entre o homem e a mulher, e embora consista principalmente em

> uma comunhão dos corpos, fundamentada sobre um direito recíproco, como o exige seu objetivo principal, a procriação, esta sociedade se acompanha de uma ajuda e de uma assistência mútuas e, além disso, também de uma comunhão de interesses, necessária não somente para unir seu cuidado e sua afeição, mas também a sua descendência comum, que tem o direito de ser alimentada e mantida por eles até ser capaz de prover suas próprias necessidades. (Locke, 1999, §78).

Embora cada indivíduo, no estado de natureza, tenha o direito de fazer cumprir a lei natural em defesa dos interesses de propriedade, a formação de uma sociedade civil exige que todos os indivíduos entreguem voluntariamente esse direito à comunidade em geral. Ao declarar e impor regras fixas de conduta — leis humanas —, a comunidade serve assim como árbitra na adjudicação de disputas de propriedade entre aqueles que escolhem ser governados dessa maneira.

> E assim a comunidade social adquire o poder de estabelecer a punição merecida em correspondência a cada infração cometida entre os membros daquela sociedade, que é o poder de fazer leis, assim como também o poder de punir qualquer dano praticado a um de seus membros por qualquer um que a ela não pertença, que é o poder de guerra e de paz; ela o exerce para preservar, na medida do possível, os bens de todos aqueles que fazem parte daquela sociedade. (Locke, 1999, §87-89).

Um monarca absoluto, por outro lado, só pode permanecer em um estado de natureza em relação aos sujeitos sob seu domínio. Garantir a ordem social, por meio da formação de qualquer governo, invariavelmente, requer o consentimento direto daqueles que devem ser governados. Nesse sentido, para Locke,

> Se todos os homens são, como se tem dito, livres, iguais e independentes por natureza, ninguém pode ser retirado deste estado e se sujeitar ao poder político de outro sem o seu próprio consentimento. A única maneira pela qual alguém se despoja de sua liberdade natural e se coloca dentro das limitações da sociedade civil é através de acordo com outros homens para se associarem e se unirem em uma comunidade para uma vida confortável, segura e pacífica uns com os outros, desfrutando com segurança de suas propriedades e melhor protegidos contra aqueles que não são daquela comunidade. (Locke, 1999, §95).

Todo e qualquer indivíduo deve concordar, por meio do contrato original, para formar um governo. Ocorre que seria extremamente difícil obter consentimento unânime com relação às leis específicas que promulgam. Portanto, na prática, Locke supôs que a vontade expressa pela maioria deve ser aceita como determinante sobre a conduta de cada cidadão que concorda em ser governado.

> Por isso é preciso admitir que todos aqueles que saem de um estado de natureza para se unir em uma comunidade abdiquem de todo o poder necessário à realização dos objetivos pelos quais eles se uniram na sociedade, em favor da maioria da comunidade, a menos que uma estipulação expressa não exija o acordo de um número superior à maioria. Para isso basta um acordo que preveja a união de todos em uma mesma sociedade política, e os indivíduos que se inserem em uma comunidade política não necessitam de outro pacto. (Locke, 1999, §99).

Todas as pessoas que optam voluntariamente por viver dentro de uma sociedade entraram implícita ou tacitamente em seu acordo formativo e, assim, consentiram em submeter a si mesmas e suas propriedades ao seu governo. A estrutura ou forma do governo assim estabelecido é uma questão de relativamente menor importância, na visão de Locke:

> A partir desses elementos, a comunidade pode combinar e misturar formas de governo como melhor lhe parecer. Se a maioria começa por confiar o poder legislativo a uma só pessoa, ou a várias, mas apenas durante sua vida, ou por um período determinado após o qual o poder supremo a ela retorna, uma vez que a comunidade o recuperou, pode dispor dele de novo e colocá-lo nas mãos que lhe aprouverem e assim constituir uma nova forma de governo. (Locke, 1999, §132).

O que importa é que o poder legislativo — a capacidade de prover a ordem social e o bem comum, estabelecendo leis vigentes sobre a aquisição, preservação e transferência de propriedade — seja previsto de maneira a que todos estejam consentidos.

O poder político é cedido a um corpo legislativo escolhido e nomeado pelo público e tem seu poder de atuação limitado ao interesse da sociedade. Locke aborda esse ponto ao tratar da extensão do poder legislativo:

> Sendo o principal objetivo da entrada dos homens em sociedade eles desfrutarem de suas propriedades em paz e segurança, e estando o principal instrumento para tal nas leis

> estabelecidas naquela sociedade, a lei positiva primeira e fundamental de todas as sociedades políticas é o estabelecimento do poder legislativo — já que a lei natural primeira e fundamental, destinada a governar até mesmo o próprio legislativo, consiste na conservação da sociedade e (até onde seja compatível com o bem público) de qualquer um de seus integrantes. Esse legislativo é não apenas o poder supremo da sociedade política, como também é sagrado e inalterável nas mãos em que a comunidade o tenha antes depositado, tampouco pode edito algum de quem quer que seja, ter força e obrigação de lei se não for sancionado pelo legislativo escolhido e nomeado pelo público. (Locke, 1999, §134).

Como as leis são estabelecidas e aplicadas igualmente a todos, argumentou Locke, esse não é apenas um exercício no uso arbitrário do poder, mas um esforço para garantir os direitos de todos com mais segurança do que seria possível sob a independência e igualdade do estado de natureza.

Por fim, a teoria dos direitos naturais de Locke consiste em direitos básicos e especiais, deveres e liberdades. Os primeiros (direitos básicos) são derivados da lei da natureza e englobam coisas como vida, liberdade e propriedade. A teoria exige que seja dada a mais alta prioridade à autopreservação individual e o que for necessário para alcançar a segurança do indivíduo.

> A esta estranha doutrina, ou seja, que no estado de natureza cada um tem o poder executivo da lei da natureza, espero que seja objetado o fato de que não é razoável que os homens sejam juízes em causa própria, pois a auto-estima os tornará parciais em relação a si e a seus amigos: e por outro lado, que a sua má natureza, a paixão e a vingança os levem longe demais ao punir os outros; e nesse caso só advirá a confusão e a desordem; e certamente foi por isso que Deus instituiu o governo para conter a parcialidade e a violência dos homens. (Locke, 1999, §13).

No entanto, Locke não defende simplesmente uma autopreservação egoísta, mas também exige a necessidade de considerar os outros como iguais. Por exemplo, o direito à vida é aplicável a todo ser humano, mas também precisamos levar em consideração a preservação de outras pessoas, a ponto de não as prejudicar ou matar.

Locke distingue entre deveres e liberdades: uma liberdade é o poder de fazer ou adquirir algo na ausência de um dever prévio. Nesse contexto, o direito de adquirir propriedade é uma liberdade, ou seja, se não adquirirmos propriedade que anteriormente pertencia a outra pessoa.

A segunda parte da teoria dos direitos naturais consiste em direitos especiais que se dividem em consensuais e não consensuais. A principal diferença é, portanto, o consentimento como, por exemplo, o relacionamento entre pai e filho é de tal natureza. No entanto, Locke afirma claramente que nem todos podem exercer direitos não consensuais. O direito de adquirir propriedade e o direito de punir são exemplos adicionais desse tipo de direito.

Os direitos especiais consensuais, por outro lado, são direitos baseados no consentimento. Em certo sentido, é um acordo com outros indivíduos em que o poder é transferido para outra pessoa ou autoridade, como direitos políticos. Nesse sentido, direitos consensuais existem como parte de um acordo entre dois indivíduos aos quais esses direitos pertencem.

Segundo Locke, esses direitos são naturais porque são pré-políticos, ou seja, todos, no estado de natureza, têm direito a eles. Assim, em certo sentido, os direitos naturais de Locke são semelhantes aos direitos humanos contemporâneos.

No entanto, há uma distinção importante a ser traçada. Os direitos naturais são anteriores às convenções morais e culturais. Toda a linha de argumentação de Locke sobre referidos direitos se baseia na suposição de que, mesmo sem as convenções morais e culturais, os seres humanos ainda teriam alguns direitos naturais que lhes são inerentes.

3.4 Jean-Jacques Rousseau

> O homem nasce livre, e por toda a parte encontra-se a ferros. O que se crê senhor dos demais, não deixa de ser mais escravo do que eles. Como adveio tal mudança? Ignoro-o. Que poderá legitimá-la? Creio poder resolver esta questão? (Rousseau, 1973, p. 28).

Jean-Jacques Rousseau nasceu em Genebra, em 1712, filho de Isaac Rousseau e Suzanne Bernard. Sua mãe morreu nove dias após o parto e, consequentemente, foi criado e educado pelo pai até os 10 anos de idade. Isaac Rousseau era uma das pequenas minorias dos residentes de Genebra que gozavam do posto de cidadão, um status que Jean-Jacques herdaria. De acordo com os relatos subsequentes a Rousseau, a educação casual que ele recebeu de seu pai incluía tanto a inculcação do patriotismo republicano quanto a leitura de autores clássicos, que lidavam com a república romana.

Com o exílio de seu pai para evitar a prisão, Rousseau foi colocado sob a guarda de um pastor, na vizinha Bossey e, posteriormente, aos 16 anos, ficou sob os cuidados de uma senhora, Françoise-Louise, a qual providenciou para que viajasse para Turim, onde se converteu ao catolicismo romano em abril de 1728.

Rousseau passou algum tempo trabalhando como empregado doméstico em uma casa nobre em Turim e, durante esse período, ocorreu um episódio no qual ele acusou falsamente um companheiro de serviço pelo roubo de uma fita. Esse ato o marcou profundamente e ele volta a ele em seus trabalhos autobiográficos.

Rousseau passou um pequeno período treinando para se tornar um padre católico antes de iniciar outra breve carreira como músico itinerante e professor de música. Em 1742, ele viajou para Paris e conheceu Denis Diderot.

Rousseau submeteu seu "Discurso sobre Ciências e Artes" (convencionalmente conhecido como "Primeiro Discurso") a um concurso e ganhou o primeiro prêmio com sua tese de que o desenvolvimento social, inclusive das artes e das ciências, é corrosivo tanto pela virtude cívica quanto pelo caráter moral individual. O "Discurso", publicado em 1750, tornou-se importante porque Rousseau o usou para introduzir temas que ele desenvolveu, mais adiante, em seus trabalhos. O "Primeiro Discurso" tornou Rousseau famoso e provocou uma série de respostas às quais ele, por sua vez, respondeu.

A música continuou sendo o principal interesse do filósofo nesse período e, nos anos de 1752 e 1753, houve suas contribuições mais importantes para o campo. A conversão de Rousseau ao catolicismo o tornara inelegível por seu "status" hereditário de Cidadão de Genebra, mas, em 1754, ele recuperou essa cidadania ao se converter ao calvinismo. No ano seguinte, publicou seu "Discurso sobre as origens da desigualdade", novamente em resposta a uma competição de ensaios da Academia de Dijon.

Embora ele não tenha ganhado o prêmio pela segunda vez, nele Rousseau começa a desenvolver suas teorias do desenvolvimento social humano e da psicologia moral. Os anos seguintes à publicação do "Segundo Discurso", em 1755, foram os mais produtivos e importantes da carreira do filósofo. Ele se retirou de Paris e, sob o patrocínio da primeira sra. D'Epinay e depois do duque e duquesa do Luxemburgo, trabalhou em um romance, "A nova Heloísa", e depois em "Emílio, ou da Educação" e "Do Contrato Social".

Infelizmente, para Rousseau, a publicação desses trabalhos levou a uma catástrofe pessoal. "Emílio" e o "Contrato Social" foram condenados em Genebra por motivos de heterodoxia religiosa. Em resposta a isso,

Rousseau renunciou à cidadania genebrina em maio de 1763 e foi forçado a fugir para escapar da prisão, buscando refúgio primeiro na Suíça e depois na Inglaterra.

Rousseau morreu em 1778. Em 1794, os revolucionários franceses transferiram seus restos mortais para o Panthéon, em Paris.

3.4.1 O Estado e o Contrato Social

O "Contrato Social" de Rousseau, cujo título completo é O "Contrato Social" ou "Princípios do Direito Político" (1762), é uma análise da relação contratual com um governo legítimo, de modo que são princípios articulados de justiça e utilidade para reconciliar o desejo de felicidade com a submissão ao interesse geral.

Conforme as palavras do filósofo, destacadas na epígrafe, o homem nasceu livre, mas em toda parte ele está acorrentado. Os termos do contrato social, quando bem compreendidos, podem ser reduzidos a uma única estipulação: o indivíduo se aliena totalmente à comunidade, com todos os seus direitos. Isso ocorre primeiro porque as condições serão as mesmas para todos quando cada indivíduo se entregar totalmente e, em segundo lugar, porque ninguém será tentado a piorar a condição de igualdade compartilhada para outros homens.

Nessa perspectiva, as contribuições de Rousseau à filosofia política estão espalhadas entre várias obras, dentre as quais destacam-se o "Discurso sobre as origens da desigualdade", "Discurso sobre economia política", "O contrato social" e "Considerações sobre o governo da Polônia". No entanto, muitos de seus outros trabalhos contêm passagens que clareiam as ideias políticas de seu pensamento.

Sua defesa central na política é que um Estado só pode ser legítimo se for guiado pela vontade geral de seus membros. Essa ideia é mais bem trabalhada na obra "O contrato social".

Nela, Rousseau propõe responder ao que considera ser a questão fundamental da política: a reconciliação da liberdade do indivíduo com a autoridade do Estado. Essa reconciliação é necessária porque a sociedade humana evoluiu a um ponto em que os indivíduos não podem mais suprir suas necessidades por meio de seus próprios esforços, mas devem depender da cooperação dos outros.

O processo pelo qual as necessidades humanas se expandem e a interdependência se aprofunda é apresentado no "Discurso sobre as origens da desigualdade". Esse trabalho envolve o surgimento de conflitos endêmicos entre os indivíduos agora interdependentes e o argumento de que a insegurança hobbesiana dessa condição levaria todos a consentir o estabelecimento de autoridade do Estado.

No "Segundo discurso", esse estabelecimento equivale ao reforço de relações sociais desiguais e exploradoras que agora são apoiadas pela lei e pelo poder do Estado. Em meio à sombra de Locke e a uma antecipação de Marx, Rousseau argumenta que esse estado seria, de fato, um estado de classe, guiado pelo interesse comum dos mais favorecidos, impondo liberdade e subordinação aos menos favorecidos.

Nesse sentido, O "Contrato Social" visa estabelecer uma alternativa a essa disparidade, na qual, afirma Rousseau, cada pessoa desfrutará da proteção da força comum, mantendo-se tão livre quanto no estado natural.

A chave dessa reconciliação é a ideia da vontade geral: ou seja, a vontade coletiva do cidadão tomado como um todo. Nesse sentido, ao obedecer à lei, cada cidadão está, portanto, sujeito à sua própria vontade e, consequentemente, segundo Rousseau, permanece livre.

No "Contrato Social" Rousseau prevê três tipos ou níveis diferentes de vontade. Primeiro, todos os indivíduos têm vontades particulares correspondentes a seus próprios interesses egoístas como indivíduos naturais; segundo, cada indivíduo, na medida em que se identifica com o coletivo como um todo e assume a identidade do cidadão, deseja a vontade geral desse coletivo como sua, deixando de lado o interesse egoísta em favor de um conjunto de leis que permitam a todos coexistirem em condições de igual liberdade; terceiro, e de maneira muito problemática, uma pessoa pode se identificar com a vontade corporativa de um subconjunto da população como um todo. A vontade geral é, portanto, propriedade do coletivo e resultado de suas deliberações e propriedade do indivíduo, na medida em que o indivíduo se identifica como membro do coletivo.

Em uma sociedade organizada, não há tensão entre a vontade privada e a geral, pois os indivíduos aceitam que a justiça e o interesse individual exijam sua submissão a uma lei que proteja sua liberdade, protegendo-os da violência privada e do domínio pessoal que, de outra forma, dominariam.

> A fim de que não constitua, pois, um formulário inútil, o pacto social contém tacitamente esta obrigação, a única a poder dar forças às outras: quem se recusar a obedecer à vontade geral a isto será constrangido pelo corpo em conjunto, o que apenas significa que será forçado a ser livre. Assim é esta condição: oferecendo os cidadãos à pátria, protege-os de toda dependência pessoal; condição que promove o artifício e o jogo da máquina política e que é a única a tornar legítimas as obrigações civis, as quais, sem isso, seriam absurdas, tirânicas e sujeitas aos maiores abusos. (Rousseau, 1973, p. 7).

Na prática, no entanto, Rousseau acredita que muitas sociedades deixarão de ter esse caráter bem ordenado. Uma maneira pela qual elas podem falhar é se os indivíduos privados são insuficientemente esclarecidos ou virtuosos e, portanto, recusam-se a aceitar as restrições à sua própria conduta que o interesse coletivo exige. Outro modo de fracasso político surge onde a comunidade política é diferenciada em partidos (talvez baseada em uma divisão de classe entre ricos e pobres) e onde um grupo pode impor sua vontade coletiva ao Estado como um todo.

Uma característica da filosofia política de Rousseau que se mostrou menos persuasiva para os pensadores posteriores é sua doutrina sobre soberania e representação, com sua aparente rejeição ao governo representativo. No centro da visão de Rousseau em O "Contrato Social" verificamos sua rejeição à ideia hobbesiana de que a vontade legislativa de um povo pode ser investida em algum grupo ou indivíduo que, então, age com sua autoridade, dominando os demais.

Em vez disso, ele considera que entregar o direito geral de se governar a outra pessoa ou grupo constitui uma forma de escravidão e que reconhecer tal autoridade equivaleria a uma abdicação da potencialidade moral.

> Renunciar à própria liberdade é o mesmo que renunciar à qualidade de homem, aos direitos da Humanidade, inclusive aos seus deveres. Não há nenhuma compensação possível para quem quer que renuncie a tudo. Tal renúncia é incompatível com a natureza humana, e é arrebatar toda moralidade a suas ações, bem como subtrair toda liberdade à sua vontade. Enfim, não passa de vã e contraditória convenção estipular, de um lado, uma autoridade absoluta, e, de outro, uma obediência sem limites. (Rousseau, 1973, p. 7).

Essa hostilidade à representação da soberania também se estende à eleição de representantes para assembleias soberanas, mesmo quando esses representantes estão sujeitos à reeleição periódica. Rousseau entende que, mesmo nesse caso, a assembleia estaria legislando sobre uma série de tópicos sobre os quais os cidadãos não deliberaram. Nesse sentido, as leis aprovadas por essas assembleias, portanto, vinculariam os cidadãos em termos com os quais eles próprios não concordaram.

Uma das principais distinções presentes em O "Contrato Social" é entre soberano e governo. O soberano, composto pelo povo como um todo, promulga leis como expressão de sua vontade geral. O governo é um órgão com maior limitação que administra o Estado dentro dos limites estabelecidos pelas leis e que emite decretos, aplicando as leis promulgadas pelo soberano em casos particulares. Se as leis são concebidas como o povo, estabelecendo uma estrutura constitucional para a sociedade, e os decretos do governo compreendem um reflexo das leis já estabelecidas, a distância entre uma república rousseauniana e uma democracia constitucional moderna pode ser menor do que se parece, a princípio.

Essa suposição ganha sentido quando são examinados os detalhes das opiniões de Rousseau sobre o governo. Embora várias formas de governo se mostrem teoricamente compatíveis com a soberania popular, Rousseau é cético quanto às perspectivas de democracia (na qual as pessoas conduzem o dia a dia do Estado e a aplicação das leis) e monarquia. Em vez disso, ele prefere alguma forma de aristocracia eletiva: em outras palavras, ele apoia a ideia de que a administração cotidiana esteja nas mãos de um subconjunto da população, eleita por mérito.

3.4.2 A liberdade como pressuposto da Educação para a cidadania

As ideias de Rousseau sobre educação são expostas principalmente em "Emílio[38], ou da Educação", publicado em 1762. Analisar a cidadania na perspectiva desse filósofo exige compreender os atributos remetidos a Emílio por meio da educação.

O que Rousseau quis dizer com estar acorrentado era que a sociedade — e particularmente a sociedade moderna e industrial de seu tempo — era uma influência negativa no desenvolvimento humano. Rousseau acreditava que o homem original, em seu estado natural, era inteiramente livre e

---

[38] O menino Emílio é um modelo metodológico para o autor, a fim de descrever características infantis. O texto de Rousseau denuncia, de maneira aberta, a negligência de seu tempo na infância. *Emile* nasce, portanto, como uma obra dedicada a decodificar um silêncio simbólico que perturbava o filósofo: a criança. Surge como um dos principais relatórios fundadores da modernidade educativa.

virtuoso. Foi somente quando os seres humanos se reuniram e formaram sociedades que se tornaram capazes de ciúmes, ganância, malícia e todos os outros vícios que somos capazes de cometer.

Embora ele sentisse que a sociedade (especialmente a sociedade monárquica) exercia uma influência corrupta sobre a Humanidade, acreditava que, se a Humanidade fosse guiada apenas por instintos naturais, inevitavelmente, cairia na brutalidade. Em contrapartida, Rousseau defendia que o que era necessário aos homens não era um retorno ao primitivismo, mas uma completa reavaliação da ordem social. A importância do processo pedagógico na formação dos indivíduos (e consequentemente do cidadão) é revelada quando Rousseau afirma, por exemplo:

> Amanham-se as plantas pela cultura e os homens pela educação. Se o homem nascesse grande e forte, seu porte e sua força seriam inúteis até que ele tivesse aprendido a deles ser-vir-se. Ser-lhe-iam prejudiciais, impedindo os outros de pensar em assisti-lo e, abandonado a si mesmo, ele morreria de miséria antes de ter conhecido suas necessidades. Deplora-se o estado da infância; não se vê que a raça humana teria perecido se o homem não começasse sendo criança. Nascemos fracos, precisamos de força; nascemos desprovidos de tudo, temos necessidade de assistência; nascemos estúpidos, precisamos de juízo. **Tudo o que não temos ao nascer, e de que precisamos adultos, é-nos dado pela educação.** (Rousseau, 1973, p. 12, grifo nosso).

Ao estudar Rousseau, percebemos que a filosofia da educação e a filosofia política andam juntas. "Rousseau elabora O "Contrato Social" junto com o "Emílio", um gesto pelo qual revela ser impossível pensar na formação do ser humano sem pensar a própria sociedade" (Streck, 2003, p. 70). Por isso, somente à luz da filosofia da educação de Rousseau, presente em algumas obras, concentrada no "Emílio", é que podemos aclarar o seu ideal de cidadania.

> Emílio, o educando fictício de Rousseau, encarna o cidadão ideal para viver dentro do contrato social por ele proposto [...] Emílio é criado sozinho, e a primeira e maior preocupação do tutor deve ser a de não interferir no seu desenvolvimento natural. Isso, no entanto, não quer dizer que seu destino final seja, como o de Robinson Crusoé, a solidão de uma ilha. O ideal de sociedade que Rousseau preconiza é aquela onde os cidadãos conseguem ter uma participação direta na vida da comunidade. (Streck, 2003, p. 75).

Trata-se de um tratado educacional com a aparência mais de uma história do que um romance, que descreve a educação ideal para preparar Emílio e Sofia para seu eventual casamento. Nesse trabalho, ele se dedica a uma forma de educação, centrada na criança, realizada, na medida do possível, em harmonia com o desenvolvimento das capacidades naturais, por um processo de descoberta aparentemente autônoma.

Isso contrasta com um modelo de educação em que o professor é uma figura de autoridade que transmite conhecimentos e habilidades de acordo com um currículo predeterminado. Até a adolescência, o programa educacional compreende uma sequência de planejamentos e organização do ambiente pelo tutor na medida em que a criança não é instruída sobre o que fazer ou pensar, mas é levada a tirar suas conclusões, como resultado de suas próprias descobertas, cujo contexto foi cuidadosamente organizado.

Em "Emílio", Rousseau divide o desenvolvimento humano em cinco estágios tratados, separadamente, em cada um dos livros da obra. A educação, nas duas primeiras etapas, busca os sentidos: somente quando Emílio completa 12 anos o tutor começa a trabalhar para desenvolver sua mente. Mais tarde, no livro 5, Rousseau examina a educação de Sophie em que expõe suas concepções sobre o contraste da educação para homens e mulheres.

O primeiro estágio é a infância, desde o nascimento até cerca de 2 anos (Livro I) quando ocorre o desmame da criança. Nessa parte da obra, Rousseau discute não apenas sua filosofia fundamental, mas também começa a descrever como alguém teria que criar um filho para se adaptar a essa filosofia que oportunizaria o desenvolvimento de um bom cidadão.

> A educação primeira é a que mais importa, e essa primeira educação cabe incontestavelmente às mulheres: se o Autor da natureza tivesse querido que pertencesse aos homens, ter-lhes-ia dado leite para alimentarem as crianças. Falai portanto às mulheres, de preferência, em vossos tratados de educação; pois além de terem a possibilidade de para isso atentar mais de perto que os homens, e de nisso influir cada vez mais, o êxito as interessa também muito mais, porquanto em sua maioria as viúvas se acham quase à mercê de seus filhos e que então precisam sentir, em bem ou mal, o resultado da maneira pela qual os educaram. As leis, sempre tão preocupadas com os bens e tão pouco com as pessoas, por terem como objetivo a paz e não a virtude, não outorgam suficiente autoridade às mães (Rousseau, 1979, p. 11).

Com esse objetivo, define várias atividades cujas funções é dar mais liberdade e menos dever às crianças, deixando-as fazer mais por si mesmas e exigir menos dos outros; de modo que, ensinando-as, desde o início, a limitar seus desejos dentro dos limites de seus poderes, dificilmente sentirão a falta daquilo que não estivesse em seu poder.

> O único hábito que se deve deixar a criança adquirir é o de não contrair nenhum; que não a ponham mais sobre um braço do que sobre outro; que não a acostumem a dar uma mão mais do que a outra, a dela fazer uso mais amiudado, a querer comer, dormir, agir nas mesmas horas, a não poder ficar sozinha de dia ou de noite. Preparai de longe o reinado de sua liberdade e o emprego de suas forças, deixando a seu corpo o hábito natural, pondo-a em estado de ser sempre senhora de si mesma e fazendo em tudo sua vontade logo que tenha uma. (Rousseau, 1973, p. 35-36).

A tese subjacente a todos os escritos de Rousseau enfatiza a bondade natural do homem submetido à sociedade que o corrompe e o torna mau. Nessa etapa, a preocupação crucial de Rousseau é evitar transmitir para a criança a ideia de que as relações humanas são essencialmente de dominação e subordinação.

Em "Emílio" Rousseau busca encontrar uma maneira de resolver as contradições entre o homem natural e as implicações da vida na sociedade. E, nesse sentido, Rousseau reconhece que toda sociedade deve escolher entre fazer um homem ou um cidadão:

> Para ser alguma coisa, para ser si mesmo e sempre um, é preciso agir como se fala; é preciso estar sempre decidido acerca do partido a tomar, tomá-lo com altivez e segui-lo sempre. Estou à espera de que me mostrem esse prodígio, a fim de saber se é homem ou cidadão, ou como se arranja para ser a um tempo um e outro. Desses dois objetos necessariamente opostos, decorrem duas formas de instituições contrárias: uma pública e comum, outra particular e doméstica. (Rousseau, 1973, p. 14).

Trata-se do desafio de explicar como o homem natural pode viver dentro da sociedade, levando em conta que o objetivo da educação é criar um ambiente de aprendizado que permita às crianças a bondade natural inata, que depende de sensações e de experiências com a natureza.

Nessa perspectiva, Rousseau acredita que a criança deve ser livre da instituição aprisionadora da sociedade, da qual a escola era uma das mais coercitivas. Segundo ele, o professor pode educar o homem ou o cidadão, mas não pode fazê-lo com o homem natural, entendido como aquele cujas virtudes naturais não haviam sido influenciadas pela instituição tradicional e social. Por outro lado, suas virtudes naturais estavam tão desenvolvidas que foram capazes de se adaptar às mudanças do ambiente. Para Rousseau, a educação era um processo de orientação do professor e não uma instrução dele.

Como exemplo, embora a criança deva ser protegida para não se machucar, Rousseau deseja que se acostume ao exercício de suas capacidades corporais, desenvolvendo seus sentidos e, portanto, aconselha que a criança seja deixada o mais livre possível, em vez de ser restringida.

> No princípio da vida, quando a memória e a imaginação são ainda inativas, a criança só presta atenção àquilo que afeta seus sentidos no momento; sendo suas sensações o primeiro material de seus conhecimentos, oferecer-lhes numa ordem conveniente é preparar sua memória a fornecer-lhes um dia na mesma ordem a seu entendimento; mas como ela só presta atenção a suas sensações, basta primeiramente mostrar-lhe bem distintamente a ligação dessas sensações com os objetos que as provocam. Ela quer meter a mão em tudo, tudo manejar: não contrarieis essa inquietação; ela lhe sugere um aprendizado muito necessário. Assim é que ela aprende a sentir o calor, o frio, a dureza, a moleza, o peso, a leveza dos corpos, a julgar de seu tamanho, de sua forma e de todas as suas qualidades sensíveis, a olhando, apalpando, ouvindo e principalmente comparando a vista ao tato, estimando pelo olhar a sensação que provocariam em seus dedos. (Rousseau, 1973, p. 37).

Como pode ser observado, o objetivo da educação, no estágio 1, consistia em o tutor preparar a criança não para alguma instituição social em particular, mas para preservá-la da influência desoladora da sociedade. Para tanto, Emílio é educado longe da cidade, pois morar em um local próximo à natureza permitiria que ele se tornasse um adulto bom e benevolente.

O segundo estágio, de 2 a 12 anos, representa a era da natureza. Durante esse período, a criança não recebe nenhuma instrução moral e aprendizado verbal.

> Não deis a vosso aluno nenhuma espécie de lição verbal; só da experiência ele as deve receber; não lhe inflijais nenhuma espécie de castigo, pois ele não sabe o que seja cometer uma falta; não lhe façais nunca pedir perdão, porquanto não pode ofender-vos. Desprovido de qualquer moralidade em suas ações, nada pode ele fazer que seja moralmente mal e que mereça castigo ou admoestação. (Rousseau, 1973, p. 62).

Rousseau estabelece a regra mais importante da educação ao afirmar: "Não economize tempo, mas perca-o. A mente deve permanecer intacta até que suas faculdades se desenvolvam" (Rousseau, 1973, p. 40). O objetivo, nesse momento, é desenvolver qualidades físicas e particularmente os sentidos das crianças, e não suas mentes. Na última parte do livro II, Rousseau aborda cada um dos cinco sentidos de Emílio e propõe como o preceptor deve conduzir a educação para que a criança aprenda a usá-los e protegê-los quando necessário.

Emílio, no estágio 3, é como o selvagem nobre que Rousseau descreve em O "Contrato Social". "Cerca de doze ou treze anos, a força da criança aumenta muito mais rapidamente do que suas necessidades" (Rousseau, 1973, p. 130). O desejo de atividade agora assume uma forma mental. Por isso, a partir dos 12 anos, o programa passa a desenvolver habilidades e conceitos abstratos não pelo uso de livros ou aulas formais, mas com a experiência prática.

O livro três descreve a educação intelectual. Novamente, essa educação é baseada na própria natureza, pois, na perspectiva de Rousseau, quando ele estiver pronto e interessado em linguagem, geografia, história e ciência, possuirá a direção interna necessária para aprender.

> Quereis ensinar-lhe a geografia e ides procurar globos, esferas, mapas: quanta estória! Por que todas essas representações? Por que não começais mostrando-lhe o próprio objeto, a fim de que ele saiba, ao menos, de que lhe falais? Uma bela tarde vamos passear num lugar favorável, onde o horizonte bem descoberto deixa ver em cheio o sol morrendo e observam-se os objetos que tornam reconhecível o lugar de seu crepúsculo. No dia seguinte, para respirar o frescor, voltamos ao mesmo local, antes que o sol se levante. Vemo-lo anunciar-se de longe pelos traços de fogo que lança à sua frente. O incêndio aumenta, o oriente parece em chamas; pelo seu brilho aguardamos o astro durante muito tempo antes que se

> mostre; a cada instante acreditamos vê-lo aparecer; vemo-lo finalmente. (Rousseau, 1973, p. 133).

Nessa parte da obra, fica claro que a motivação de Emílio leva à autodisciplina proposital, necessária para adquirir conhecimento, pois, para Rousseau, é no coração do homem que está a vida do espetáculo da natureza e, para vê-lo, cumpre senti-lo. O período de isolamento chega ao fim e a criança começa a se interessar pelos outros (principalmente pelo sexo oposto) e pela maneira como é vista. A tarefa do tutor é garantir que as relações do aluno com os outros sejam primeiro mediadas pela compaixão, de modo que, por meio do sofrimento, do cuidado e da gratidão com o próximo, o educando encontre o reconhecimento de seu próprio valor moral.

No quarto estágio, entre 15 e 20 anos, Rousseau acredita que a razão de Emílio estará desenvolvida e ele poderá lidar com as emoções perigosas da adolescência e com as questões morais e religiosas. O segundo parágrafo do livro contém as declarações de Rousseau sobre as quais a educação deverá se preocupar em controlar as paixões para que não se corrompam, por meio da razão consciente que está tomando forma.

> Nascemos, por assim dizer, em duas vezes: uma para existirmos, outra para vivermos; uma para a espécie, outra para o sexo. Os que encaram a mulher como um homem imperfeito estão sem dúvida errados; mas a analogia exterior está com eles. Até a idade núbil, as crianças dos dois sexos nada têm de aparente que as distinga; mesmo rosto, mesmo porte, mesma tez, mesma voz, tudo é igual; as meninas são crianças, os meninos são crianças; a mesma palavra basta para seres tão diferentes. Os machos, em que se impede o desenvolvimento ulterior do sexo, conservam essa conformidade durante toda a sua vida; são sempre crianças grandes, e as fêmeas, não perdendo essa mesma conformidade, parecem, por muitos aspectos, nunca ser outra coisa. (Rousseau, 1973, p. 173).

A maior parte do livro IV trata do desenvolvimento moral de Emílio e sobretudo das transformações ocorridas no corpo e no comportamento na adolescência que, para Rousseau, começam quando o indivíduo é inserido no contexto social, deixando de conviver apenas no núcleo familiar e passando a relacionar com as pessoas de sua comunidade.

> Aos sinais morais de um humor que se altera, juntam-se modificações sensíveis no aspecto. Sua fisionomia desenvolve-se e assume um caráter; a pelugem escassa que cresce nas suas

> faces escurece e toma consistência. Sua voz muda, ou antes ele a perder: não é nem criança nem homem e não pode pegar o tom de nenhum dos dois. Seus olhos, esses órgãos da alma, que nada diziam até então, encontram uma linguagem e uma expressão; um ardor nascente os anima. Seus olhares mais vivos ainda têm uma santa inocência, mas não têm mais sua imbecilidade primeira: ele já sente que podem dizer demais; ele começa a saber baixá-los e enrubescer; torna-se sensível antes de saber o que sente; mostra-se inquieto sem razão de sê-lo. (Rousseau, 1973, p. 173).

Nessa etapa, Emílio também está pronto para a educação religiosa e, em uma subseção do livro IV, "Profissão de fé do vigário saboiano", Rousseau descreve essa educação. Ele revela a alegria de receber uma lição do sacerdote da Saboia, que expõe o relacionamento adequado que um homem natural virtuoso deve manter com Deus, com as escrituras e com a Igreja. O principal impulso da instrução do padre é que a pessoa descubra a grandeza e a verdade de Deus por meio de sua própria descoberta e não pela ingestão forçada do dogma da Igreja.

O período final da educação envolve a transformação do tutor que deixa de ser um organizador do ambiente da criança para o consultor de confiança do adulto. Essa fase final também envolve instruções sobre a natureza do mundo social, incluindo as doutrinas da filosofia política de Rousseau.

No livro V, o adulto Emílio é apresentado à sua parceira, Sophia, aprendendo sobre o amor, estando pronto para retornar à sociedade, após uma preparação longa, contra influências negativas.

Tendo completado a explicação da educação ideal de Emile, Rousseau volta sua atenção para a educação de Sofia uma vez que as mulheres não deveriam ser educadas como os homens. Para Rousseau, ela deve ter crianças e delas cuidar enquanto aconselha e consola o marido sempre que necessário.

Esse último livro inclui uma seção substancial sobre a educação da mulher, sobretudo na perspectiva de agradar ao marido. Como pode ser percebido, sua filosofia não era neutra em termos de gênero. Rousseau acreditava que as mulheres deveriam ser educadas para serem governadas por seus maridos e, enquanto pessoas fracas e passivas, seriam destinadas a fazer trabalhos domésticos. Em contrapartida, os homens deveriam ser educados para serem autogovernados, e as filosofias em "Emílio" pertenciam essencialmente aos homens na sociedade. Ele acreditava que a esfera privada dependia da subordinação naturalizada das mulheres para que ela e a esfera política pública funcionassem.

> Estabelecido este princípio, segue-se que a mulher é feita especialmente para agradar ao homem. Se o homem deve agradar-lhe por sua vez, é necessidade menos direta: seu mérito está na sua força; agrada, já, pela simples razão de ser forte. Não se trata da lei do amor, concordo; mas é a da natureza, anterior ao próprio amor. Se a mulher é feita para agradar e ser subjugada, ela deve tornar-se agradável ao homem ao invés de provocá-lo. Sua violência está nos seus encantos; é por eles que ela deve constrangê-lo a encontrar sua força e empregá-la. (Rousseau, 1973, p. 306).

Como pode ser observado, as ideias filosóficas de Rousseau sobre a educação das crianças foram inovadoras e geraram controvérsias. Nas "Cartas Morais", Rousseau indica que o papel do preceptor, na educação de Sophia, não é o de ensiná-la a resolver problemas, mas de reforçar os aspectos bons de sua alma. Rousseau, assumindo o papel de preceptor, afirma "o estudo que vos proponho não produz um saber ornamental para desfilar aos olhos dos outros, mas enche a alma de tudo o que faz a felicidade do homem" (Rousseau, 1973, p. 147).

Na educação de Emílio, e de Sophia, o preceptor deve estar atento e ser um conhecedor do seu contexto de vida, bem como possuir conhecimentos de outros locais do Mundo. O educador precisa agir com objetividade, clareza, determinação, ser forte para não se deixar iludir pelas falsas promessas de modelos educativos que desviem o foco da tarefa de educar para formar homens, a qual exige uma preparação para a vida.

A base da educação de Emílio é, portanto, o processo persistente de oferecer ao menino não os fundamentos das ciências, mas "uma grande ideia de todas essas ciências e um grande desejo de aprendê-las" (Rousseau, 1973, p. 180). A educação deve, segundo Rousseau, transitar pela fronteira entre o progresso da força das crianças, participando cada vez mais do seu desenvolvimento à medida que a dependência diminui.

Por fim, o filósofo critica o fato de que os parâmetros educacionais de seu tempo estavam quase exclusivamente preocupados em preparar a criança para sua vida adulta, como se sua vida atual simplesmente não existisse — essa atitude corresponde a negar a infância como um tipo de vida em si.

Em "Emílio", Rousseau pretende ser o protagonista da narrativa de um estudante imaginário — de quem ele (no papel de tutor) é o único mestre. Esse aluno, criado de acordo com os pensamentos conectados de Rousseau sobre a infância, é guiado pelo mesmo educador/preceptor ao longo de mais de duas décadas.

Passo a passo, o menino é retirado de sua naturalidade. Rousseau indica, em "Emílio" que crescer pode ser algo que não implica tanta dor. Para isso, é fundamental que o educador saiba decodificar traços expressos nas diferentes línguas com as quais as crianças se comunicam.

Do choro ao sorriso, do sussurro à fala, da onipresença da primeira infância ao comportamento inquieto da adolescência, da amizade ao amor — tudo isso constitui uma gramática interna do indivíduo em desenvolvimento. É necessário saber interpretar uma vez que prestar atenção às formas de agir e se expressar da criança se torna um movimento indispensável para educá-la de uma maneira agradável, nas diferentes fases da infância.

Utilizando uma criança inventada, Rousseau também denuncia o que vê como vícios da sociedade adulta. De certa forma, o grande feito de seu trabalho pedagógico teve dupla face: reconhecer, investigar e decodificar o universo infantil e, ao mesmo tempo, tratar a infância como ponto de partida para revisitar o homem em estado de natureza na busca pela construção de um cidadão ético, capaz de melhorar a Humanidade.

Para atingir esse fim, Rousseau propõe uma integração entre o homem e o Estado, numa harmônica coordenação entre o individual e o coletivo, na tentativa de formar no homem o cidadão com sentimento de ser parte de um todo. Nesse sentido, o mesmo indivíduo que propõe a lei no exercício da cidadania cumpre-a na qualidade de súdito, pois foi ele próprio que a estabeleceu. A civilidade resulta, portanto, da ação pedagógica de desenvolver as individualidades em todo seu potencial humano, criando paulatinamente teias de interdependência cuja reciprocidade moral acabe gerando um ambiente propício ao pleno desenvolvimento da cidadania (Paiva, 2007, p. 81).

Ser cidadão é, para Rousseau, ter direitos civis, mas também direitos individuais. Direito à vida, à liberdade (individual e civil), tanto quanto à igualdade.

> Emílio representa a formação do homem moderno, da forma como Rousseau o concebe, isto é, um homem livre mas zeloso de seus deveres para com sua espécie. Seu espécime pode analisar todas as formas de governo, a maneira como se organizam os estados e se dar ao luxo de escolher um dentre esses

para viver. Melhor do que isso, o homem moderno é capaz de recriar essas formas e dar um novo modelo à sociedade, seguindo o contrato social ou a voz da própria consciência. (Paiva, 2007, p. 89).

O indivíduo é uma unidade fracionária cujo valor só pode ser avaliado na relação com o todo, ou seja, o corpo social ou o corpo político. No entanto, a educação pública para formar cidadãos não é mais possível, na visão do filósofo. A modernidade é definida para Rousseau por essa ausência de condições políticas, permitindo a formação de cidadãos que se consideram unidades estritamente fracionárias.

> O homem natural é tudo para ele; é a unidade numérica, é o absoluto total, que não tem relação senão consigo mesmo ou com seu semelhante. O homem civil não passa de uma unidade fracionária presa ao denominador e cujo valor está em relação com o todo, que é o corpo social. As boas instituições sociais são as que mal* bem sabem desnaturar o homem, tirar-lhe sua existência absoluta para dar-lhe outra relativa e colocar o eu na unidade comum, de modo que cada particular não se acredite mais ser um, que se sinta uma parte da unidade, e não seja mais sensível senão no todo. (Rousseau, 1973, p. 13).

A educação moderna é, portanto, necessariamente doméstica: se não pode ser um cidadão, tende a fazer um homem. Em outras palavras, é uma questão de criar Emílio para si mesmo, em uma educação informal que não é civil. Percebe-se que, desde as primeiras páginas de "Emílio", Rousseau proclama a alternativa de escolher entre um homem ou um cidadão. Em nenhum sistema posto até então, a educação conseguiu formar um homem que é, ao mesmo tempo, um cidadão de verdade. Desejar fazer as duas coisas, ao mesmo tempo, não é apenas impossível, para Rousseau, como também se torna uma contradição.

Essa concepção de vida em comum influencia toda a elaboração de sua teoria da vontade geral como expressão do bem comum. Assim, para Rousseau, os deveres da Humanidade precedem os deveres do cidadão, pois considera que a vontade geral não é a vontade de todos: não representa a adição de vontades particulares, não é o ponto de vista da maioria ou a unanimidade e não é quantitativo. A vontade geral é a razão pública, que está em conformidade com o bem comum, com os imperativos da razão, necessários para buscar a preservação da sociedade, constituindo-se em uma filosofia moral.

O EXERCÍCIO DA CIDADANIA NA CONTEMPORANEIDADE

Não há nenhuma definição acordada de em qual período se constituiu a filosofia contemporânea. Isso ocorre porque o que precisava ser explicado na história recente variou de país para país, de grupo para grupo e, mesmo dentro dos países, de tempos em tempos. Para a contextualização deste capítulo, será considerado aquele entre a Revolução Francesa de 1789 e os dias atuais, o período histórico intitulado como Idade Contemporânea, marcado por grandes transformações na organização da sociedade e por conflitos de amplitude mundial.

A Revolução Francesa é comumente vista como um exemplo de rebelião contra a tirania, sendo mencionada, nos livros de História, como uma vitória pela liberdade. Comemorada como um triunfo do pensamento iluminista, desenvolvido por grandes filósofos como Locke, Hobbes, Rousseau, dentre outros, essa revolução é vista como uma vontade de construir um mundo mais justo e pacífico, respeitando certos direitos inalienáveis de todos os seres humanos.

A França era realmente o país mais próspero da Europa, e o idioma francês era o usado na diplomacia, na música e na cultura. Além disso, os franceses viviam em melhores condições do que os habitantes de outros países: as populações rurais e urbanas estavam crescendo rapidamente e os intelectuais franceses estavam na vanguarda da filosofia europeia.

Enquanto a Revolução progredia, as ideias iluministas que a inspiravam começaram a se dissipar progressivamente. A monarquia despótica foi substituída por uma tecnocracia iluminada e quase nada restou das ideias de Montesquieu, Voltaire ou mesmo Rousseau.

Durante a Revolução Francesa (1789-1799), uma nova geração desprendeu forças para tornar realidade os ideais do Iluminismo. Eles derrubaram a Monarquia, estabeleceram a primeira República moderna e proclamaram os direitos universais do homem.

Os representantes do povo francês, organizados como uma Assembleia Nacional, acreditando que a ignorância, a negligência ou o desprezo dos direitos do homem eram a única causa de calamidades públicas e da corrupção dos governos, decidiram estabelecer, em uma declaração solene, os direitos naturais, inalienáveis e sagrados do homem. O objetivo dessa declaração, estando constantemente diante de todos os membros do corpo social, era lembrar aos homens continuamente de seus direitos e deveres.

Nesse período, a consolidação do capitalismo foi o grande respaldo para a análise e a crítica da sociedade uma vez que a Revolução Industrial Inglesa, no início do século XVIII, tornava-se um período importante: da mesma forma que se vislumbrava o avanço tecnológico, científico e mercadológico, a sociedade apresentava-se permeada por desigualdades.

O que se observa é que o capitalismo tem sido um evento fundamental na história mundial contemporânea. Mudou profundamente, em todos os seus aspectos, as sociedades de onde nasceu, as da Europa Ocidental e da América do Norte e progressivamente aquelas que sofreram influências diretas ou indiretas no resto do Mundo. De fato, como todos os sistemas econômicos, o capitalismo tem uma relação muito estreita, de causa e efeito, recíproca, com a cultura, o estilo de vida, a organização da sociedade e a política.

O conflito entre apoiadores e opositores do capitalismo tem sido um elemento fundamental da história econômica e política do século XX. Após a criação do primeiro Estado socialista, com a Revolução Russa de 1917, o conflito, além de ideológico, tornou-se cada vez mais político, econômico e militar, até que a crise interna do sistema socialista culminou em 1989, com o fim da União Soviética. A alternativa entre capitalismo e socialismo representou um fator muito importante também na história contemporânea do Terceiro Mundo, parte do Mundo que, após a Segunda Guerra Mundial, não estava mais sob o domínio colonial dos países capitalistas (Primeiro Mundo) nem fazia parte do sistema socialista (Segundo Mundo).

Nessa perspectiva, pode-se dizer que a cultura ocidental construiu suas bases tendo como parâmetro os princípios do capitalismo, cuja enorme capacidade de difusão e penetração social já havia sido prevista pelos estudiosos do novo sistema, sobretudo Hegel, Karl Marx e Friedrich Nietzsche. A escolha por esses filósofos se justifica pela relação existente entre direito, educação e cidadania presente em suas obras e fundamental para a reflexão neste trabalho.

4.1 Friedrich Hegel

> O professor, quando na sua profissão espalhou as sementes do conhecimento, retira-se do seu trabalho; ainda que algo do semeado não tenha encontrado solo propício, ele está certo, por causa do espiritual, da força mais elevada que reside na dádiva distribuída; ele pode alegrar-se com o pensamento na semente que será impressa. Porém, raramente lhe cabe em sorte a felicidade de avistar o campo das espigas e de em tal visão de conjunto desfrutar do seu trabalho. (Hegel, 1994, p. 22).

Hegel nasceu em 1770, em uma família de classe média, em Stuttgart. Em 1788, matriculou-se no seminário de Tübingen e estudou filosofia e teologia ao mesmo tempo. Depois de se formar, trabalhou inicialmente como tutor em Berna e Frankfurt, antes de se mudar para a Universidade de Jena, onde concluiu seus estudos e publicou seus primeiros trabalhos filosóficos, inicialmente em estreita colaboração com Schelling, seu colega em Tübingen.

Seu primeiro grande trabalho filosófico, "Fenomenologia do Espírito", foi publicado em 1807. Entre 1808 e 1815, Hegel trabalhou como Reitor do Ginásio (Grammar School) em Nuremberg e, durante esse período, publicou "Ciência da Lógica". Finalmente, ele conseguiu um cargo na Universidade, como professor, em Heidelberg em 1816 e publicou sua "Enciclopédia das Ciências Filosóficas" (composta de três volumes: "Filosofia da Natureza", "Filosofia do Espírito" *e* "Ciência da Lógica") em 1817.

Em 1818, foi nomeado professor da Universidade de Berlim, cargo que manteve até sua morte. Enquanto esteve por lá, Hegel publicou "Princípios da Filosofia do Direito" (1820) e produziu muitas palestras sobre filosofia da história, religião, estética e história da filosofia.

As versões dos textos de Hegel que agora conhecemos são frequentemente um amálgama de suas próprias palavras e das anotações de seus alunos. Hegel estava trabalhando em uma versão revisada de "Ciência da Lógica" quando morreu, de cólera, em 1831.

A vida de Hegel atravessou um tempo de mudanças radicais na política e no pensamento europeus. Em 1770, Stuttgart fazia parte do Ducado de Württemberg, que também fazia parte do Sacro Império Romano. Na época de sua morte, em 1831, o cenário político da terra natal de Hegel sofreu transformações: o Sacro Império Romano havia sido devastado nas guerras napoleônicas e a política, na Europa, tornou-se fundamentalmente alterada pelos efeitos da Revolução Francesa[39].

Em 1770, a filosofia predominante na academia alemã era um racionalismo escolástico, que visava estabelecer verdades filosóficas sobre o Mundo, por meio do exercício da pura razão. Em 1831, *Crítica da razão pura* (1781) revolucionou o entendimento sobre a natureza e o escopo da investigação filosófica ganhou outros caminhos para a geração seguinte. O desenvolvimento intelectual de Hegel foi fortemente afetado por sua reação à Revolução Francesa e suas consequências, por sua percepção da natureza distintiva do Estado, da sociedade e da economia moderna e por seu envolvimento com as filosofias dos esclarecimentos franceses, escoceses e alemães, em particular com a filosofia kantiana.

Além disso, ele se envolveu ativamente nos debates políticos de sua época, desde seu entusiasmo inicial pelo republicanismo, até seu compromisso posterior com a reforma da Prússia. O próprio relato conciso de Hegel acerca da natureza da filosofia, dado no Prefácio de seus "Princípios da Filosofia do Direito", captura uma articulação característica em sua abordagem filosófica e, em particular, em sua abordagem à natureza e aos limites da cognição humana. Filosofia, segundo ele, é seu próprio tempo, compreendido em pensamentos.

Por um lado, podemos ver claramente na frase — seu próprio tempo — a sugestão de uma condição e uma variabilidade histórica ou cultural que se aplica mesmo à forma mais elevada de cognição humana, a própria filosofia. O conteúdo do conhecimento filosófico, podemos suspeitar, virá do conteúdo historicamente mutável de seu contexto cultural.

O pensamento de Hegel pode ser visto como parte de uma progressão de filósofos (Platão, Aristóteles, Plotino, Leibniz, Espinosa, Rousseau e Kant) que podem ser descritos como idealistas, por considerarem a liberdade ou a autodeterminação como reais, gerando implicações ontológicas importantes para a alma, a mente e a divindade.

---

[39] A Revolução Francesa durou 10 anos, de 1789 a 1799. Começou em 14 de julho de 1789, quando os revolucionários invadiram uma prisão chamada Bastilha. A revolução chegou ao fim em 1799, quando um general chamado Napoleão derrubou o governo revolucionário e estabeleceu o Consulado Francês (com Napoleão como líder). A Revolução Francesa mudou completamente a estrutura social e política da França. Pôs fim à monarquia francesa, ao feudalismo, e tomou o poder político da Igreja Católica. Trouxe novas ideias para a Europa, incluindo liberdade e igualdade para os cidadãos, bem como a abolição da escravidão e os direitos das mulheres. Embora a revolução tenha terminado com a ascensão de Napoleão, as ideias e reformas não morreram. Essas novas concepções continuaram a influenciar a Europa e ajudaram a moldar muitos dos governos modernos europeus.

Hegel desenvolveu uma nova forma de pensamento, que ele chamou de razão especulativa (que inclui o conceito mais conhecido de dialética), para tentar superar o que via, como as limitações do senso comum e da filosofia tradicional em compreender a relação entre pensamento e realidade. Fazia parte do seu método iniciar com conceitos básicos e desenvolvê-los por meio de uma longa sequência de elaborações em direção a soluções que assumem a forma de uma série de conceitos.

Ele empregou a dialética (que remonta a Aristóteles e envolve a resolução de uma tese e sua antítese oposta em uma síntese), mas afirmou que esse processo lógico não era apenas uma questão de separar o conteúdo, e sim uma forma de obter aplicações e repercussões no mundo real.

Hegel também conduziu o conceito da dialética a um passo adiante, argumentando que a nova síntese não é a verdade final do assunto, mas se tornou a nova tese com sua antítese e síntese correspondentes. Esse processo continuaria efetivamente *ad infinitum*, até alcançar a síntese final, que Hegel chamou de conhecimento absoluto.

Nessa perspectiva, a principal proposta filosófica de Hegel foi partir das contradições e tensões que ele viu em toda a filosofia, cultura e sociedade modernas e interpretá-las como parte de uma unidade racional abrangente em evolução e que, em diferentes contextos, ele chamou de conhecimento absoluto.

Para ele, o Mundo representava um complexo de coisas inter-relacionadas e que a separação da realidade em partes distintas (como todos os filósofos desde Aristóteles haviam feito) estava incorreta. Ele defendia um tipo de idealismo absoluto, de mentalidade histórica (desenvolvido a partir do idealismo transcendental de Immanuel Kant), no qual o universo realizaria seu potencial espiritual por meio do desenvolvimento da sociedade humana, bem como, ainda, no qual a mente e a natureza podem ser vistas como duas abstrações de um espírito inteiro indivisível.

> [...] só a matéria com peso constitui a totalidade e o real em que podem ter lugar a atração e a repulsão; ela tem os momentos ideais do conceito, da individualidade ou subjetividade. Não devem, pois, tomar-se por si como independentes ou como forças; a matéria resulta deles só enquanto momentos conceptuais, mas é o pressuposto para a sua aparição. (Hegel, 1992, p. 97).

Do ponto de vista de Hegel, a análise de qualquer identidade ou unidade aparentemente simples revela contradições internas subjacentes, e são essas contradições que levam à dissolução da coisa na forma simples em que ela se apresentou para alcançar o seu desenvolvimento em um nível superior.

Hegel foi o primeiro filósofo a considerar a história e a filosofia da história como importantes. O historicismo de Hegel é a posição de que todas as sociedades humanas (e todas as atividades humanas, como ciência, arte ou filosofia) são definidas por sua história e que sua essência só pode ser buscada a partir da compreensão disso.

Segundo Hegel, para entender por que uma pessoa é como é, deve-se considerá-la em uma sociedade; e, para entender essa sociedade, deve-se entender sua história e as forças que a moldaram. Seu sistema para entender a história e o próprio Mundo foi desenvolvido a partir de seus ensinamentos dialéticos de tese, antítese e síntese.

Nesse sentido, ele via a história como uma progressão, sempre em movimento, nunca estática, em que cada movimento sucessivo surge como um impulso para as contradições inerentes ao movimento precedente. Ele acreditava que toda situação complexa contém em si elementos conflitantes, que trabalham para desestabilizar a situação, levando-a a se decompor em uma nova situação na qual os conflitos são resolvidos.

Assim, a história de qualquer empreendimento humano não apenas se baseia no que foi antes, mas também reage contra o que antes foi. Fundamentalmente, no entanto, Hegel acreditava que esse processo dialético não era apenas aleatório, mas que também tinha uma direção chamada por ele de liberdade. Referido pensamento justifica o fato de Hegel estar entre os filósofos pesquisados neste trabalho, principalmente por considerar que não há sociedade que se ampare sem a educação, pois ela é expressão da razão que busca alcançar a liberdade e legitimá-la enquanto prática corrente. Disso deriva a concepção hegeliana de homem, que se caracteriza pela construção de si com seus semelhantes por meio da história.

Em termos políticos e sociais, Hegel via o destino final desse processo histórico como uma sociedade ou estado racional, livre de conflitos, embora isso não significasse uma sociedade de pura razão dogmática e abstrata, como a Revolução Francesa previa, mas aquele que procura o que é racional dentro do que é real e já existente.

Em um primeiro momento, a visão de Hegel a respeito do Estado como um todo racional orgânico não deixa espaço para dissidência e escolha individual, nem para a própria liberdade que ele defendia. No entanto, deve-se notar que a ideia de liberdade de Hegel era bem diferente do que pensamos ser o tradicional. A concepção liberal de liberdade consiste antes na realização de si mesmo como um indivíduo racional.

O pensamento de Hegel é considerado o auge do idealismo alemão do início do século XIX. Assim é apesar da supressão (e até proibição em um ponto) de sua filosofia pela direita prussiana e da grande rejeição pela esquerda.

A influência de Hegel é notória, tanto na filosofia quanto nas outras ciências. Acabou por exercer um impacto significativo em muitas escolas filosóficas futuras (principalmente aquelas que se opunham às suas ideias), como existencialismo, marxismo, nacionalismo, fascismo, historicismo, idealismo britânico e positivismo lógico bem como o movimento da filosofia analítica.

Após sua morte, os seguidores de Hegel se dividiram em dois grupos opostos: os hegelianos da direita protestante e conservadora e os hegelianos ateus e revolucionários da esquerda. Na segunda metade do século XX, a filosofia de Hegel passou por uma espécie de renascimento, ora devido à reavaliação de Hegel como possível progenitor filosófico do marxismo, ora devido ao ressurgimento da perspectiva histórica que ele trouxe para o Mundo por meio do reconhecimento crescente da importância de seu método dialético.

4.1.1 Comunidade política e liberdade individual na filosofia do Estado de Hegel

Embora Hegel não utilize, em sua obra, o termo "comunidade política" (*Gemeinwesen*), preferindo empregar, em diferentes contextos, as palavras substância, organismo, todo orgânico, totalidade e universal, entendemos que a ideia de comunidade é crucial para a compreensão de seu pensamento político. Ocorre, por exemplo, no parágrafo 150 da "Filosofia do Direito":

> Numa **vida coletiva moral**, é fácil dizer o que ao homem cumpre, quais os deveres a que tem de obedecer para ser virtuoso. Nada mais tem a fazer além do que lhe é indicado, enunciado e sabido pela condição em que está. A probidade é o aspecto universal do que lhe pode ser exigido pelo direito de um lado, pela sociedade de outro. Para o ponto de vista moral subjetivo, facilmente ele aparecerá como algo de subordinado, pois dele como dos outros alguma coisa mais é preciso exigir. Com efeito, o desejo de ser algo de particular não se adequa ao universal em si e para si. Só na exceção se encontra a consciência da singularidade. (Hegel, 1997, p. 145).

Quando Hegel refere-se especificamente à comunidade política, ele a chama *der Staat* (o Estado). Sua definição é, portanto, altamente descritiva e diferente do significado convencional desse termo. Estado, para Hegel, significa toda comunidade ética, organizada politicamente e soberana, sujeita a uma autoridade pública suprema e independente de outras comunidades.

A alguns parágrafos após a referência à comunidade ética na "Filosofia do Direito", há um bom exemplo de seu uso: "A um pai que o interrogava sobre a melhor maneira de educar o seu filho, respondeu um pitagórico (resposta também atribuída a outros filósofos): Faz dele cidadão de um Estado cujas ideias sejam boas" (Hegel, 1997, p. 148). Aqui, como em inúmeros outros trechos, Hegel se refere à *polis*, que era uma comunidade ética e política, simplesmente como o Estado.

Somente no § 267 da "Filosofia do Direito", ele sente a necessidade de distinguir o sentido abrangente do Estado como uma comunidade ética soberana do que ele se refere como o Estado estritamente político e sua constituição. Nesse segundo plano, Estado compreende um sistema de órgãos, poderes ou autoridades públicas por meio dos quais uma Nação independente, uma comunidade soberana, governa-se.

Na opinião de Hegel, o pensador que melhor expressou seu pensamento no contexto da vida e da sociedade modernas foi Jean-Jacques Rousseau. O pensamento político de Rousseau é, portanto, a antítese do de Platão, por assim dizer, o polo oposto da relação comunidade-individualidade. Na interpretação de Hegel, Rousseau afirma a primazia absoluta do indivíduo sobre a comunidade uma vez que o indivíduo, sua consciência e sua vontade, ainda que arbitrários, são a base da sociedade e do Estado. Tradições, costumes, instituições e leis estabelecidas não têm validade, a menos que os homens aceitem voluntariamente. A essência da liberdade humana consiste precisamente nessa aceitação voluntária.

Assim, mesmo que Hegel atribua a Rousseau o mérito de ter abordado a relação entre Estado e Indivíduo adequadamente, não poupa críticas ao método empregado no procedimento adotado pelo filósofo genebrino. No § 258 da "Filosofia" encontramos esta referência:

> A consideração filosófica apenas trata do intrínseco a tudo isso, do conceito pensado. No que tange à busca desse conceito, Rousseau teve o mérito de ter estabelecido como princípio do Estado um princípio que não apenas segundo sua forma (como algo do impulso da sociabilidade, da autoridade divina), porém segundo o conteúdo é pensamento, e com

> efeito, é o próprio pensar, a saber, a vontade. Visto que ele compreendeu a vontade somente na forma determinada da vontade singular (como posteriormente também Fichte) e a vontade universal não enquanto o racional da vontade em si e para si, porém apenas enquanto o coletivo, que provém dessa vontade singular enquanto consciente, assim tornou a união dos singulares no Estado num contrato, que com isso tem por fundamento seu arbítrio, sua opinião e seu consentimento expresso caprichoso, e disso se seguem as consequências ulteriores do mero entendimento, destruindo o divino sendo em si e para si e a sua autoridade e majestade absolutas. (Hegel, 1986, p. 400).

A própria filosofia política de Hegel pode ser vista como sua resposta à concepção de liberdade individual de Rousseau ou (em outras palavras) como uma tentativa de fazer justiça às ideias de Platão e de Rousseau sobre a condição humana. A "Filosofia do Direito" é a afirmação mais desenvolvida e mais teórica da posição de Hegel e nos oferece o que ele acredita ser uma teoria da comunidade política adequada ao Mundo moderno. Apesar de sua forma esquemática e terminologia extremamente difícil e obscura, infelizmente não há um lugar melhor para explorar as ideias de Hegel sobre a comunidade política.

O Estado, no sentido próprio da palavra — como uma unidade política soberana, que também é uma comunidade ética e cultural — implica mais do que um sistema de necessidades, direitos civis e bem-estar social. Implica o ambiente público institucional, no qual as questões relativas à comunidade como um todo são debatidas e decididas, e as decisões, realizadas pelo governo. Nessa arena pública ou política, as necessidades da sociedade civil e da comunidade nacional são avaliadas e a unidade de interesses privados e valores comunitários é realizada de maneira consciente e organizada.

O resultado é que o organismo não tem sentido, exceto junto aos interesses particulares e por meio da cooperação de conhecimento e vontade específicos, enquanto os indivíduos também não vivem como pessoas privadas apenas para seus próprios fins sem considerar o interesse coletivo à luz do todo orgânico. Assim declara Hegel (1997, p. 225):

> Ora, a liberdade concreta consiste em a individualidade pessoal, com os seus particulares, de tal modo possuir o seu pleno desenvolvimento e o reconhecimento dos seus direitos para si (nos sistemas da família e da sociedade civil) que, em parte, se integram por si mesmos no interesse universal e,

> em parte, consciente e voluntariamente o reconhecem como seu particular espírito substancial e para ele agem como seu último fim. Daí provém que nem o universal tem valor e é realizado sem o interesse, a consciência e a vontade particulares, nem os indivíduos vivem como pessoas privadas unicamente orientadas pelo seu interesse e sem relação com a 225 Princípios da Filosofia do Direito vontade universal; deste fim são conscientes em sua atividade individual. O princípio dos Estados modernos tem esta imensa força e profundidade: permitirem que o espírito da subjetividade chegue até a extrema autonomia da particularidade pessoal ao mesmo tempo que o reconduz à unidade substancial, assim mantendo esta unidade no seu próprio princípio.

Após essa conceituação do Estado moderno, no § 260, a descrição de Hegel acerca de sua organização política vem mais como uma complementação. Por meio da organização política da sociedade civil, é possível verificar a liberdade abstrata do indivíduo, concebida por Rousseau em completo isolamento de todo contexto concreto. O indivíduo encontra um escopo tanto para seus interesses pessoais e escolhas subjetivas quanto para os ideais éticos e os interesses públicos da comunidade. Ele é (como Hegel gosta de expressá-lo) um burguês em virtude de pertencer à esfera civil, mas um cidadão por causa de sua pertença à esfera política.

> Como cidadãos deste Estado, os indivíduos são pessoas privadas que têm como fim o seu próprio interesse: como este só é obtido através do universal, que assim aparece como um meio, tal fim só poderá ser atingido quando os indivíduos determinarem o seu sano A Moralidade Objetiva ber, a sua vontade e a sua ação de acordo com um modo universal e se transformarem em anéis da cadeia que constitui o conjunto. O interesse da ideia, que não está explícita na consciência dos membros da sociedade civil enquanto tais, é aqui o processo que eleva a sua individualidade natural à liberdade formal e à universalidade formal do saber e da vontade, por exigência natural e também por arbitrariedade das carências, o que dá uma cultura à subjetividade particular. (Hegel, 1997, p. 170).

No auge da filosofia política de Rousseau, está o conhecido dilema que Hegel, na "Introdução sobre a História da Filosofia", trata com profundidade: encontrar uma forma de associação que defenderá e protegerá a pessoa e os bens de cada associado, e na qual cada um, enquanto se une a todos, ainda pode obedecer a si mesmo e permanecer tão livre quanto antes.

Hegel nega que Rousseau tenha conseguido resolver esse enigma. Na perspectiva hegeliana, o homem não pode permanecer tão livre como antes depois de entrar para a comunidade política. Ele deve restringir sua liberdade ou transformar sua natureza. Partindo de um testamento potencialmente livre, ele deve desenvolvê-lo em sua capacidade máxima para torná-lo realmente disponível na comunidade.

Nessa perspectiva, o homem não será tão livre como antes, mas mais livre que antes, pois terá alcançado um tipo de liberdade mais elevado, adequado e satisfatório: a liberdade real:

> O Estado, como realidade em ato da vontade substancial, realidade que esta adquire na consciência particular de si universalizada, é o racional em si e para si: esta unidade substancial é um fim próprio absoluto, imóvel, nele a liberdade obtém o seu valor supremo, e assim este último fim possui um direito soberano perante os indivíduos que em serem membros do Estado têm o seu mais elevado dever. (Hegel, 1997, p. 217).

Nesse contexto, a vontade geral de Rousseau permanece uma construção artificial, a vontade de todos ou da maioria, em vez de se tornar o *ethos* vivo de uma comunidade política que Hegel argumenta ser o elemento absolutamente racional da vontade.

Em sua proposta de solução do problema sobre a liberdade, na obra "Filosofia do Direito", Hegel se apoia em seu método filosófico especulativo. Ele trata a liberdade como um conceito que se desenvolve dialeticamente, como resultado de contradições inerentes à sua própria natureza e, assim, revela novos recursos em diferentes estágios de desenvolvimento até que o processo seja concluído e a ideia de liberdade seja alcançada na estrutura do estado racional moderno.

O movimento passa de um conceito abstrato de liberdade, vinculado a uma única vontade individual, a uma liberdade concreta, realizada em uma comunidade política, como um sistema racional de vontades. Ao seguir a linha de investigação de Hegel, é possível distinguir quatro tipos principais de liberdade e quatro contextos ou modelos correspondentes de interação humana: natural, ético, civil e político.

Hegel considera liberdade natural como a liberdade peculiar ao estado de natureza. Sendo assim, é a única liberdade que indivíduos independentes, egocêntricos e impulsivos podem ter quando se encontram em um espaço físico compartilhado, conforme as palavras a seguir:

> A vontade que ainda só em si é vontade livre é a vontade imediata ou natural. As determinações diferenciadoras que o conceito, ao determinar-se a si mesmo, situa na vontade surgem na vontade imediata como um conteúdo imediato, são os instintos, os desejos, as tendências, nos quais a vontade se encontra determinada por sua natureza. Este conteúdo e o seu desenvolvimento provêm sem dúvida do que há de racional na vontade e são, portanto, racionais em si, mas, abandonados a esta forma imediata, não adquirem a forma da 19 Princípios da Filosofia do Direito racionalidade. Para mim tal conteúdo constitui decerto o meu em geral, mas forma e conteúdo são ainda diferentes. A vontade é assim finita em si mesma. (Hegel, 1997, p. 19).

Tal vontade não age de acordo com a natureza racional, embora seja capaz de racionalidade utilitária. Hegel admite que os impulsos podem ser comparados e avaliados à luz da experiência e selecionados com base na satisfação ou felicidade. "De acordo com essa definição, a liberdade da vontade é o livre-arbítrio onde se reúnem os dois aspectos seguintes: a reflexão livre, que vai se separando de tudo, e a subordinação ao conteúdo e à matéria dados interior ou exteriormente" (Hegel, 1997, p. 22).

Esse tipo de liberdade deve ser evitado, conforme Hegel. Como as vontades arbitrárias dos homens não coincidem quando agem individualmente, é impossível uma sociedade organizada e estruturada formada por homens naturais. Na perspectiva hegeliana, só pode ser concebido como um estado de natureza, no qual impulsos e violência reinam sem controle, um estado hobbesiano de "guerra de todos contra todos", em que a vida é ruim e da qual o homem deve procurar escapar por todos os meios.

Segundo Hegel, para garantir o mínimo de interação estável possível, é necessário que todos os homens reconheçam certos princípios e os sigam na prática. Trata-se de um espaço com limites, em que a proteção seria garantia livre da invasão e da interferência de outras pessoas. Dentro dessa área, cada homem pode fazer o que bem entender e exercitar sua vontade natural, imediata ou arbitrária, na medida do possível, compatível com uma oportunidade igual de todos os demais, na sociedade, de fazer o mesmo. O sistema de tais regras racionais, baseado na reciprocidade e no mínimo necessário de restrição, Hegel chama de direito abstrato.

A análise de Hegel, sobre o direito abstrato e seus elementos para a capacidade de ter direitos a propriedade e contratos em geral, permite nossa compreensão de sua concepção de liberdade ética. Hegel baseia o sistema de direitos pessoais na apropriação, por parte do homem, de objetos naturais e no reconhecimento de bens, como propriedade legítima, por outros homens. Ao apropriar-se das coisas, o homem se eleva acima da natureza e afirma sua independência como agente portador de uma liberdade ética.

Além das liberdades natural e ética, se considerarmos o plano dos deveres, podemos ver que a sociedade civil, com sua estrutura complexa e cada vez mais articulada, fornece aos indivíduos uma série de novos papéis sociais e deveres éticos. Eles não são deixados apenas para os costumes ou gerais. A lei positiva, quando editada racionalmente, garante que nossas obrigações sociais reais não contradigam os princípios do direito abstrato e da moralidade; por exemplo, não envolvam escravidão, servidão, restrições arbitrárias à propriedade, comparecimento religioso obrigatório ou associação a uma seita religiosa.

Como agente ético autoconsciente, o homem moderno reconhece suas obrigações. No entanto, ele sacrifica parte de sua individualidade frente a uma reciprocidade uma vez que a comunidade moderna, por assim dizer, compensa o indivíduo por esse sacrifício, promovendo seu interesse próprio, protegendo seus direitos e bem-estar particulares, cuidando dele como indivíduo. E esse cuidado é estendido a ele de maneira igual e universal como homem, independentemente da religião ou nacionalidade, como seu direito humano básico, conforme ressalta Hegel (1997, p. 185):

> A relação recíproca das carências e do trabalho que as satisfaz reflete-se sobre si mesma, primeiro e em geral, na personalidade infinita, no direito abstrato. É, porém, o próprio domínio do relativo, a cultura, que dá existência ao direito. O direito é, então, algo de conhecido e reconhecido, e querido universalmente, e adquire a sua validade e realidade objetiva pela mediação desse saber e desse querer.

A essa categoria Hegel denomina liberdade civil já que a particularidade subjetiva (vontade) é sustentada pela ordem objetiva (lei) em conformidade com ela e, ao mesmo tempo, os direitos e deveres são legitimados, tornando-se o princípio motivador de toda a sociedade civil.

Por fim, a liberdade política, é reconhecida por Hegel na obra "Filosofia do Direito", não na seção sobre a constituição do Estado, mas no contexto da discussão que o filósofo propõe sobre a corporação, que é uma instituição da sociedade civil. A função principal da corporação é obter segurança e outros benefícios complementares para seus membros, promover os interesses do grupo, desenvolvendo um sentimento de pertencimento e a consciência de um fim comum pelo qual eles estão unidos. Como a família foi a primeira, a Corporação seria a segunda raiz ética do Estado, a que é plantada na sociedade civil:

> Ao lado da família, a corporação constitui a segunda raiz moral do Estado, a que está implantada na sociedade civil. Contém a primeira os elementos de particularidade subjetiva e de universalidade objetiva numa unidade substancial; a segunda une interiormente esses momentos que tinham começado por ser divididos, na sociedade civil, em particularidades, refletidas sobre si, de carência e de prazer e em universalidade jurídica abstrata. Assim, nessa união, o bem-estar se realiza e é, ao mesmo tempo, reconhecido como direito. (Hegel, 1997, p. 215).

Embora Hegel pretenda oferecer um argumento dialético, é claro que, por razões pragmáticas, ele não pensa que a oportunidade de exercitar a liberdade política precise ser tão ampla quanto o escopo para usufruir da liberdade civil; faz ele da liberdade política um direito universal embora restrito apenas a uma parte dos cidadãos. A participação política eficaz é um privilégio de uma elite segundo o filósofo.

Portanto, podemos concluir que Hegel justificou amplamente sua afirmação de que o Estado moderno é a realidade da liberdade concreta. A liberdade definida como a autodeterminação de um agente racional, moral e ético alcança seu pleno desenvolvimento apenas em uma comunidade moderna, politicamente organizada, na qual ele interage com outros cidadãos e o governo por meio de debate público livre, sufrágio e representação.

A liberdade política, envolvida nessas atividades, é distinta da liberdade civil. O propósito da sociedade civil e a justificativa da respectiva liberdade compreendem o interesse privado e a escolha subjetiva do indivíduo burguês, o qual, mediado por um sistema de relações econômicas e sociais, bem como leis, instituições e autoridades, promove o interesse da comunidade ética apenas indiretamente e em última instância.

A razão de ser da comunidade política e a justificativa da liberdade política são o bem da própria comunidade ética ou o interesse público que o cidadão autoconsciente e determinado define por si próprio. Ao fazê-lo, ele atualiza sua própria liberdade e percebe sua natureza não apenas como um ser particular, mas como um ser universal e comunitário.

Por fim, podemos inferir que Hegel concebe a liberdade sempre em um contexto social, ou com mais precisão, no contexto da interação humana. A estrutura de tal interação constitui o pressuposto de liberdade em que se torna algo concreto e definido.

4.1.2 O idealismo alemão e a filosofia educacional hegeliana

O primeiro trabalho de Hegel após concluir seus estudos foi como tutor da família von Steiger em Berna, de 1793 a 1796. Depois trabalhou brevemente para Johann Gogol em Frankfurt, antes de se mudar para Jena, em 1801. De 1801 a 1807, ele trabalhou como professor voluntário enquanto escrevia suas primeiras obras.

Após a publicação da "Fenomenologia" e uma breve passagem como editor de um jornal, Hegel foi diretor do ginásio de Nuremberg por sete anos, graças ao apoio de seu melhor amigo, Friedrich Niethammer, comissário de Educação de Munique, para quem Hegel escreveu um relatório sobre o ensino da filosofia, em 1812.

Durante esse período, a "Ciência da Lógica" foi publicada e Hegel assumiu o cargo de professor em Heidelberg e depois em Berlim, onde lecionou até sua morte em 1831. Apesar de toda a experiência como educador e evidências de que ele tenha sido um bom professor no sistema educacional prussiano de Wilhelm von Humboldt, que serviu de modelo para países como EUA e Japão, Hegel nunca escreveu uma teoria sistemática sobre a educação. No entanto, muito pode ser inferido sobre suas ideias a partir de seus outros trabalhos, que incluem também questões educacionais.

Em grande parte de suas obras, Hegel concordou com Aristóteles quando disse que o maior desafio da educação é preparar a pessoa para se tornar um bom cidadão de um bom Estado.

Numa perspectiva genérica, Hegel defende que a educação é um direito da criança e uma responsabilidade do Estado. O homem precisa planejar a posição que deseja alcançar uma vez que esse propósito não existe por instinto. É nesse fato que se baseia o direito da criança à educação. As tarefas que devem ser exigidas das crianças devem, portanto, ter a educação como seu único fim, partindo de um conhecimento relevante.

Quanto à questão familiar, a sociedade civil tem o direito e o dever de supervisionar e influenciar a educação, na medida em que ela incide na capacidade de a criança se tornar membro da sociedade.

A sociedade passa a ser fundamental sobre as escolhas arbitrárias e contingentes dos pais, particularmente nos casos em que a educação será continuada não pelos genitores, mas por outros profissionais, na vida adulta. Na família, a criança é aceita em sua individualidade e amada, independente de seu comportamento ser bom ou ruim. Na escola, por outro lado, o poder carismático da criança perde forças, pois é tratada apenas de acordo com seu valor, medido por suas realizações. A escola forma, assim, a transição da família para a sociedade civil. Diz Hegel:

> [...] a escola é, portanto, a esfera mediadora que faz passar o homem do círculo familiar para o mundo, das relações naturais o sentimento e da inclinação para o elemento da coisa. Isto é, na escola, começa a actividade da criança a receber, no essencial e de forma radical, um significado sério, na medida em que deixa de estar ao critério do arbítrio e do acaso, do prazer e da inclinação do momento; aprende a determinar o seu agir segundo uma finalidade e segundo regras; cessa de valer pela sua pessoa imediata e começa a valer por aquilo que realiza, a conquistar para si o mérito [...]. (Hegel, 1994, p. 61).

Em Hegel, a educação visa potencializar a razão da criança como ela é. Assim, a capacidade racional, que inicialmente existe apenas como uma possibilidade interior, é lapidada e, inversamente, a criança, por esses meios, torna-se consciente de que a bondade, a religião e a ciência, consideradas a priori como uma autoridade externa, são de sua própria natureza. Outra passagem importante, presente no discurso IV da obra "Discursos sobre Educação", revela o compromisso da escola para com a formação moral do homem e a defesa de que ela seja um estágio ético

> [...] em que o homem se demora e no qual adquire uma formação prática, habituando-se a relações efetivas. É uma esfera que tem uma matéria e um objecto próprios, os seus castigos e recompensas e que constitui, efetivamente, um degrau essencial no desenvolvimento do caráter ético no seu todo. A escola encontra-se, de fato, entre a família e o mundo efectivo e constitui o elemento mediador de ligação, de passagem daquela para este. (Hegel, 1994, p. 61).

Para Hegel, a escola alcança um poder sagrado cujo papel transformador permite livrar a pessoa de seu estado animalesco e convertê-la em um ser capaz de viver de forma ética[40] na relação com a sociedade. A força da formação familiar se completa com a rigidez da formação escolar, desencadeando o que Hegel chama de educação para a autonomia. É por

---

[40] Uma educação vinculada à vida ética implica a estruturação de uma sociedade de cidadãos conscientes e participantes; o que o filósofo expõe nos seguintes termos: A respeito da educação, [é o que] um pitagórico respondeu, quando alguém lhe perguntou qual seria a melhor educação para seus filhos: É que tu faças dele um cidadão de um povo bem organizado (Hegel, 2010, p. 172).

meio desse conjunto que os interesses privados dão lugar à capacidade de viver em grupo na medida em que a escola prepara a juventude para que se relacione com o mundo efetivo[41]. Nas palavras do filósofo,

> Na escola calam-se os interesses privados e as paixões do egoísmo; ela é um círculo onde as ocupações giram sobretudo à volta de representações e idéias. [...] O que se realiza na escola, a formação dos indivíduos, é a capacidade dos mesmos para pertencer a essa vida pública. (Hegel, 1994, p. 64).

Esse processo, para Hegel, é algo próprio, de cada pessoa. O fato é que nenhum homem pode pensar por outro, assim como não pode comer ou beber por alguém. Em termos de conteúdo, o pensamento é verdadeiro apenas na proporção em que se adequa aos fatos; e, em termos de forma, não é um ato privado do sujeito, mas a atitude de consciência em que o eu abstrato, livre de todas as limitações especiais às quais seus estados comuns são responsáveis, restringe-se à ação universal na qual se parece.

Na visão hegeliana, aprende-se a pensar abstratamente pensando-se de forma abstrata. Qualquer pessoa pode começar do que é sensorial ou concreto, desenvolvendo-o, por meio da análise, para a abstração, seguindo assim a ordem natural aparente, como também a ordem que procede do mais fácil para o mais difícil. Ou pode-se começar imediatamente com a própria abstração, absorvendo-a, ensinando-a e tornando-a compreensível.

Para Hegel, uma das principais prerrogativas da educação é a disciplina, cujo objetivo é anular a vontade própria da criança e, assim, erradicar sua personalidade puramente natural. Ainda no que diz respeito às crianças, a universalidade e a substância das coisas residem em seus pais; e isso implica que devem ser obedientes. Na obra "Filosofia do Direito", Hegel aponta para o dever de obediência que os filhos devem ter para com os pais, e o direito à disciplina educadora que estes exercem sobre aqueles:

> [...] o direito dos pais sobre o arbítrio (Willkür) dos filhos tem por finalidade mantê-los disciplinados e educá-los. O fim das punições não é a justiça como tal, mas de natureza moral: consiste em intimidar uma liberdade ainda prisioneira da natureza e em elevar a consciência e a vontade deles (filhos) à universalidade. (Hegel, 1986c, § 174).

---

[41] "[...] o mundo efectivo é um todo consistente, ligado em si mesmo, de leis, de organizações tendo como fim o universal. Os indivíduos só valem na medida em que se adequam a este universal e agem em opiniões e mentalidades particulares" (Hegel, 1994, p. 64).

Se o sentimento de subordinação, que produz o desejo de crescer, não é fomentado nas crianças, elas se tornam mal-educadas. Nesse sentido, o que se percebe em Hegel é a defesa de que a obediência é o começo de toda sabedoria, pois, se os seres menores desenvolvem o hábito de agirem conforme suas próprias inclinações, tornar-se-ão adultos sem controle e desobedientes.

Para Hegel, a afirmação de que o professor deve se ajustar à individualidade de cada um de seus alunos deve ser tratada como utopia. As peculiaridades de cada criança devem ser consideradas por seu círculo familiar; enquanto, na escola, está sujeita a uma regra que se aplica a todos. Nesse mesmo sentido, o ambiente escolar não deve ser o lugar para brincadeiras, pois, perspectiva educacional de Hegel, a ludicidade pressupõe que o que é infantil já é inerente à criança. Aos olhos dele, reduzir as atividades escolares e a própria educação a uma forma de infantilidade seria desperdiçar a oportunidade de tornar maduras as crianças, impedindo-as de se desenvolverem como os adultos.

Para Hegel, o que a criança aprenderá deve, portanto, ser-lhe superior ao que já sabe e o que é, de fato, inerente à infância. As crianças devem ser despertadas para pensar por si mesmas enquanto os professores devem ter liberdade para se adaptar às circunstâncias. Numa perspectiva sociológica, a educação é percebida como instrumento destinado à transformação da sociedade, como forma de equilibrar as relações sociais e promover o desenvolvimento do indivíduo, integrante dessa sociedade. A escola, local apropriado especialmente para promoção da educação, deve seguir as tendências e os objetivos. Sobre esse posicionamento Hegel (1997, p. 160) afirma:

> São as crianças em si seres livres e a sua existência é só a existência imediata dessa liberdade. Não pertencem portanto a outrem, nem aos pais, como as coisas pertencem ao seu proprietário. A sua educação oferece, do ponto de vista da família, um duplo destino positivo: primeiro, a moralidade objetiva é introduzida neles com a forma de uma impressão imediata e sem oposição, a alma vive a primeira parte da sua vida neste sentimento, no amor, na confiança e na obediência como fundamento da vida moral; tem a educação, depois, um destino negativo, do mesmo ponto de vista — o de conduzir as crianças desde a natureza imediata em que primitivamente se encontram para a independência e a personalidade livre e, por conseguinte, para a capacidade de saírem da unidade natural da família.

Por fim, a escola estar disponível não é suficiente. É necessário que ela exerça sua função frente à emancipação do sujeito e garanta sua formação universal para o exercício das liberdades propostas por Hegel (ética, civil e política).

4.2 Karl Marx

> A burguesia não pode existir sem revolucionar, constantemente, os instrumentos de produção e, desse modo, as relações de produção e, com elas, todas as relações da sociedade [...] A revolução constante da produção, os distúrbios ininterruptos de todas as condições sociais, as incertezas e agitações permanentes distinguiram a época burguesa de todas as anteriores. Todas as relações firmes, sólidas, com sua série de preconceitos e opiniões antigas e veneráveis, foram varridas, todas as novas tornaram-se antiquadas antes que pudessem ossificar. Tudo o que é sólido desmancha no ar, tudo o que é sagrado é profanado, e o homem é, finalmente, compelido a enfrentar de modo sensato suas condições reais de vida e suas relações com seus semelhantes. (Marx; Engels, 1996, p. 14).

Karl Heinrich Marx nasceu em 5 de maio de 1818, em Trier, no oeste da Alemanha. Estudou Direito em Bonn e Berlim, tornando-se adepto das ideias de Hegel e Feuerbach. Em 1841, recebeu um doutorado em filosofia pela Universidade de Jena e, em 1843, após um breve período como editor de um jornal liberal em Colônia, Marx e sua esposa Jenny se mudaram para Paris. Lá ele se tornou um comunista revolucionário, amigo de Friedrich Engels. Expulso da França, Marx passou dois anos em Bruxelas, onde sua parceria com Engels se intensificou. Eles foram coautores do panfleto "Manifesto Comunista", publicado em 1848 e afirmaram que toda a história humana se baseava em lutas de classes.

Em 1849, Marx se mudou para Londres, onde passaria o resto de sua vida. Por vários anos, sua família viveu na pobreza, tendo apoio de Engels para se manter. Gradualmente, Marx emergiu de seu isolamento político e espiritual e produziu seu trabalho mais importante: "O Capital", tendo seu primeiro volume publicado em vida, enquanto os restantes foram editados por Engels após sua morte.

Nos seus últimos anos, Karl Marx estava em declínio criativo e físico. Ele passou um tempo hospitalizado e ficou profundamente abalado com a morte de sua esposa, em 1881, e de uma de suas filhas. Ele morreu em 14 de março de 1883 e foi enterrado em Londres.

O "Manifesto Comunista" resume as teorias de Marx e Engels sobre a natureza da sociedade e da política, compreendendo uma tentativa de explicar os objetivos do marxismo e, mais tarde, do socialismo. Ao escreverem essa obra, Marx e Engels defendiam o capitalismo de modo insustentável e como a sociedade capitalista, que existia na época da redação, seria substituída por outra socialista.

A obra "O Capital: Uma Crítica da Economia Política" foi um julgamento sobre o capitalismo, representando uma das obras mais importantes por conter as teorias de Marx sobre mercadorias, mercados de trabalho, divisão do trabalho e um entendimento profundo sobre o retorno dos proprietários do capital.

Enquanto os processos associados com a Revolução Industrial ocorreram gradualmente, Marx percebeu que estava vivendo em meio a uma mudança drástica, começando com uma explosão demográfica sem precedentes do século XVIII.

Em 1800, novas tecnologias e formas de organização (o sistema fabril) haviam aumentado significativamente a produtividade da manufatura têxtil na Grã-Bretanha; desenvolvimentos semelhantes moldaram outras indústrias na Europa e além dela. Na década de 1860, invenções e processos químicos avançados deram início à era industrial. Ao longo do caminho, o cenário físico da Europa foi permanentemente alterado por operações maciças de mineração, novos canais e ferrovias e cidades em rápido crescimento.

O cenário social da Europa também foi transformado nesse período, à medida que novos interesses industriais, financeiros e comerciais desafiaram as elites aristocráticas mais antigas por meio de reformas liberais. A mecanização e o cerco de terras comuns levaram camponeses e artesãos a empregos mal-remunerados, cansativos e perigosos; a urbanização corroeu ainda mais as hierarquias tradicionais e os laços comunitários. As pessoas reunidas se viam amontoadas nessas cidades, com locais de trabalho sujos e apertados, organizadas para melhorar suas condições por meio de tumultos, greves e campanhas políticas.

Com a derrota de Napoleão e a restauração das monarquias depostas em 1815, a Europa entrou em um período de reação contra os ganhos democráticos das revoluções americana e francesa. Desconfiados de qualquer ameaça à estabilidade social, os governos aprovaram leis antissindicais e tentaram conter a agitação entre os pobres, por meio de uma mistura de repressão e reforma social. No nível internacional, os Estados reprimiram o movimento de ativistas pelas fronteiras e compartilharam informações reunidas por novas técnicas de vigilância.

Desse modo, para compreender a teoria marxista, faz-se necessário considerar o contexto histórico da Revolução Industrial, que marcou um período de desenvolvimento na segunda metade do século XVIII, transformando as sociedades agrárias rurais e europeias, em grande parte da Europa e América, em sociedades urbanas industrializadas.

As mercadorias que antes eram minuciosamente trabalhadas à mão começaram a ser produzidas em grande quantidade por máquinas devido à introdução de novas técnicas nas produções têxteis, fabricação de ferro e outras indústrias.

> Na manufatura e no artesanato, o trabalhador se serve de ferramenta; na fábrica, ele serve à máquina. Lá é dele que parte o movimento do meio de trabalho; aqui ele precisa acompanhar o movimento. Na manufatura, os trabalhadores constituem membros de um mecanismo vivo. Na fábrica, há um mecanismo morto, independente deles, ao qual são incorporados como um apêndice vivo. (Marx, 1984, p. 45).

Alimentada pelo uso revolucionário da energia a vapor, a Revolução Industrial começou na Grã-Bretanha e se espalhou para o resto do Mundo, incluindo os Estados Unidos, nas décadas de 1830 e 1840.

Podemos nos referir a esse período como a Primeira Revolução Industrial, para diferenciá-lo de um segundo período de industrialização, que ocorreu entre o final do século XIX e o início do século XX e viu rápidos avanços nas indústrias siderúrgica, elétrica e automobilística.

Graças, em parte, ao seu clima úmido, ideal para criar ovelhas, a Grã-Bretanha tinha uma longa história na produção de tecidos de lã, linho e algodão. Porém, antes da Revolução Industrial, a indústria têxtil britânica era uma verdadeira indústria caseira, com o trabalho realizado em pequenas oficinas ou até em residências de tecelões e tintureiros.

A partir de meados do século XVIII, a produção de tecidos se tornou mais rápida, exigindo menos tempo e menos trabalho humano. Sobre essa questão, Teixeira e Souza (1985, p. 67) contextualizam:

> O que caracteriza a Revolução Industrial não é a máquina em si, mas a sua generalização, ou seja, a maquinaria. Resulta esta não só da evolução técnica ocorrida na manufatura mas também, e principalmente, do fato de que foi possível, por um lado, obter uma acumulação anterior, via expropriação dos produtores diretos, transformando-os em trabalhadores livres. Por outro lado, com a expansão dos mercados,

há necessidade de aumentar a escala de produção, o que é facilitado com a introdução da máquina. Enfim, essa generalização vai permitir que se supere a habilidade técnica do homem, e, em consequência, torna-se possível transferir o controle do processo produtivo das mãos do operário para as dos capitalistas, ou seus prepostos, o que contribui decisivamente para o seu sucesso.

Uma produção mecanizada mais eficiente significava que as novas fábricas têxteis da Grã-Bretanha pudessem atender à crescente demanda por tecidos no país e no exterior, em que as muitas colônias estrangeiras do país forneciam um mercado cativo para seus produtos. Além dos têxteis, a indústria britânica de ferro adotou novas inovações.

Assim como os motores a vapor[42] precisavam de carvão, a energia a vapor permitiu que os mineiros se aprofundassem e extraíssem mais dessa fonte de energia relativamente barata. A demanda por carvão disparou durante toda a Revolução Industrial e além, pois seria necessário administrar não apenas as fábricas usadas para produzir bens manufaturados, mas também as ferrovias e navios a vapor usados para transportá-los.

A última parte da Revolução Industrial também viu avanços importantes nos métodos de comunicação, à medida que as pessoas viam cada vez mais a necessidade de se comunicar eficientemente a longas distâncias.

Bancos e financiadores industriais ganharam novo destaque durante o período, bem como um sistema fabril dependente de proprietários e gerentes. Uma Bolsa de Valores foi estabelecida em Londres na década de 1770 enquanto a Bolsa de Nova York foi fundada no início da década de 1790.

Em 1776, o filósofo social escocês Adam Smith (1723-1790), considerado o fundador da economia moderna, publicou "The Wealth of Nations". Nele, Smith promoveu um sistema econômico baseado na livre iniciativa, na propriedade privada dos meios de produção e na falta de interferência do governo.

Embora muitas pessoas na Grã-Bretanha tivessem começado a se mudar das áreas rurais para as cidades, antes da Revolução Industrial, esse

---

[42] Um ícone da Revolução Industrial entrou em cena no início dos anos 1700, quando Thomas Newcomen projetou o protótipo para o primeiro motor a vapor moderno. Chamada de motor a vapor, a invenção de Newcomen foi originalmente aplicada para alimentar as máquinas usadas para bombear água dos poços das minas. Na década de 1760, o engenheiro escocês James Watt começou a mexer em um dos modelos da Newcomen, adicionando um condensador de água separado que o tornava muito mais eficiente. Mais tarde, Watt colaborou com Matthew Boulton para inventar um motor a vapor com movimento rotativo, uma inovação fundamental que permitiria que a energia a vapor se espalhasse pelas indústrias britânicas, incluindo fábricas de farinha, papel e algodão, obras de ferro, destilarias, instalações hidráulicas e canais.

processo se acelerou dramaticamente com a industrialização, à medida que a ascensão de grandes fábricas transformou cidades menores em grandes cidades ao longo de décadas. Essa rápida urbanização trouxe desafios significativos, pois as cidades superlotadas sofreram com poluição, saneamento inadequado e falta de água potável.

Enquanto a industrialização aumentava a produção econômica em geral e melhorava o padrão de vida das classes média e alta, as pessoas pobres e da classe trabalhadora continuavam na marginalidade. A mecanização do trabalho, criada pela inovação tecnológica, tornou o trabalho nas fábricas cada vez mais tedioso (e, às vezes, perigoso). Nesse contexto, muitos trabalhadores foram forçados a trabalhar longas horas por salários lamentavelmente baixos.

Nas décadas seguintes, a indignação com as condições de trabalho e de vida abaixo do padrão estimularia a formação de sindicatos, bem como a aprovação de novas leis sobre trabalho infantil e regulamentos de saúde pública na Grã-Bretanha e nos Estados Unidos, todos com o objetivo de melhorar a vida profissional.

Frente a esses esforços, o liberalismo, o socialismo e o nacionalismo permaneceram vibrantes entre as classes média e trabalhadora, chegando a um Ano das Revoluções em toda a Europa Continental e suas colônias latino-americanas em 1848.

Segundo Marx, o desenvolvimento da história é causado pela contradição entre as forças produtivas e as relações de produção da sociedade. Por forças produtivas, Marx se refere aos meios de produção e ao nível do entendimento técnico humano. Por relações de produção, Marx está se referindo às relações de classe.

Em um certo estágio de seu desenvolvimento, as forças produtivas materiais da sociedade entram em conflito com as relações de produção existentes, originando o que Marx denomina de revolução social. Como afirma Marx (1984, p. 43-44):

> [...] toda produção capitalista, à medida que ela não é apenas processo de trabalho, mas ao mesmo tempo processo de valorização do capital, tem em comum o fato de que não é o trabalhador quem usa as condições de trabalho, mas, que, pelo contrário, são as condições de trabalho que usam o trabalhador: só, porém, com a maquinaria é que essa inversão ganha realidade tecnicamente palpável. Mediante sua

transformação em autômato, o próprio meio de trabalho se confronta, durante o processo de trabalho, com o trabalhador como capital, como trabalho morto que domina e suga a força de trabalho viva.

Como pode ser observado, a concepção de trabalho é fundamental no pensamento marxista. Uma vez que, para Marx, transformar a natureza é algo inerente ao homem, esse processo de transformação é denominado de trabalho, e a capacidade de transformar a natureza do trabalho, de poder. Para Marx, embora se trate de uma capacidade natural para uma atividade física, está intimamente ligada à imaginação humana. A conhecida citação de Marx sobre o trabalho realizado por uma aranha e por um arquiteto revela que, ao transformar a natureza e a si mesmo, o faz mediante emprego da capacidade teleológica que possui. Diz Marx (1984, p. 149-150):

> Uma aranha executa operações semelhantes às do tecelão, e a abelha envergonha mais de um arquiteto humano com a construção dos favos de suas colmeias. Mas o que distingue, de antemão, o pior arquiteto da melhor abelha é que ele construiu o favo em sua cabeça, antes de construí-lo na cera. No fim do processo de trabalho obtém-se um resultado que já no início deste já existiu na imaginação do trabalhador e, portanto, idealmente.

Ainda sobre o trabalho, Marx não acreditava que todas as pessoas trabalhassem da mesma maneira, ou que a maneira como se trabalha é inteiramente pessoal e individual. Em vez disso, ele argumentou que o trabalho é uma atividade social e que as condições e formas sob e por meio das quais as pessoas trabalham são socialmente determinadas e mudam com o tempo.

A análise da história de Marx baseia-se em sua distinção entre os meios de produção, recursos naturais, tecnologia e "know-how" necessários para a produção de bens materiais e as relações de produção, ou seja, as relações sociais e técnicas que as pessoas estabelecem quando adquirem e usam os meios de produção. Juntos, eles compreendem o modo de produção.

Marx observou que, em qualquer sociedade, o modo de produção se transforma ao longo do tempo e que as sociedades europeias haviam progredido de um modo de produção feudal para um modo de produção capitalista. E, nesse sentido, os meios de produção mudam mais rapidamente do que as próprias relações de produção (por exemplo, uma nova tecnologia se desenvolve e, somente mais tarde, são produzidas as leis para regular essa nova tecnologia). Para Marx, essa incompatibilidade entre a base econômica e a superestrutura social é uma importante fonte de ruptura e conflito social.

Por isso, Marx defendeu que as relações sociais de produção abrangem não apenas as relações entre indivíduos, mas também existem entre grupos de pessoas ou entre classes sociais. Como materialista, não entendia as classes como puramente subjetivas de modo que os grupos de pessoas se identificassem inconscientemente. Ele procurou definir classes em termos de critérios objetivos, como acesso a recursos e interesses que ora são divergentes, ora se convergem.

A teoria marxista sobre a alienação revela sua preocupação com a forma como as pessoas se relacionam com sua própria força de trabalho. O controle que uma classe exerce sobre os meios de produção inclui não apenas a produção de alimentos ou bens manufaturados, mas também a produção de ideias (isso fornece uma explicação possível para o motivo pelo qual os membros de uma classe subordinada podem ter ideias contrárias aos seus próprios interesses). Assim, embora essas ideias possam ser falsas, elas também revelam, de forma codificada, alguma verdade sobre as relações políticas. Segundo Marx e Engels, as pessoas, sob o capitalismo, estão alienadas de sua própria força de trabalho; logo, compreender a articulação marxista entre trabalho, direito, Estado e educação possibilita analisar melhor a teoria marxista e compreender como essas categorias interferem na concepção de Marx sobre a cidadania.

4.2.1 Estado e Direito em Marx como crítica à cidadania liberal

As influências evolucionárias são especialmente visíveis na teoria jurídica marxista. Como Marx rejeitou o Deus como agente da criação, mostrou-se convencido de que a evolução da natureza humana levaria a sua perfeição absoluta. Nesse sentido, para ele, as leis são sempre o produto da vontade humana e, mais especificamente, a vontade arbitrária da classe social dominante.

A produção intelectual de Marx inaugura um novo referencial teórico sobre a relação entre as categorias Estado e sociedade civil. Marx se dedica a esse tema mediante algumas influências, quais sejam: o materialismo de Feuerbach (que se pretendia uma crítica ao idealismo hegeliano), a filosofia do direito de Hegel, as leituras dos economistas políticos clássicos e o próprio contexto político vivido na Alemanha, no século XIX.

As teorias de Marx em torno do Estado e da sociedade civil podem ser encontradas no decorrer de sua produção, que se iniciou em 1843 e culminou na publicação de "O Capital". Entretanto, os textos produzidos em Paris, conhecidos como "Manuscritos Econômico-Filosóficos", com a "Crítica da filosofia do direito" *de Hegel* e "A questão judaica", podem ser considerados os marcos iniciais da crítica de Marx à produção da filosofia idealista e política da ocasião.

Marx procurou, portanto, rever o que seria ideal para um estado de direito e criar, em seu lugar, sua própria teoria. Nesse sentido, o marxismo compreende principalmente uma teoria social, política e econômica que interpreta a história por meio de um prisma evolutivo. Marx (2008, p. 45) declara essa concepção ao afirmar:

> Examino o sistema da economia burguesa em consonância com a seguinte ordem: capital, propriedade fundiária, trabalho assalariado; Estado, comércio exterior, mercado mundial. Sob as três primeiras rubricas, investigo as condições econômicas de vida das três grandes classes em que se decompõe a moderna sociedade burguesa. A interconexão existente entre as outras três rubricas salta aos olhos. [...].

Com base nisso, Marx definiu o Estado e todas as suas leis como meros instrumentos de opressão de classe, que teriam de desaparecer quando o estágio final da evolução humana fosse finalmente alcançado. De fato, Marx considerou as leis basicamente como uma forma de garantia e justificação da opressão de classe, avançando assim a posição de que as leis, em um Estado socialista, não deveriam ser mais do que a imposição (por uma elite política) da ditadura do proletariado[43].

Como Marx acreditava ter descoberto o segredo de aperfeiçoar a condição humana, a política tornou-se para ele uma forma de religião secular, na qual o ideal de salvação humana seria realizado pelas ações revolucionárias do proletariado ao longo do tempo. A história foi interpretada progressivamente por Marx, movendo-se por meio da luta social, pois o estágio final da evolução humana realmente transcenderia a luta de classes, quando a consumação do comunismo global fosse finalmente alcançada.

Sobre essa temática, não se pode negar a influência histórica de Hegel (1770-1831) para a epistemologia de Marx. A conexão não reside

---

[43] "Por burguesia compreende-se a classe dos capitalistas modernos, proprietários dos meios de produção social, que empregam o trabalho assalariado. Por proletariado compreende-se a classe dos trabalhadores assalariados modernos que, privados de meios de produção próprios, se vêem obrigados a vender sua força de trabalho para poder existir." (Nota de F. Engels à edição inglesa de 1888)

em suas concepções de Estado, mas no método dialético usado por Marx para construir suas próprias teorias políticas a respeito do materialismo histórico-dialético.

Hegel via o Mundo como um organismo vivo em evolução. Como tal, ele argumentou que o progresso científico e político não era algo pacífico, mas sim movido dialeticamente e de acordo com um diálogo filosófico conflitante. Ao aplicar essa premissa dialética à história, Hegel sustentou que a verdade é subjetiva e que é impossível julgar as normas culturais por qualquer padrão objetivo. Além disso, a teoria de Hegel também sustenta que o processo histórico é afetado por um conflito e evolução contínuos das ideias humanas.

Marx concordou com Hegel sobre o progresso inevitável da história. No entanto, rejeitou a crença hegeliana de que qualquer coisa intelectual é a força motriz da história humana. A dialética de Hegel, segundo Marx, é o princípio fundamental de toda dialética somente depois que sua forma mística foi descartada. A crítica à especulação mistificadora de Hegel pode ser encontrada, por exemplo, em "A ideologia alemã":

> Toda essa aparência, a aparência de que a dominação de uma classe determinada é somente a dominação de certas ideias, desaparece natural, por si mesma, tão logo a dominação de classe deixe de ser a forma da ordem social, tão logo não seja mais necessário apresentar um interesse particular como geral ou 'o geral' como dominante. Uma vez que as ideias dominantes tenham sido separadas dos indivíduos dominantes e, principalmente, das relações que nascem de uma dada fase do modo de produção, e que com isso se chegue ao resultado de que na história as ideias sempre dominam, é muito fácil abstrair dessas ideias 'a ideia' etc. como o dominante na história e nesta medida conceber todos estes conceitos e ideias particulares como 'autodeterminação' de o conceito que se desenvolve na história. É então também natural que todas as relações dos homens possam ser deduzidas do conceito de homem, do homem representado, da essência do homem, de o homem. Assim procedeu a filosofia especulativa. O próprio Hegel confessa no final da Filosofia da História (1830) que 'só considera o progresso do conceito' e que expõe na história a 'verdadeira teodicéia'. (Marx; Engels, 1996, p. 76).

Acreditando que as forças materiais ou físicas eram as forças reais responsáveis pelo progresso humano, Marx substituiu o dialeticismo hegeliano por seu próprio materialismo dialético, em que as forças em conflito não são ideias ou princípios, mas apenas o interesse das classes sociais em sua luta pela propriedade e controle dos recursos materiais.

Quando a história é entendida de acordo com o materialismo dialético, as instituições sócio-políticas correspondem aos interesses da classe dominante. O sistema jurídico é, portanto, interpretado como uma superestrutura que deve atender às necessidades práticas dessa classe dominante. Por conseguinte, o estado de Direito é apenas outro mecanismo ideológico, por meio do qual essa classe pode eventualmente justificar sua influência nos meios de produção e nas fontes de riqueza. Como Marx colocou:

> Fui conduzido por muitos estudos à conclusão de que as relações jurídicas e as formas de estado não podiam ser entendidas por elas mesmas, nem explicadas pelo chamado progresso geral da mente humana, mas que elas estão enraizadas nas condições materiais de vida, resumida por Hegel à moda dos escritores ingleses e franceses do século XVIII sob o nome 'sociedade civil', e que a anatomia da sociedade civil deve ser buscada na economia política [isto é, nas forças econômicas]. Na produção social que os homens exercem, eles estabelecem relações de produção definidas correspondem a um estágio definido de desenvolvimento de seus poderes materiais de produção. A totalidade dessas relações de produção constitui a estrutura econômica da sociedade — o verdadeiro fundamento. (Marx, 2008, p. 47).

Como pode ser observado, a teoria da evolução de Darwin impactou a concepção de direito marxista que recaiu sobre o mundo ocidental. Sob sua influência, prosseguiu, ao longo do século XIX, uma transformação dos estudos jurídicos, bem como uma suposição geral, entre a elite judicial, de rejeição ao conceito de lei natural que havia guiado e inspirado os fundadores do constitucionalismo democrático-moderno nos Estados Unidos.

As ideias de Marx sobre direito foram expressas principalmente no "Manifesto Comunista", de 1848. Nessa obra, argumenta que "as leis, a moral e a religião, são meros preconceitos burgueses, atrás dos quais se ocultam outros tantos interesses burgueses" (Marx, 1988, p. 25). Como, para ele, toda a tradição do governo sob o estado de Direito não é nada mais que uma mera expressão de aspirações da burguesia, o advento final do comunismo revolucionário requer necessariamente um período em que o Estado não pode ser senão a ditadura revolucionária do proletariado. Assim sendo, é a ditadura a única maneira pela qual o ideal do comunismo pode ser avançado.

Nessa perspectiva, Marx acreditava que um padrão regular de evolução controlava a condição humana; o que também levaria a uma sociedade mais próxima da perfeição constituída por indivíduos sem classes. Uma vez que o destino da Humanidade foi considerado na emergência do comunismo sem lei, a lei foi interpretada como não abrangendo valores ou princípios universais, mas representando um dispositivo de transição que apenas ilustra o curso das lutas políticas e a evolução das formações sociais.

Na opinião de Marx, o fenômeno jurídico é essencialmente superestrutural e, portanto, invariavelmente depende de sua forma e conteúdo da determinação de forças emanadas da base econômica da sociedade. O sistema jurídico de cada sociedade humana é considerado uma mera superestrutura que está sempre ligada ao Estado, traduzindo os interesses daqueles que detêm as rédeas do comando numa dada sociedade; é um instrumento a serviço daqueles que exercem sua 'ditadura' num determinado grupo social por deterem os instrumentos de produção sob seu controle.

Uma vez que a ideia de direito foi interpretada por Marx como invariavelmente um instrumento de dominação de classe, ele argumentou que a vinda de uma sociedade sem classes implicava que todas as leis teriam que desaparecer. Como Marx acreditava que a lei surge de conflitos de classe, ele concluiu que a necessidade de lei deixaria de existir com o advento do comunismo sem classes.

Como pode ser observado, Marx não acredita que a lei seja legítima a ponto de promover os direitos humanos, nem mesmo a igualdade perante a lei, pois revela as supostas estruturas de dominação de ordem socioeconômica. Assim, em seus "Princípios do comunismo", Engels descreveu valores como direitos e igualdade individuais perante a lei como máscaras fraudulentas, usadas pela burguesia, para a supremacia e a exploração econômica. Nesse sentido, todos os valores defendidos pelas sociedades democráticas foram denunciados por Engels como meramente ferramentas ideológicas para legitimar um sistema explorador que serviria apenas ao grupo econômico dominante.

Nesse mesmo sentido, Marx argumentou que os direitos humanos básicos não são fixos, mas estão constantemente se transformando de acordo com os estágios progressivos da luta de classes. Em "Sobre a questão judaica", Marx (2010, p. 23) explicou que, na sua opinião, "constatemos, em primeiro lugar, o facto de que os chamados direitos do homem, enquanto distintos dos direitos do cidadão, constituem apenas os direitos de um membro da sociedade civil, isto é, do homem egoísta, do homem separado dos outros homens e da comunidade". Para ele, direito e lei são apenas os sintomas de outras relações sobre as quais repousa o poder do Estado, pautado na vida material dos indivíduos, em seu modo de produção e nos interesses que eventualmente os determinam. Os indivíduos que governam nessas condições, além de constituírem seu poder na forma do Estado, têm que dar à sua vontade uma expressão universal como a vontade do Estado.

Marx critica os direitos a liberdade, igualdade e segurança como fundamentalmente os direitos do proprietário da propriedade privada de usufruir e dispor de bens, receitas e frutos do trabalho de acordo com a vontade arbitrária e o interesse próprio — sem consideração ou interferência do outro. O tratamento igual, nos termos da lei e da segurança, garante essa liberdade individual a todos os proprietários.

O que Marx realmente defende são os chamados direitos do homem, distintos dos direitos do cidadão que remetem aos direitos do membro da sociedade enquanto homem egoísta. Para ele, a conquista dos direitos dos cidadãos revela uma forma limitada ou meramente política de emancipação. Para Marx (2010, p. 220), "a emancipação política é a redução do homem, por um lado, ao membro da sociedade civil, ao indivíduo egoísta e independente e, por outro, ao cidadão à pessoa moral".

Percebemos que Marx critica essa divisão social e a maneira como a associação política universal, baseada nos direitos dos cidadãos, convence os indivíduos da sociedade civil, por meio da vontade coletiva, de maneira comparável à consolação religiosa. Marx (2010, p. 234) argumenta que a emancipação humana final somente será alcançada quando "o homem real e individual retomar o cidadão abstrato em si mesmo" e que os poderes e os relacionamentos humanos forem reorganizados como forças sociais.

Embora Marx tenha estabelecido uma crítica quanto aos direitos do cidadão numa perspectiva liberal, há, em sua obra, a defesa de uma liberdade racional e universal, baseada em leis imparciais, exigidas, em sua análise, por uma comunidade democrática que possibilita a participação. Mas a participação democrática universal na formação e implementação de leis, para Marx, impediria dominação do Estado pelos interesses ou personalidades arbitrárias de indivíduos ou grupos específicos.

Em "Sobre a questão judaica", Marx supõe que nenhuma democracia que se preze toleraria uma esfera de subordinação ou dependência impessoal generalizada. Ele assume que uma comunidade democrática, de cidadãos autônomos, rejeitaria essa distinção entre política e sociedade civil, ou política e supostamente não política, e, finalmente, essa distinção entre os direitos do cidadão e os direitos não estaria presente no comunismo.

Após apresentar os limites da emancipação política (os direitos formais), Marx sugere a ruptura das desigualdades sociais por meio da emancipação humana. Atribui, ainda, referido desafio à educação e à escola por representarem uma organização socialmente construída, capaz de formar o homem omnilateral.

4.2.2 A busca por uma prática educacional transformadora para a omnilateralidade

O advento da sociedade capitalista e sua consolidação na segunda metade do século XIX foram o foco da análise de Marx e Engels, que, no "Manifesto Comunista" (1848), expuseram os avanços e as contradições desse sistema econômico e social. Nesse clássico trabalho, que aliás inaugurou a forma interpretativa de uma síntese histórica globalizante, seus autores apontaram as transformações revolucionárias trazidas pela burguesia ascendente, mas denunciaram as condições de exploração às quais os trabalhadores foram submetidos.

Posteriormente, procurando compreender as contradições da sociedade capitalista e superá-las, Marx propôs o comunismo como capaz de pôr fim ao próprio capitalismo. Nessa perspectiva, a educação não era o tema central de Marx e Engels, mas apareceu entre suas preocupações em relação à formação de indivíduos cujo potencial seria de fato desenvolvido e não subjugado à dominação do capital.

Embora Karl Marx nunca tenha escrito diretamente sobre educação, sua influência sobre escritores, acadêmicos, intelectuais e educadores posteriores foi profunda. O poder de suas ideias contribuiu para o surgimento de uma nova forma de compreender e interpretar o Mundo.

Marx deixou claro que a vida não é determinada pela consciência, mas a consciência, pela vida. Ao compreender a vida como a atividade material cotidiana real, Marx defendia que o pensamento ou a consciência estão enraizados na atividade humana, e não o contrário, como muitos filósofos defendiam na época. Por isso, a forma como nos organizamos na rotina cotidiana está refletida na maneira como pensamos sobre as coisas e o tipo de mundo que criamos.

Partindo desse pressuposto, as instituições que construímos, as filosofias às quais aderimos, as ideais predominantes de uma época, a cultura dominante em um grupo social foram todas determinadas, em certa medida, pela estrutura econômica da sociedade. Assim, os sistemas político, jurídico, familiar e educacional estavam todos arraigados à natureza de classe da sociedade, que, por sua vez, era um reflexo da base econômica.

Marx sustentava que a base econômica ou a infraestrutura gerava uma superestrutura que mantinha os sistemas funcionando. Logo, o sistema educacional, como parte da superestrutura, portanto, era um reflexo da base econômica e serviu para reproduzi-la como tal. Isso não significava que a educação e o ensino fossem uma trama da classe dominante para garantir que ela mantivesse seus privilégios e seu domínio sobre o resto da população. Simplesmente significava que as instituições da sociedade, como a educação, eram reflexos do mundo criado pela atividade humana e que ideais surgiam e refletiam as condições e circunstâncias materiais em que foram geradas.

Quanto à abordagem de Marx sobre a teoria do conhecimento, é preciso compreender que, para ele, a classe dominante representa a força material que gerencia a capacidade intelectual dos demais indivíduos.

Marx, em "O Capital" coloca que o conhecimento dispensado sobre o processo de produção por parte dos trabalhadores parciais se concentra no capital, com o qual se confrontam. E afirma:

> É um produto da divisão manufatureira do trabalho se opor-lhes as forças intelectuais do processo material de produção como propriedade alheia e poder que os domina. Esse processo de dissociação começa na cooperação simples, em que o capitalista representa em face dos trabalhadores individuais a unidade e a vontade do corpo social de trabalho. O processo desenvolve-se na manufatura, que mutila o trabalhador, convertendo-o em parcial. Ele se completa na grande indústria, que separa do trabalho a ciência como potência autônoma de produção e a força a servir ao capital. (Marx, 1984, p. 283-284).

O que ele quis dizer com isso é que as pessoas que compõem a classe dominante governam como pensadores e produtores de modelos para o senso comum. Nesse sentido, as ideias, naturalizadas na forma de conceitos universais, recebem um verniz de neutralidade quando, de fato, fazem parte da superestrutura de uma sociedade dominada por classes.

Para os marxistas, essa hegemonia é exercida por meio de instituições como a educação ou a mídia, que o filósofo e sociólogo marxista Louis Althusser chamou de Aparelho de Estado Ideológico. Isso nos leva de volta à noção de educação como parte do apoio superestrutural ao "status quo" econômico.

Segundo Marx, o trabalho como realidade de uma sociedade capitalista é fonte de alienação uma vez que "ela [a jornada de trabalho] produz a exaustão prematura e o aniquilamento da própria força de trabalho. Ela prolonga o tempo de produção do trabalhador num prazo determinado mediante o encurtamento de seu tempo de vida" (Marx, 1988, p. 212).

Era importante que a educação se tornasse pública e garantisse oportunidades iguais de treinamento para todos, sem distinção. Para isso, tinha que haver uma estreita ligação entre educação escolar e capacidade de trabalho na produção industrial. Para Marx, o trabalho tinha de servir para a realização pessoal de todo homem e, portanto, não deveria mais se limitar a uma função puramente executiva.

A filosofia educacional de Marx é chamada de filosofia da *práxis* uma vez que o fazer prevalece sobre o pensar, isto é, o pensamento não passa de reflexão sobre a ação. Esse conceito baseado em agir, como dito anteriormente, caracteriza profundamente a pedagogia marxista.

Marx criticou fortemente a formação profissional da época, desejada pela indústria para a preparação dos trabalhadores, em nome de uma formação completa que combinasse conhecimento teórico e habilidades práticas. As primeiras reclamações do treinamento meramente mecânico vieram dos próprios operários, conforme pode ser lido nas resoluções aprovadas por trabalhadores americanos reunidos em um congresso geral, em Baltimore,[44] em agosto 1866:

> Nós, os operários de Dunkirk, declaramos que a extensão do tempo de trabalho exigida no sistema presente é demasiado grande e que, longe de deixar ao operário tempo para descanso e educação, lança-o numa condição de servidão que pouco

---

[44] Trata-se do Congresso Operário Americano, que teve lugar em Baltimore de 20 a 25 de agosto de 1866. No congresso, participaram 66 delegados, representando mais de 60 mil operários unidos em "trade-unions". O congresso discutiu as questões da instituição legal da jornada de trabalho de oito horas, da actividade política dos operários, das associações cooperativas, da unificação de todos os operários nas "trade-unions" e outras. O congresso aprovou também uma decisão sobre a criação de uma organização política da classe operária — a National Labour Union.

melhor é que a escravatura. É por isso que decidimos que 8 horas são suficientes para um dia de trabalho, e devem ser legalmente reconhecidas como suficientes. (Marx, 1984, p. 343).

Percebemos que Marx formulou o núcleo de uma proposta educacional, ao longo de suas obras, pela combinação entre educação e trabalho. Ele considerou que era possível, por meio da educação, aliada à *práxis* social, formar novos indivíduos conscientes de seu potencial histórico. O esboço desse ensino tomou forma no seguinte trecho de "O Capital":

> Do sistema fabril, conforme expõe pormenorizadamente Robert Owen, brotou o germe da educação do futuro, que conjugará o trabalho produtivo de todos os meninos além de uma certa idade com o ensino e a ginástica, constituindo-se em método de elevar a produção social e de único meio de produzir seres humanos plenamente desenvolvidos. (Marx, 1984 p. 554).

Ao buscarmos o significado desse aspecto pedagógico para a educação, percebemos o estabelecimento de um vínculo orgânico entre prática e teoria. Ao considerarmos que "O Capital" foi uma obra reveladora de um contexto caracterizado por um certo grau de avanço tecnológico das forças produtivas (trabalhadores, máquinas, ferramentas e matérias-primas), entendemos que a produção de riqueza material era possível por meio da interação da força física dos trabalhadores com as máquinas.

Nesse contexto, para que os trabalhadores se tornassem qualificados profissionalmente, as escolas públicas eram necessárias, comprovando um interesse da sociedade burguesa pela educação dos trabalhadores e filhos do proletariado para que aprendessem a ler e escrever bem como desenvolver o corpo por meio da ginástica.

Entretanto, Marx e Engels não pensavam a liberdade apenas para uma determinada classe social, mas para todos. Eles pregavam a utopia de um mundo baseado na igualdade na qual não haveria uma classe explorada, sujeita ao trabalho alienado. Pelo contrário, haveria uma sociedade

> [...] onde cada indivíduo pode aperfeiçoar-se no campo que lhe aprouver, não tendo por isso uma esfera de atividade exclusiva, fazer hoje uma coisa, amanhã outra, caçar de manhã, pescar à tarde, pastorear a noite, fazer crítica depois da refeição, e tudo isto a meu bel-prazer, sem por isso me tornar exclusivamente caçador, pescador ou crítico. (Marx, 1996, p. 41).

Na concepção de Marx, para que a educação fosse capaz de formar indivíduos conscientes de seu poder transformador, a escola não poderia se submeter aos interesses e comandos do Estado[45], que atuaria como educador do povo para a manutenção da propriedade privada. Ao Estado caberia apenas garantir o funcionamento das instituições e a determinação de recursos para tal.

Conforme defende Marx, as relações sociais de produção, baseadas na propriedade privada e nos meios de produção, alienam os indivíduos de sua capacidade de agir conscientemente. Consequentemente, esses indivíduos não dominam mais as relações sociais necessárias para o seu desenvolvimento material e intelectual. Por meio da dominação, eles não são totalmente individuais, mas membros unilaterais de uma determinada esfera e vivem no reino da necessidade e não da liberdade.

Nessa perspectiva, Marx propõe uma educação para a formação do homem omnilateral, em negação ao homem unilateral, produto da divisão do trabalho e fragmentação das tarefas que se tornam parciais.

A ideologia alemã é o ponto de partida para entender o significado de omnilateralismo em Marx e Engels, uma vez que contém os elementos para refletir sobre a rigidez do trabalho que provoca dominação e impede o controle pessoal. De acordo com Marx e Engels, a partir do momento em que o trabalho começa a ser dividido, cada indivíduo tem uma esfera de atividade exclusiva, imposta, na qual não há alternativa frente aos meios de subsistência.

A concepção negativa do trabalho aparece delineada nos "Manuscritos" de 1844, por mostrar que os trabalhadores foram física e mentalmente reduzidos ao nível das máquinas e tornaram-se cada vez mais unilaterais e dependentes da divisão do trabalho, considerados, em termos de economia política, como animais reduzidos às mais rigorosas necessidades corporais.

Sobre isso, Marx denunciou

> [...] o estranhamento na essência do trabalho porque não considera a relação imediata entre o trabalhador (o trabalho)

---

[45] Marx e Engels não eram contrários a que as instituições públicas fossem responsáveis pela educação. O que eles repudiavam era o controle do Estado sobre ela. Sobre o assunto são interessantes as observações constantes na "Introdução", sem autoria assumida, à antologia de Marx e Engels Textos sobre Educação e Ensino: [...] A crítica de dependência escolar do Estado não tem somente aspectos negativos. A proposta sugerida é de sistema de gestão não burocrático, com a intervenção direta da população trabalhadora através de seus delegados e num marco de democracia direta, tal como colocam em relevo suas indicações, já assinalados a propósito da Comuna de Paris. [Introdução. *In:* Marx; Engels, 1983, p. 10-11].

e a produção. Sem dúvida. O trabalho produz maravilhas para os ricos, mas produz privação para o trabalhador. Produz palácios, mas cavernas para o trabalhador. Produz beleza, mas deformação para o trabalhador. **Substitui o trabalho por máquinas, mas lança uma parte dos trabalhadores de volta a um trabalho bárbaro e faz da outra parte máquinas.** Produz espírito, mas produz imbecilidade, cretinismo para o trabalhador. (Marx, 2004, p. 82, grifo nosso).

Diante das contradições resultantes do trabalho, para Marx, a classe dos proprietários e a classe proletária representam a mesma alienação humana. No entanto, a primeira se sente bem e aprova essa alienação, sabendo que representa o poder dessa classe, garantindo a existência humana, enquanto a segunda se sente aniquilada pela alienação e discerne sua impotência frente a uma realidade de existência desumana.

O conceito marxista de educação propõe um modelo omnilateral para a Humanidade. Essa é, portanto, uma proposta educacional humanística na medida em que opera com o princípio de que o corpo e a espiritualidade dos indivíduos precisam se desenvolver de forma harmoniosa e concomitante, ou seja, as pessoas não consistem apenas em corpo material e, menos ainda, elas não podem ser reduzidas apenas à subjetividade.

Segundo o marxismo, o omnilateralismo só pode ser alcançado dentro do escopo de uma sociedade autorregulada, do ponto de vista de produção, organização e distribuição das coisas necessárias para garantir as bases material e espiritual dos indivíduos.

Portanto, alcançar o humano omnilateral depende da existência, sob igualdade de condições, do tempo livre necessário para o pleno desenvolvimento de suas potencialidades mentais. Nesse sentido, Marx e Engels (2004, p. 111) fizeram uma avaliação crítica da situação alienante da sociedade da época e, em contrapartida, apresentaram a proposta de

> [...] associação universal de todos os membros da sociedade em vista da exploração colectiva e ordenada das forças produtivas, a extensão da produção a fim de que possa satisfazer as necessidades de todos, a abolição de um estado de coisas em que as necessidades de uns só são satisfeitas à custa de outros, a eliminação completa das classes e dos seus antagonismos, o desenvolvimento em todos os sentidos das faculdades de todos os membros da sociedade, graças à supressão da actual divisão do trabalho, graças à educação baseada na indústria, à variação do gênero de actividade, à participação de todos nos prazeres

criados por todos, à combinação da cidade e do campo — serão estes os principais efeitos da abolição da propriedade privada.

Assim, eliminando a propriedade privada, a divisão do trabalho, a exploração e a unilateralidade do homem, para atingir um pleno desenvolvimento das forças produtivas, recuperando a omnilateralidade, o homem atingiria sua liberdade e teria, desse modo, seus direitos legitimados. O norte para esse alcance, segundo Marx e Engels (2003, p. 149), com vistas à formação do homem omnilateral, parte da afirmação de que

> Se o homem forma todos seus conhecimentos, suas sensações etc. do mundo sensível e da experiência dentro desse mundo, o que importa, portanto, é organizar o mundo do espírito de tal modo que o homem faça aí a experiência, e assimile o hábito daquilo que é humano de verdade, que se experimente a si mesmo enquanto homem. [...] Se o homem é formado pelas circunstâncias, será necessário formar as circunstâncias humanamente.

Como podemos perceber, Marx construiu sua visão do comunismo a partir das possibilidades humanas e tecnológicas já visíveis em seu tempo, dadas as prioridades que seriam adotadas por uma nova sociedade socialista. Os programas, introduzidos por uma classe trabalhadora vitoriosa, para lidar com os problemas deixados pela velha sociedade e pela revolução, desencadeariam uma dinâmica social cujos resultados gerais, Marx acreditava, poderiam ser traçados de antemão. Projetar o futuro comunista a partir de padrões e tendências existentes é parte integrante da análise de Marx acerca do capitalismo e uma análise que liga problemas sociais e econômicos aos interesses objetivos que inclinam cada classe a lidar com eles de maneiras distintas; o que se desenrola são as possibilidades reais, inerentes a uma transformação socialista, do modo de produção capitalista.

Por fim, é importante entender que, para Marx, a alienação não é meramente uma questão de sentimento subjetivo ou confusão. A ponte entre a análise inicial da alienação de Marx e sua teoria social posterior é a ideia de que o indivíduo alienado é um fantoche de forças alienígenas, embora essas forças sejam elas próprias um produto da ação humana. Na visão de Marx, as instituições do capitalismo — elas próprias as consequências do comportamento humano — voltam a estruturar nosso comportamento futuro, determinando as possibilidades de nossa ação. O desejo de transcender essa condição e assumir o controle coletivo de nosso destino — o que quer que isso signifique na prática — é um dos elementos motivadores e sustentadores da análise social de Marx.

4.3 Friedrich Nietzsche

> Por que o conhecimento, o elemento do pesquisador e do filósofo, está associado ao prazer? Primeiro, e sobretudo, porque com ele nos tornamos conscientes da nossa força, isto é, pela mesma razão por que os exercícios de ginástica são prazerosos mesmo sem espectadores. Em segundo lugar, porque adquirindo conhecimento ultrapassamos antigas concepções e seus representantes, tornamo-nos vitoriosos, ou pelo menos acreditamos sê-lo. Em terceiro lugar, porque um novo conhecimento, por menor que seja, faz com que nos sintamos acima de todos e os únicos a saber corretamente a questão. Esses três motivos para o prazer são os mais importantes; mas existem muitas razões secundárias, conforme a natureza da pessoa cognoscente. (Nietzsche, 2000, §252).

Friedrich Wilhelm Nietzsche nasceu em 15 de outubro de 1844, em Röcken bei Lützen, uma pequena vila na Prússia (parte da atual Alemanha). Seu pai, Carl Ludwig Nietzsche, era um pastor luterano, que morreu quando Nietzsche tinha 4 anos, de uma doença cerebral. Nietzsche e sua irmã mais nova, Elisabeth, foram criados por sua mãe, Franziska, na casa reservada para o pastor e sua família.

Aos 14 anos, Friedrich Nietzsche, cuja filosofia ainda nem começava a surgir, foi enviado ao *Gymnasium Pforta*, onde se ensinavam línguas clássicas, história antiga e literatura, além de assuntos educacionais gerais. É na escola que Friedrich tem um forte interesse pela música, filosofia e literatura antigas.

Depois de se formar, ingressou na Universidade de Bonn, em 1864, como estudante de teologia e filologia, e seus interesses logo se voltaram mais exclusivamente para a filologia — uma disciplina que então se centrou na interpretação de textos clássicos e bíblicos.

Inspirado por Ritschl e seguindo-o, foi para a Universidade de Leipzig em 1865 — uma instituição localizada perto da cidade natal de Nietzsche, Naumburg onde rapidamente estabeleceu sua carreira acadêmica em face dos seus ensaios publicados. O entusiasmo de Nietzsche por Schopenhauer[46], seus estudos em filologia clássica, sua inspiração em Wagner[47], seus interesses em saúde, sua necessidade profissional de provar a si mesmo como um jovem acadêmico e sua frustração com a cultura alemã contemporânea, todos se fundiram em seu primeiro livro "O nascimento da tragédia", publicado em janeiro de 1872, quando Nietzsche tinha 27 anos.

Perto do final de sua carreira universitária, Nietzsche completou "Humano, Demasiado Humano" — um livro que marca uma virada em seu estilo filosófico. Apesar dos danos causados pela crítica desagradável de "O nascimento da tragédia", Nietzsche permaneceu respeitado em sua posição de professor em Basileia, mas sua saúde deteriorada exigiu sua demissão da Universidade em junho de 1879, aos 34 anos.

De 1880 até sua morte, Nietzsche levou uma existência nômade, como apátrida, tendo abandonado sua cidadania alemã e não adquirido a cidadania suíça. Esses anos nômades foram a ocasião das principais obras de Nietzsche, entre elas — "O Nascimento da Tragédia no Espírito da Música" (1872), "A Filosofia na Idade Trágica dos Gregos" (1873), "Sobre a verdade e a mentira em sentido extramoral" (1873), "Humano, Demasiado Humano, um Livro para Espíritos Livres" (1886), "A Gaia Ciência" (1882), "Assim Falou Zaratustra, um Livro para Todos e para Ninguém" (1883-1885), "O Anticristo — Praga contra o Cristianismo" (1888), entre outras.

Na manhã de 3 de janeiro de 1889, em Turim, Nietzsche sofreu um colapso mental que o deixou inválido pelo resto da vida. Ao testemunhar

---

[46] Arthur Schopenhauer foi um dos primeiros filósofos do século XIX a sustentar, em sua essência, que o universo não é um lugar racional. Inspirados por Platão e Kant, que consideravam o mundo mais receptivo à razão, Schopenhauer desenvolveu suas filosofias em uma perspectiva instintiva e, finalmente, ascética, enfatizando que, diante de um mundo cheio de conflitos intermináveis, devemos minimizar nossos desejos naturais para alcançar um estado de espírito mais tranquilo e uma disposição para a beneficência universal. Muitas vezes considerado um pessimista, Schopenhauer de fato defendia maneiras — por meio de formas artísticas, morais e ascéticas de consciência — para superar uma condição humana fundamentalmente dolorosa e cheia de frustração. Desde sua morte em 1860, sua filosofia tem uma atração especial por aqueles que se perguntam sobre o significado da vida.

[47] Richard Wagner é um nome muito presente nas obras de Friedrich Nietzsche, de *O Nascimento da Tragédia* a *O Caso Wagner*, variando o tom das referências feitas ao compositor ora com elogios, ora com severas críticas. Nietzsche expressou sua adoração a Wagner em seu primeiro trabalho publicado, *O nascimento da tragédia*, em 1872. Em um estágio inicial de sua vida, Nietzsche costumava associar-se muito a este amigo: um compositor inteligente e carismático que havia produzido uma enorme obra de peças musicais, em particular sobre deuses germânicos. Wagner encarnava o desejo alemão de grandeza e alguma predestinação étnica. Na casa dele, sempre havia pessoas por perto que ouviam o maestro falar e tocar; os filósofos também eram convidados e o teor das conversas costumava ser nacionalista e antissemita, como era o caso na maioria dos círculos de intelectuais e nobres da época. Nietzsche era frequentemente visto na casa de Wagner e ficou impressionado com a música e os sentimentos de nacionalismo e grandeza alemã que eles despertaram nele. A mudança na avaliação que o filósofo faz do compositor se evidencia após a ruptura na relação amiga que foi mantida entre eles durante alguns anos.

um cavalo sendo chicoteado por um cocheiro na Praça Carlo Alberto — embora esse episódio com o cavalo pudesse ser anedótico — jogou os braços em volta do pescoço do cavalo e caiu na praça, para nunca mais voltar à sanidade total.

A causa exata da incapacidade de Nietzsche permanece incerta. Alguns argumentam que Nietzsche foi acometido por uma infecção sifilítica (esse era o diagnóstico original dos médicos de Basileia e Jena), contraída quando ele era estudante ou enquanto servia como atendente de hospital durante a guerra; outros afirmam que o uso de hidrato de cloral, uma droga que ele usava como sedativo, destruiu seu sistema nervoso já enfraquecido; alguns especulam que o colapso de Nietzsche foi devido a uma doença cerebral que ele herdou de seu pai, e daí por diante. O fato de ele ter uma constituição nervosa sensível e tomar vários medicamentos está documentado como uma possibilidade geral. Para complicar as questões de interpretação, Nietzsche afirma, em uma carta de abril de 1888, que ele nunca teve nenhum sintoma de distúrbio mental.

Durante seus anos criativos, Nietzsche lutou para publicar seus escritos e nunca duvidou de que seus livros tivessem um efeito cultural duradouro. Ele não viveu o suficiente para experimentar sua influência histórica mundial, mas teve um breve vislumbre de sua crescente importância intelectual. Em 25 de agosto de 1900, Nietzsche morreu quando se aproximava de seu 56º aniversário, aparentemente de pneumonia, em combinação com um derrame.

Friedrich Nietzsche foi um filósofo que, no final do século XIX, desafiou os fundamentos do Cristianismo e da moralidade tradicional. Ele estava interessado no aprimoramento da saúde individual e cultural e acreditava na vida, na criatividade, no poder e nas realidades práticas, em vez daquelas situadas em um mundo ideal. Frequentemente referido como um dos primeiros filósofos existencialistas, a filosofia revitalizante de Nietzsche inspirou figuras de destaque em todas as esferas da vida cultural, incluindo dançarinos, poetas, romancistas, pintores, psicólogos, filósofos, dentre outros.

Nietzsche repudiou as premissas fundamentais do liberalismo e da democracia, que procuravam criar formatos homogêneos de vida coletiva. Ele achava que as sociedades europeias haviam se transformado em dormitórios doentes, bons para cuidar dos fracos, mas incapazes para os aventureiros viverem. O século XIX era particularmente odioso para ele, porque seus habitantes haviam acreditado que viviam no melhor, mais confortável e mais avançado período imaginável. Essa posição pode ser comprovada pelas palavras do filósofo:

> O movimento democrático constitui a herança do movimento cristão. [...] [Os] cães anarquistas que erram hoje pelos becos da cultura europeia, aparentemente em oposição aos democratas e ideólogos da revolução pacificamente laboriosos, e mais ainda aos broncos filosofastros e fanáticos da irmandade, que se denominam socialistas e querem a 'sociedade livre', mas na verdade unânimes todos na radical e instintiva inimizade a toda outra forma de sociedade que não a do rebanho autônomo — chegando à própria rejeição do conceito de 'senhor' e 'servo' [...], unânimes na tenaz resistência a toda pretensão especial, a todo particular direito e privilégio [...] — todos eles unânimes na crença na comunidade redentora, isto é, no rebanho em 'si' [...]. (Nietzsche, 2005, p. 90).

Nessa perspectiva, Nietzsche repudiava a ambição insignificante da política moderna que era tornar as pessoas ainda mais acomodadas. Esse ataque feroz à condição atual atraiu os revolucionários. No entanto, não foram os socialistas que escolheram Nietzsche, mas os dissidentes de outro tipo que proliferaram nas décadas instáveis por volta de 1900: conservadores que rejeitaram o envolvimento democrático das massas, aristocratas que desprezavam o espírito reformista do liberalismo e nacionalistas que imaginavam uma história coletiva com potencialidade heroica.

> Quem nos garante que a moderna democracia, o ainda mais moderno anarquismo e, sobretudo, aquela inclinação pela 'commune' [comuna], pela forma mais primitiva de sociedade, hoje comum a todos os socialistas da Europa, não signifique em sua essência um gigantesco contragolpe — e que a raça de conquistadores e senhores, a dos arianos, não esteja sucumbindo, inclusive, fisiologicamente? (Nietzsche, 2005, p. 42).

O que tornou Nietzsche popular em sua época não foi apenas sua crítica à civilização ocidental, mas também sua convicção de que os seres humanos poderiam recuperar o que os tornava humanos se reconhecessem sua capacidade de se refazer. Ele via as pessoas como mestres em potencial e lamentava que continuassem escravos.

A influência mais duradoura de Nietzsche foi sobre os indivíduos que estavam dispostos a questionar a sabedoria recebida. Ele foi adotado por proponentes de novos estilos como anarquistas, feministas e ateus, profetas de cultos religiosos e entusiastas da cultura física e, acima de tudo, jovens ansiosos por encontrar um diferencial para sua geração.

4.3.1 A educação e a expectativa do homem superior[48]

No centro do pensamento de Nietzsche encontra-se a conhecida declaração "Deus está morto"[49]. Ao longo de seus escritos, ele voltou repetidamente ao tema de que o Cristianismo havia corrompido os seres humanos e argumentou que, nos últimos dois mil anos, a civilização ocidental foi menosprezada por um Deus que havia feito dos mortais pessoas pecadoras.

Com esse preceito, Nietzsche anuncia a fragilidade de um dos maiores fundamentos cristãos no aforismo 125 de "A Gaia Ciência", em que relata metaforicamente:

> Não ouviram falar daquele homem louco que em plena manhã acendeu uma lanterna e correu no mercado, e pôs-se a gritar incessantemente: 'Procuro Deus! Procuro Deus!'? — E como lá se encontrassem muitos daqueles que não criam em Deus, ele despertou com isso uma grande gargalhada. Então ele está perdido? Perguntou um deles. Ele se perdeu como uma criança? Disse um outro. Está se escondendo? Ele tem medo de nós? Embarcou num navio? Emigrou? — gritavam e riam uns para os outros. O homem louco se lançou para o meio deles e trespassou-os com seu olhar. 'Para onde foi Deus?', gritou ele, 'Já lhes direi! **Nós o matamos — vocês e eu. Somos todos seus assassinos!**' [...] Não ouvimos o barulho dos coveiros a enterrar Deus? Não sentimos o cheiro da putrefação divina? — também os deuses apodrecem! **Deus está morto! Deus continua morto!** E nós o matamos! [...] O mais forte e mais sagrado que o mundo até então possuíra sangrou inteiro sobre os nossos punhais [...] Nunca houve um ato maior [...]. (Nietzsche, 2001, p. 147-148, grifos nossos).

---

[48] As três traduções mais comuns para Übermensch são super-homem, além-do-homem e homem superior. Nenhuma delas é oficial, mas todas trazem a ideia de superação, de alguém que se eleva à criação de um novo tipo. Usaremos aqui as três denominações como sinônimas.

[49] *Deus está morto* é a frase que mais do que qualquer outra está associada a Nietzsche. No entanto, há uma ironia aqui, pois Nietzsche não foi o primeiro a apresentar essa expressão. O escritor alemão Heinrich Heine (que Nietzsche admirava) disse primeiro. Mas foi Nietzsche quem fez sua missão como filósofo responder à dramática mudança cultural que a expressão "Deus está morto" descreve. A frase aparece, pela primeira vez, no início do livro três da "A Gaia Ciência".

Para Nietzsche, diante da vulnerabilidade humana causada pela dogmática cristã, a maneira de os seres humanos recuperarem todo o seu potencial autônomo era rejeitar Deus e as moralidades alienantes impostas em seu nome.

Embora essas ideias tenham sido ofensivas para muitos leitores da época, elas são a chave da filosofia de Nietzsche, pois, para ele, foram os seres humanos que criaram sistemas morais, inventaram poderes e divindades sobrenaturais e, portanto, poderiam se livrar de Deus tão facilmente quanto o criaram.

Essa convicção levou Nietzsche a uma proposição radical, na medida em que conceitos e crenças eram simplesmente descrições imaginativas do Mundo e não haveria Mundo real além da representação criativa que fazemos dele. Como Nietzsche deixa claro, sua afirmação de que Deus está morto não é uma mera afirmação sobre crença religiosa. Em sua opinião, grande parte do nosso modo padronizado de pensar transporta elementos religiosos sobre os quais somos ignorantes. O que ele quer dizer com isso é que o ponto de vista cristão não possibilita pensar sobre diversas maneiras, mas é a única e verdadeira perspectiva para seus seguidores.

Desse modo, Nietzsche defendia essa concepção como libertadora, porque a Humanidade não estava caminhando em direção a uma única compreensão possível ou verdadeira da realidade, mas sim poderia invocar uma infinidade de caminhos diferentes. Isso também ocorre quando o próprio autor diagnostica a falha dos filósofos da antiguidade clássica e medievos em proporem um modelo de Humanidade ideal como falta de sentido histórico. No aforismo intitulado "Defeito hereditário dos filósofos", Nietzsche critica ferozmente a forma pela qual os pensadores concebiam o homem até então:

> Todos os filósofos têm em comum o defeito de partir do homem atual e acreditar que, analisando-o, alcançam seu objetivo. Involuntariamente imaginam 'o homem' como uma aeterna veritas [verdade eterna], como uma constante em todo o redemoinho, uma medida segura das coisas. **Mas tudo o que o filósofo declara sobre o homem, no fundo, não passa de testemunho sobre o homem de um espaço de tempo bem limitado.** Falta de sentido histórico é o defeito hereditário de todos os filósofos; inadvertidamente, muitos chegam a tomar a configuração mais recente do homem, tal como surgiu sob a pressão de certas religiões e mesmo de

certos eventos políticos, como a forma fixa de que se deve partir. (Nietzsche, 2000, p. 16, grifo nosso).

Por compreender o homem e o Mundo não como uma *aeterna veritas* (verdade eterna), mas como um devir, Nietzsche defendia que, da mesma forma que o cristianismo havia se constituído por um passo audacioso há dois mil anos, ele poderia propor outra forma de compreender a vida com outro passo. O que Nietzsche chamou de perspectivismo corresponde basicamente ao relativismo do início do século XXI, que também propõe a ideia de que as interações com o Mundo dependem das descrições concretas feitas sobre ele.

A reflexão sobre o significado da vida e o objetivo da história é tema importante na filosofia europeia e não se pode desvinculá-la de Friedrich Nietzsche. Segundo ele, o Cristianismo impõe significados imaginários e utópicos às pessoas, ao passo que, nesse plano, não é coerente almejar recompensas sagradas para outro Mundo previsto na vida eterna. Assim, diz Nietzsche, a religião manipula o homem, fazendo-o viver para propósitos inorgânicos à natureza humana.

Ao contrário, num mundo em que "Deus está morto", o próprio homem é responsável por sua aparência moral e pela Humanidade. Além disso, Nietzsche defendeu o sentido da vida na vontade de poder, já que o homem tem que lutar pela vitória; caso contrário, sua existência não faz sentido.

Em razão disso, Nietzsche concebeu o significado da história à educação do homem superior. A temática sobre a recorrência eterna[50] e a vontade de poder em Nietzsche é reunida em sua figura do Übermensch, referido, pela primeira vez explicitamente, em sua obra "A Gaia Ciência". Embora não constitua uma definição, o super-homem é caracterizado como o indivíduo

---

[50] Nesse aforismo, Nietzsche (2001, §34) insere o eterno retorno como uma mera possibilidade, sem qualquer preocupação em comprová-lo ou demonstrá-lo: [...] E se um dia, ou uma noite, um demônio lhe aparecesse furtivamente em sua mais desolada solidão e dissesse: 'Esta vida, como você a está vivendo e já viveu, você terá de viver mais uma vez e por incontáveis vezes; e nada haverá de novo nela, mas cada dor e cada prazer e cada suspiro e pensamento, e tudo o que é inefavelmente grande e pequeno em sua vida, terão de lhe suceder novamente, tudo na mesma sequência e ordem – e assim também essa aranha e esse luar entre as árvores, e também esse instante e eu mesmo. A perene ampulheta do existir será sempre virada novamente – e você com ela, partícula de poeira!'. – Você não se prostraria e rangeria os dentes e amaldiçoaria o demônio que assim falou? Ou você já experimentou um instante imenso, no qual lhe responderia: 'Você é um deus e jamais ouvi coisa tão divina!'. Se esse pensamento tomasse conta de você, tal como você é, ele o transformaria e o esmagaria talvez; a questão em tudo e em cada coisa, 'Você quer isso mais uma vez e por incontáveis vezes?', pesaria sobre os seus atos como o maior dos pesos! Ou o quanto você teria de estar bem consigo mesmo e com a vida, para não desejar nada além dessa última, eterna confirmação e chancela?

que pode "postular seu próprio ideal" e "derivar dele sua própria lei, alegrias e direitos" (Nietzsche, 2001, §143).

Dada a rejeição de Nietzsche à conformidade cristã e às ideias transcendentais, o Übermensch (em alemão: para além do homem ou sobre-humano) torna-se uma metáfora para uma pluralidade de conjecturas que, de acordo com seu anúncio da morte de Deus, representa um empoderamento de um tipo humano e a possibilidade de múltiplas perspectivas.

Nietzsche foi um dos primeiros grandes defensores de uma filosofia conhecida como niilismo para os quais não havia verdades morais. Nietzsche, em particular, adotou uma visão fortemente ateísta dessa filosofia uma vez que, para ele, a Igreja cristã era, portanto, uma instituição que criou a moralidade para subjugar as massas.

Segundo Nietzsche, a Era do Iluminismo, que caracterizou a disseminação do pensamento intelectual e filosófico na civilização ocidental da época, trouxe consigo a vitória da racionalidade científica sobre as crenças teológicas. Logo, Deus não poderia ser considerado em um Mundo que pudesse ser racionalizado. A conclusão lógica foi dispensar Deus de todas as preocupações humanas para não existir uma lei moral universal pela qual os indivíduos se pautassem ao longo de suas vidas. Essa percepção da própria perda de moralidade resultou em niilismo. Sobre isso, Nietzsche esclarece:

> O niilismo como estado psicológico terá de ocorrer, primeiramente, quando tivermos procurado em todo acontecer por um 'sentido' que não está nele: de modo que afinal aquele que procura perde o ânimo. Niilismo é então o tomar-consciência do longo desperdício de força, o tormento do 'em vão', a insegurança, a falta de ocasião para se recrear de algum modo, de ainda repousar sobre algo — a vergonha de si mesmo, como quem se tivesse enganado por demasiado tempo. (Nietzsche, 1999, p. 430).

Dessa forma, Nietzsche acreditava que cabia aos próprios seres humanos criar um sistema de valores que transcendesse aqueles já substanciados pelo Cristianismo, Iluminismo e Socialismo. Ele condena a Grécia clássica de Sócrates e Platão, recusa o Cristianismo como a moral dos escravos e, finalmente, rejeita o Socialismo porque, da mesma forma que os socialistas pensam que estão trabalhando por algo de que se beneficiarão no futuro, o platônico ou o cristão renunciam o presente para desfrutarem da felicidade após a morte. Para Nietzsche, Platonismo, Cristianismo e Socialismo estão unidos pela renúncia do presente a favor do que vem no futuro, ou seja, devemos evitar a transcendência, viver na imanência, ser fiéis ao nosso corpo e à dimensão terrena.

Essa ideia de que a Humanidade precisava criar uma estrutura de valores foi discutida com bastante destaque em sua alegoria filosófica do Übermensch. Esse conceito foi a criação de Nietzsche do sobre-humano, que significou um novo estágio na existência humana, pois, com a morte de Deus, os humanos não concentrariam mais sua atenção nas promessas, crenças místicas e valores do outro mundo que o Cristianismo lhes oferecia.

Em vez disso, eles seriam capazes de se dedicar ao mundo físico ao seu redor, mesmo que essa vida fosse infeliz. Rejeitar a Deus também permitiria finalmente um novo nascimento de humanos que não seriam restritos em seu potencial para a criatividade humana.

> Eu vos apresento o Super-homem! O Super-homem é o sentido da terra. Diga a vossa vontade: seja o Super-homem, o sentido da terra. Exorto-vos, meus irmãos, a permanecer fiéis à terra e a não acreditar em quem vos fala de esperanças supraterrestres. São envenenadores, quer o saibam ou não. [...] Noutros tempos, blasfemar contra Deus era a maior das blasfêmias; mas Deus morreu, e com ele morreram tais blasfêmias. (Nietzsche, 2002a, p. 25).

Nessa visão de mundo, o Übermensch é a pessoa capaz de romper com a ilusão, pois reconhece que a definição de moralidade da sociedade é tendenciosa e socialmente construída. Então, isso significa que esse sujeito pode ser considerado como um ser moral, autor de sua própria moralidade, com base em suas próprias experiências, fundamentadas no seu mundo físico. Sobre isso, Nietzsche (2010, p. 38) compara o homem a uma corda estendida entre o animal e o super-homem. Para ele, o que se pode admirar no homem é ser uma transição em busca da evolução.

Nessa posição, o Übermensch é dedicado exclusivamente ao avanço e aperfeiçoamento da Humanidade e, ciente do sofrimento da existência, ele está disposto a sacrificar-se para ajudar a melhorar seu coletivo. Com o tempo, ele ajudará outras pessoas a romper com os laços da moralidade institucional e, assim, tornar-se uma figura transformadora da história.

Ocorre que não encontramos, na obra de Nietzsche, uma pretensão de oferecer qualquer descrição de como seria esse super-homem ou uma vida imaginária nesse formato de pensamento. Entretanto, Nietzsche (2008,

p. 15) descreve algumas características distinguíveis desses indivíduos considerados como homens superiores:

> No facto de um homem bem constituído:
> - ser agradável aos nossos sentidos; em ser talhado de uma madeira que é, ao mesmo tempo, dura, suave e olorosa.
> - Apetece-lhe apenas o que lhe é benéfico; o seu agrado, o seu prazer cessa quando é ultrapassada a medida do suportável.
> - Adivinha remédios contra o que causa danos, utiliza casos nocivos em sua própria vantagem; o que não o mata torna-o mais forte.
> - Compila instintivamente a sua suma a partir de tudo o que vê, ouve, vive: é um princípio seletivo, e deixa de lado muitas coisas.
> - Está sempre na sua sociedade, lide ele com livros, com homens ou com paisagens; honra ao escolher, ao admitir, ao confiar.
> - Reage lentamente a todo o estímulo, com aquela lentidão que lhe ensinaram uma longa circunspecção e um orgulho deliberado — perscruta o fascínio que dele se aproxima, mas está longe de lhe sair ao encontro.
> - Não crê nem na infelicidade, nem na culpa: sente-se realizado, consigo, com os outros, sabe esquecer — é suficientemente forte para que tudo redunde em seu maior proveito.
>
> Muito bem, sou o contrário de um décadent: pois descrevi-me justamente a mim mesmo.

Normalmente, elas se concentram nas qualidades de caráter que compõem uma alma nobre e não em realizações específicas do homem. Para Nietzsche, a superioridade é característica de indivíduos solitários por natureza. O ser superior está sempre em sua própria companhia, seja ele associado a livros, seres humanos ou paisagens. Ainda mais, ele escreve claramente que a grandeza implica ser nobre, querer ser por si mesmo, ser capaz de ser diferente, ficar sozinho e ter que viver de forma independente. Uma qualidade relacionada diz respeito a como alguém é capaz de ser diferente. Nietzsche argumenta que indivíduos verdadeiramente grandes não são apenas solitários, mas desafiam as normas de seu ambiente cultural.

Outra qualidade que Nietzsche apresenta como uma característica constitutiva da grandeza é um certo tipo de orgulho de si mesmo ou autorreverência. Ele escreve que a alma nobre tem reverência por si mesma e que talvez o efeito do egoísmo seja precisamente maior nas pessoas nobres.

Uma outra condição importante da grandeza é que os indivíduos exercitem sua vontade de poder em um grau significativo. O que pertence ao tipo nobre de homem é o sentimento de plenitude, de poder que busca transbordar. Nietzsche enfatiza que, ao serem levados a concluir seus vários projetos, os homens devem ter força psicológica e disciplina para suportar o sofrimento.

Sobre essa temática, Nietzsche sugere ainda que os tipos superiores não apenas devem ter a capacidade de suportar o sofrimento, como também desejam ativamente o sofrimento em certos contextos, para que possam superá-lo e triunfar sobre o desafio proporcionado.

Outra qualidade importante que grandes indivíduos têm, na visão de Nietzsche, é uma capacidade de autocontrole na organização dos impulsos. Amplamente interpretado, Nietzsche entende o impulso como uma disposição que gera ou provoca uma tendência a um certo padrão de atividade.

Como pode ser observado, há um rol de outras qualidades determinadas por Nietzsche em suas obras; portanto, o ponto crucial é a capacidade de o homem adquiri-las e reforçá-las durante sua vida, uma vez que este super-homem não é uma realidade acabada, e sim uma possibilidade e um destino. Nesse sentido, não há, na obra de Nietzsche, uma perspectiva de que esse tipo de homem já exista. Logo, as condições para o surgimento do super-homem podem ser criadas, conforme ressaltado nas palavras seguintes:

> O surgimento casual desta espécie de homem superior, não deve ficar entregue ao puro acaso, mas **esse valor mais elevado de homem deve ser buscado, logo, o superhomem é também obra do querer: Podemos criar as condições sob as quais uma tal elevação é possível** [...]. O crescente apequenamento do homem é justamente a força propulsora para se pensar na criação [...] de uma raça mais forte, que teria seu excesso justamente ali, onde a espécie diminuída tivesse se tornado fraca e mais fraca [vontade, responsabilidade, certeza de si mesmo, poder instruir metas]. (Nietzsche, 2000, p. 17, grifo nosso).

Nietzsche admite a importância das instituições e do esforço humano para que haja a concepção da genialidade humana. O filósofo atesta essa questão ao afirmar que: "Só não falem de dons e talentos inatos! Podemos nomear grandes homens que foram pouco dotados mas adquiriram grandeza. Todos tiveram a diligente seriedade do artesão" (Nietzsche, 2000, p. 125). Nietzsche continua sua defesa ao afirmar que

> Um povo que em algum ponto se torna quebrantado e enfraquecido, mas que no todo é ainda forte e saudável, pode receber a infecção do novo e incorporá-la como benefício. **No caso do indivíduo, a tarefa da educação é a seguinte: torná-lo tão firme e seguro que, como um todo, ele já não possa ser desviado de sua rota.** Mas então o educador deve causar-lhe ferimentos, ou utilizar os que lhe produz o destino, e, quando a dor e a necessidade tiverem assim aparecido, então algo de novo e nobre poderá ser inoculado nos pontos feridos. Toda a sua natureza o acolherá em si mesma e depois, nos seus frutos, fará ver o enobrecimento. (Nietzsche, 2000, §224, grifo nosso).

Assim, podemos inferir que, para que o gênio emergisse, não dependeria apenas do acaso, a educação deve ser um meio que favoreça o surgimento desse espírito singular. Nesse sentido, o pensamento de Nietzsche sobre educação não é apenas ocasional e contingente, mas também radical. De fato, toda a filosofia de Nietzsche pode ser definida como um método, ou melhor, a busca de um método para educar o homem e, com ele, a sociedade.

Um dos trabalhos mais importantes para entender o conceito educacional de Nietzsche é "Humano, Demasiado Humano", que atesta a fase de iluminação de seu pensamento. Nessa obra, Nietzsche apresenta o ideal do espírito livre, o homem superior que vive do conhecimento, libertando-se de todas as necessidades materiais, do condicionamento cultural, das expectativas dos outros, dos laços de seus próprios ideais; um homem que está necessariamente sozinho, que vive como um nômade e que passa a vida desfrutando da alegria da paisagem e da jornada.

Nas "Considerações Intempestivas" Nietzsche recupera em Schopenhauer uma espécie de modelo, o filósofo-educador capaz de conduzir o seu aluno à superação de sua própria cultura: "Era, então, realmente tomar os meus desejos por realidades, quando imaginava poder encontrar como educador um verdadeiro filósofo, capaz de elevar alguém acima da insuficiência da atualidade [...]" (Nietzsche, 2003, p. 146).

As "Considerações Intempestivas" de Nietzsche atacam, sobretudo, o projeto pedagógico da modernidade. Para o filósofo, a despeito da criação de singularidades, a educação moderna diminuiria o homem, formando-o unicamente para o serviço do Estado, da ciência positivista e do mercado. Os textos do primeiro Nietzsche denunciam a forma medíocre com que a educação moderna tende à conformação dos valores de rebanho (Nietzsche, 2003).

Nietzsche (2005, p. 269) defendeu a necessidade de manter a divisão da sociedade em classes sociais (explorados e exploradores) como condição para o surgimento desse ideal humano. Afinal, como ele mesmo disse, "uma cultura superior só pode surgir onde existam duas castas distintas no seio da sociedade: a dos trabalhadores e a dos ociosos [...] ou para dizê-lo com palavras mais fortes, a casta do trabalho forçado e a do trabalho livre".

Como se pode perceber, trata-se de uma reversão da teoria social marxista. Se Marx queria um sistema no qual as diferenças de classe fossem superadas e o trabalho material fosse igualmente distribuído, Nietzsche pensa em uma sociedade na qual as diferenças de classe se tornam necessárias para a evolução de um tipo humano superior.

Como o espírito livre é presente em um homem inconformista, a educação comum não poderia, segundo Nietzsche (2000, §422), alcançar esse objetivo. Por meio das palavras seguintes é possível perceber a proposta educacional de Nietzsche:

> O ambiente em que é educada tende a tornar cada pessoa cativa, ao lhe pôr diante dos olhos um número mínimo de possibilidades. O indivíduo é tratado por seus educadores como sendo algo novo, mas que deve se tornar uma repetição. Se o homem aparece inicialmente como algo desconhecido, que nunca existiu, deve ser transformado em algo conhecido, já existente. O que se chama de bom caráter, numa criança, é a evidência de seu vínculo ao já existente; pondo-se ao lado dos espíritos cativos, a criança manifesta seu senso de comunidade que desperta; é com base neste senso de comunidade que ela depois se tornará útil a seu Estado ou classe.

Tanto na família quanto, depois, na escola, o processo educacional curva progressivamente a novidade trazida pela criança, a ponto de adaptá-la às formas já testadas e recebidas do passado. Algo sobre o qual Nietzsche não está muito longe de Marx é a concepção negativa de família. O casamento pode ser bom para o homem comum, mas o super-humano o evitará como uma doença, porque a proximidade da mulher é negativa para ele. Na visão nietzschiana esse homem elevado quer independência e singularidade, enquanto a mulher é naturalmente inclinada ao trabalho e à acomodação; a presença ao lado de uma mulher é, portanto, um obstáculo ao espírito livre e à sua tensão heroica.

A principal limitação da família, do ponto de vista educacional, está na proximidade entre pais e filhos. Nós, para Nietzsche, não podemos julgar quem nos é próximo; e assim os pais não sabem como julgar seus filhos. A proximidade de pais insensíveis ou grosseiros causa o que Nietzsche chama de tragédia infantil.

Da mesma forma, quanto à influência materna, Nietzsche (2000, §387) observa que "algumas mães necessitam de filhos felizes e respeitados; outras, de filhos infelizes: senão, sua bondade de mãe não pode se mostrar". Esse amor excessivo, de dedicação excessiva pode resultar em uma criança fraca e doentia, carente, a cada passo, da presença e apoio da mãe.

A recente republicação das palestras de Nietzsche, "Sobre o futuro de nossas instituições de ensino", convida à reconsideração do pensamento educacional inicial do autor. Esse período é importante, pois Nietzsche se envolve explicitamente com a questão da educação, refletindo como professor universitário, confrontando com a educação, em sua forma institucional, diariamente.

Quanto à educação escolar, para Nietzsche não há tarefa mais importante do que ensinar o conhecimento científico, o julgamento prudente e a dedução consistente: portanto, deve desconsiderar tudo o que não é útil para essa operação, como, por exemplo, a religião. Na visão do autor, um grau certamente elevado de educação é atingido, quando o homem vai além de conceitos e temores supersticiosos e religiosos, com um supremo esforço de reflexão, superando a metafísica.

Como podemos perceber, Nietzsche parece aparentemente próximo dos positivistas embora essa proximidade seja mais aparente do que real. A apreciação nietzschiana pela ciência é apenas um momento breve na evolução de seu pensamento e está longe do cientificismo que caracteriza o positivismo.

O conhecimento científico, observa Nietzsche, é algo que alegra os pesquisadores ao contrário do que acontece com quem o estuda, ou seja, a ciência proporciona muita satisfação a quem nela trabalha e pesquisa, e muito pouca a quem aprende seus resultados.

> Por isso uma cultura superior deve dar ao homem um cérebro duplo, como que duas câmaras cerebrais, uma para perceber a ciência, outra para o que não é ciência; uma ao lado da outra, sem se confundirem, separáveis, estanques; isto é uma exigência da saúde. Num domínio a fonte de energia, no outro o regulador: as ilusões, parcialidades, paixões devem ser

> usadas para aquecer, e mediante o conhecimento científico deve-se evitar as consequências malignas e perigosas de um superaquecimento. — Se esta exigência de uma cultura superior não for atendida, o curso posterior do desenvolvimento humano pode ser previsto quase com certeza: o interesse pela verdade vai acabar, à medida que garanta menos prazer; a ilusão, o erro, a fantasia conquistarão passo a passo, estando associados ao prazer, o território que antes ocupavam: a ruína das ciências, a recaída na barbárie, é a consequência seguinte; novamente a humanidade voltará a tecer sua tela, após havê-la desfeito durante a noite. (Nietzsche, 2000, §251).

Como pode ser percebido, Nietzsche concebe um tom de fantasia à razão ao defender que o homem do futuro — ainda não o *Übermensch* — não terá mais que escolher entre razão e emoção, entre ciência e arte, entre Iluminismo e Romantismo: ele será um racionalista apaixonado, um artista da ciência, um iluminista romântico.

Por isso, uma vez que seu objetivo expresso era provocar uma reflexão crítica, no final do primeiro prefácio da obra "Escritos sobre educação", Nietzsche (2004, p. 44-45) apresenta um dos diagnósticos mais precisos das tendências da cultura e da educação alemãs no século XIX, assim caracterizado:

> Duas correntes aparentemente opostas, ambas nefastas nos seus efeitos e finalmente unidas nos seus resultados, dominam hoje nossos estabelecimentos de ensino, originariamente fundados em bases totalmente diferentes: por um lado, a tendência de 'estender tanto quanto possível a cultura', por outro lado, a tendência de 'reduzi-la e enfraquecê-la'. De acordo com a primeira tendência, a cultura deve ser levada a círculos cada vez mais amplos; de acordo com a segunda, se exige da cultura que ela abandone suas mais elevadas pretensões de soberania e se submeta como uma serva a uma outra forma de vida, especialmente aquela do Estado. Ao examinar estas duas tendências fatais da extensão e da redução, nos desesperaríamos totalmente se não fosse em determinado momento possível ajudar a vencer estas duas tendências opostas, estas realmente alemãs e de uma maneira geral ricas de futuro, quer dizer, a tendência ao 'estreitamento' e à 'concentração' da cultura, como réplica à extensão, e a tendência ao 'fortalecimento' e à 'soberania' da cultura, como réplica à redução.

A justificativa para essas defesas ampara-se na concepção de cultura e natureza que ele possuía, próxima da concepção de Schopenhauer, seu mestre. Diz, ele, no final do primeiro prefácio:

> [...] porque sabemos que estas duas tendências à extensão e à redução são tão contrárias aos desígnios constantes da natureza quanto a concentração da cultura num pequeno número é uma lei necessária da natureza, e de uma maneira geral uma verdade, embora as duas outras tendências só possam chegar a fundar uma cultura mentirosa. (Nietzsche, 2004, p. 45).

Referidos valores que reafirmavam o emprego exacerbado da razão eram, segundo Nietzsche, impostos pelas instituições de ensino alemãs, possibilitando que a educação formal assumisse um caráter meramente utilitário, com o objetivo de formar mão de obra tecnicamente qualificada para suprir as exigências da sociedade. Para ele, todo o nosso mundo moderno está preso na rede da cultura alexandrina e reconhece como ideal o homem teórico, equipado com as mais altas forças cognitivas, que trabalha a serviço da ciência, cujo protótipo é Sócrates.

Noutra perspectiva, o homem deve buscar a perfeição que não alcançará com o enciclopedismo, ou seja, acumulando informações; o que apenas lhe dará uma educação aparente e sujeita aos interesses políticos de quem governa.

Na visão nietzschiana, a educação pautada excessivamente na valorização da razão acarretaria, como consequência, para as próximas gerações, o empobrecimento cultural, a decadência e a supressão do potencial criativo, tanto dos educadores quanto dos educandos. A esse respeito, ele afirma:

> [...] nos círculos dos professores das instituições superiores da cultura, é onde melhor se aprendeu a ajeitar-se rápida e comodamente com os gregos, indo-se não raro até uma renúncia cética dos ideais helênicos e até uma completa inversão do verdadeiro propósito de todos os estudos sobre a Antigüidade. Quem naqueles círculos não se exauriu por completo no afã de ser um revisor confiável de velhos textos ou um microcopista histórico natural da linguagem, este talvez procure apropriar-se 'historicamente', ao lado de outras Antigüidades, também da Antigüidade grega, mas sempre segundo o método e com os ares de superioridade de nossa atual historiografia culta. [...] Não há nenhum outro período [...] em que a assim chamada cultura e a genuína arte tenham sido tão alheadas e tão distanciadas, uma em relação a outra,

como o que vemos com nossos próprios olhos no presente. (Nietzsche, 2007, p. 118-119).

A concepção de Friedrich Nietzsche sobre educação é particular e não convencional, assim como todo o seu pensamento filosófico, que se concentra na confiança do homem e do submundo, descartando a vida à espera de um além que nos transcende e dá sentido às nossas experiências. Cada homem deve dar à sua vida seu próprio significado, e a educação deve tender a formar homens fortes, que valorizam a existência terrena e se destacam no grupo, sendo seres diferentes e únicos. O pensamento deve estar a serviço da vida e a educação deve desempenhar um papel fundamental, de forma restrita a pequenos grupos preparados para serem educados.

A educação é, do ponto de vista de Nietzsche, uma conduta emancipatória (e às vezes até manipuladora), por meio da qual, o aluno, graças a uma pluralidade de professores, acaba adotando sua própria perspectiva sobre as coisas. O melhor mestre é um treinador, porque ele não se satisfaz em instruir a consciência de seus discípulos, mas procura educar seus instintos (inclusive sem o conhecimento deles). Mas esse esforço de manipulação cumpre limites, já que é realmente uma questão de educar futuros professores e não discípulos dóceis.

O melhor professor deve se esforçar para ser modesto, não tendo a pretensão de gênio, como se ele fosse capaz de perceber a verdade do Mundo por meio de um véu que lhe é próprio. Involuntariamente, o mestre revela apenas suas intenções e suas perspectivas sobre o Mundo. Nesse sentido, os alunos devem aprimorar seu senso crítico nessa ocasião, sabendo como se opor vigorosamente à autoridade de mestres que não podem lhes ensinar nada de novo. Um bom professor ensina, antes de tudo, métodos, ou pelo menos abordagens, pois orienta seu aluno a aprender sozinho.

Assim, numa perspectiva nietzschiana, é adequado, do ponto de vista de uma educação emancipatória, recorrer exclusivamente aos métodos ativos, pois, ao invés de explicar a solução, o professor coloca o aluno em um arranjo no qual ele vai encontrar a própria solução. Essa ideia de manipulação emancipatória já estava presente na figura do mentor, em "Émile", mesmo que estivesse, na perspectiva de Rousseau, a serviço de valores democráticos e, portanto, oposta à do homem superior ou ao super-homem.

Embora Nietzsche aponte severas críticas às instituições de ensino de seu tempo, não é correto inferir que ele defendesse a abolição da escola. Diz o filósofo, no início da quarta conferência:

> Não vão com isso crer, meus amigos, que eu quero mitigar os elogios às nossas escolas técnicas e às nossas escolas primárias importantes: eu honro os lugares onde se aprende a calcular adequadamente, onde se domina a língua, onde se leva a sério a geografia, onde se é instruído pelos conhecimentos admiráveis que nos dão as ciências naturais. [...] no entanto, não me posso furtar de acrescentar este codicilo: se é verdade que a escola técnica e o ginásio, nos seus fins atuais, são em tudo tão semelhantes e não se distinguem senão por detalhes mínimos, de modo que podem contar com um tratamento igual diante do fórum do Estado — **isto ocorre porque nos falta completamente um certo tipo de estabelecimento de ensino: o estabelecimento da cultura!** Isto não é de maneira nenhuma uma recusa dirigida às escolas técnicas que perseguiram até agora, com tanta felicidade e honestidade, tendências bem mais modestas, mas altamente necessárias. (Nietzsche, 2004, p. 106).

Nietzsche não propõe, na medida em que possamos visualizar o problema, novos métodos educacionais. Se ataca e critica os existentes, não é por considerá-los insuficientes ou inadequados, mas porque ele os considera determinados, em todos os casos, pelos valores e tendências do cristianismo e da civilização de seu tempo.

No entanto, Nietzsche atribui à educação contemporânea um valor específico: preparar o novo homem, não certamente como seu objetivo até o momento, mas como radicalização da necessidade de um movimento oposto. A educação deveria possibilitar uma base sólida para o advento de um tipo humano diferente daquele que as forças existentes promoviam e patrocinavam.

A ressignificação dos valores é um momento necessário para o fim da moral tradicional (ou moral dos escravos) e o aparecimento do super-homem. Nietzsche não propõe viver sem valores, mas superar a moral ocidental baseada na renúncia e o ressentimento diante da vida, por meio de uma nova perspectiva na qual estão localizados os valores que supõem uma aceitação à vida; ou seja, uma motivação para viver com expectativa de uma vida plena, entendida como uma vontade que é poder e um poder que é querer. Nesse sentido, a educação desempenha um papel fundamental, porque é ela que ajudaria o homem a encontrar seu lugar no Mundo.

O desafio educacional proposto por Nietzsche não é estabelecer um amplo movimento político nacionalista. Para ele seria necessário atingir apenas alguns indivíduos superiores destinados a permanecerem como um grupo seleto. Não se trata mais de converter em massa a população em busca de um paraíso. Nietzsche prefere restringir o acesso ao que poderia ser considerado como uma proposta de formação do super-homem.

Nessa perspectiva, a escola não deve ser única. Ela deve distinguir talentos rapidamente e fornecer recursos adicionais para os melhores. Quanto aos demais, é aconselhável orientá-los para estudos profissionais suficientemente curtos, a fim de formar a força de trabalho útil para a manutenção de uma casta superior, diferenciada pelo sucesso inicial em estudos que atendem à utilidade.

A educação foi uma questão crucial para Nietzsche, uma vez que, tendo desafiado Deus, o problema do significado da existência continua sendo o de criar um tipo sobre-humano, um tipo que realmente dá significado e direcionamento para o propósito da Humanidade.

Por isso, é importante destacar a relevância das críticas feitas por Nietzsche ao sistema universitário da Alemanha de seu século. Seus ataques à aquiescência de Kant, bem como ao desejo de poder do pensamento hegeliano e, sobretudo, suas consequências práticas, foram relevantes para a formação da cultura educacional de sua época. Em uma análise mais detalhada, no entanto, há muito mais do que isso em suas obras, há uma defesa clara e inequívoca do caráter individual do caminho da educação:

> O interesse pela educação só ganhará força a partir do momento em que se abandone a crença num deus e em sua providência: exatamente como a arte médica só pôde florescer quando acabou a crença em curas milagrosas. Mas até agora todos crêem ainda na educação milagrosa: viram que os homens mais fecundos, mais poderosos se originaram em meio a grande desordem, objetivos confusos, condições desfavoráveis; como poderia isto suceder normalmente? (Nietzsche, 2000, §242).

Com base na influência de Schopenhauer como educador, Nietzsche revela a realidade dos modernos sistemas educacionais que, dedicados à homologação dos padrões hegemônicos, acabam por enterrar as diversas formas de cultura e impedir que genialidades surgissem como forma de expressão da criatividade humana. Em contrapartida, apresenta um propósito diferente para a educação, antes não cogitado pelos filósofos analisados nesta pesquisa.

Por esse caráter diferenciado, ousamos finalizar a análise da educação na perspectiva nietzschiana ao anunciar que é preciso aprender a amar, aprender a ser bom, e isso desde a juventude; se a educação e o acaso não nos derem oportunidade para a prática desses sentimentos, nossa alma se tornará seca e até mesmo inapta para um entendimento das delicadas invenções dos seres amorosos (Nietzsche, 2000, §601).

4.3.2 Estado, política e direito em Nietzsche

Friedrich Nietzsche é, sem dúvida, um dos filósofos mais incompreendidos de todos os tempos, principalmente no que tange à sua interpretação acerca das questões relacionadas ao Estado e à Ética.

Na obra "Assim falou Zaratustra", Nietzsche oferece uma passagem importante, discutindo o Estado como o novo ídolo da Nação. Deve-se lembrar que Nietzsche vivenciava um contexto histórico permeado por um jovem Estado alemão que buscava a unidade, promovendo uma intensa forma de nacionalismo que acabaria por envolver duas grandes guerras no século XX.

Embora em sua juventude tenha apoiado Bismarck, um conhecido estadista conservador prussiano que unificou a Alemanha em 1871, por ter uma abordagem nacionalista e defender uma unificação racial com foco na pureza de uma possível raça, ele propôs, nos últimos anos, uma rejeição à política militarista.

Nietzsche descreve o Estado nesta passagem como o novo ídolo que as massas legitimam, mas que incentiva a uniformidade e a mediocridade uma vez que, na perspectiva nietzschiana, a liberdade só pode ser encontrada fora dos limites do Estado. O próprio Nietzsche deixa claro sua concepção sobre o Estado conforme as palavras seguintes:

> Ainda há povos e rebanhos, em algum sítio, mas não entre nós, meus irmãos: aqui, há Estados. Estado? Que é isto? Pois seja! Abri bem os ouvidos, porque, agora, vou dizer-vos a minha palavra sobre a morte dos povos. Chama-se Estado o mais frio de todos os monstros frios. E, com toda a frieza, também mente; e esta mentira sai rastejando da sua boca: Eu, o Estado, sou o povo! (Nietzsche, 2000, p. 75-77).

Sobre o poder de manipulação do Estado, Nietzsche continua:

> É uma mentira! Os que criaram os povos e suspenderam sobre eles uma fé e um amor, esses eram criadores: serviam a vida. Os que armam laços ao maior número e chamam a isso um Estado são destruidores; suspendem sobre si uma espada e mil apetites. Onde há ainda povo não se compreende o Estado que é detestado como uma transgressão aos costumes e às leis. Eu vos dou este sinal: cada povo fala uma língua do bem e do mal, que o vizinho não compreende. Inventou a sua língua para os seus costumes e as suas leis. Mas o Estado mente em todas as línguas do bem e do mal, e em tudo quanto diz mente, tudo quanto tem roubou-o. Tudo nele é falso; morde com dentes roubados. Até as suas entranhas são falsas. (Nietzsche, 2000, p. 78).

O filósofo considerava o Estado, frente aos homens, o mais frio dos monstros que "engole, como os mastiga e remastiga" (Nietzsche, 2000, p. 78). Nesse sentido, para ele, esse monstro prospera por meio da ilusão e da astúcia, inventando uma falsa moralidade em seus próprios termos, para justificar seus atos, criando fórmulas para o bem e para o mal, confinando as massas e forçando-as à sua vontade.

Embora a maioria das vítimas das mentiras do Estado sejam pessoas simples que pertencem às massas, Nietzsche afirma que também pessoas com intelecto elevado e "grandes almas" são vítimas de suas mentiras, afirmando que "não são só os que têm orelhas compridas e vista curta que caem de joelhos! Também em vossas almas grandes murmuram as suas sombrias mentiras!" (Nietzsche, 2000, p. 78).

Nietzsche atribui às massas a criação do novo ídolo, na medida em que o Estado lhes promete prosperidade ao mesmo tempo que usurpa a liberdade do povo. Para Nietzsche, o Estado sabe que os seres humanos são corruptíveis e estão dispostos a abrir mão de seus direitos em troca de poder. Em "Assim falou Zaratustra", Nietzsche prega contra o Estado, alerta as pessoas sobre sua natureza destrutiva e deixa claro o resultado sombrio de se tornar escravo e adorador desse ídolo.

A última parte dessa obra é bastante profética, nela Nietzsche afirma claramente que, quando o Estado existe, todos nós perecemos e, quando deixa de existir, começa o caminho para Übermensch: "Além onde acaba o Estado começa o homem que não é supérfluo; começa o canto dos que são necessários, a melodia única e insubstituível. Além, onde *acaba* o Estado... olhai, meus irmãos! Não vedes o arco-íris e a ponte do Super-homem?" (Nietzsche, 2000, p. 78).

A mesma reflexão feita ao Estado pode ser apropriada para compreender o aspecto legal da perspectiva nietzschiana. A natureza construtiva dos conceitos jurídicos e econômicos surge no ensaio de "A genealogia da moral". Nessa obra, Nietzsche expõe sua visão de como o conceito de contrato é criado pelas pessoas e como o sujeito ético não deve ser descrito, mas, de fato, realizado.

Para Nietzsche, a lei, compreendida como um conjunto de práticas humanas, cria seus sujeitos, agindo sobre os seres humanos para transformá-los em seres capazes de obedecer à própria lei. A inversão que Nietzsche nos propõe caminha da noção de contrato como promessa legalmente aplicável à noção de promessa como contrato moralmente acordado.

Na "Genealogia da moral" Nietzsche sugere que o relacionamento devedor-credor — um relacionamento legal, econômico, formal e exequível — é responsável por incutir memória na Humanidade. Esse relacionamento como um artefato jurídico requer identidade duradoura, produzindo uma memória criada pela dor oriunda da punição aplicada a quem não cumpriu o contrato. Ao tratar sobre o castigo, Nietzsche (2000, p. 25) explica:

> O 'castigo', nesse nível dos costumes, é simplesmente a cópia, *mimus* [reprodução] do comportamento normal perante o inimigo odiado, desarmado, prostrado, que perdeu não só qualquer direito e proteção, mas também qualquer esperança de graça; ou seja, é o direito de guerra e a celebração do *Vae victis!* [ai dos vencidos!] em toda a sua dureza e crueldade — o que explica por que a própria guerra (incluindo o sacrifício ritual guerreiro) forneceu todas as formas sob as quais o castigo aparece na história.

Na perspectiva de Nietzsche, a punição e o medo funcionam para reforçar a crença do dever da obrigação, afirmando que "nesta esfera, a das obrigações legais, está o foco de origem desse mundo de conceitos morais: culpa, consciência, dever, sacralidade do dever — o seu início, como o início de tudo grande na terra, foi largamente banhado de sangue" (Nietzsche, 2000, p. 22).

A contribuição marcante de Nietzsche à teoria social é que ele mostra a interação humana de tipos muito particulares — jurídicos, econômicos e transacionais — como base do desenvolvimento moral. Para Nietzsche, a liberdade de vontade é uma noção derivada, assim como as distinções feitas entre intencional, negligente, acidental, responsável e seus contrários, os quais surgiram como um meio de tornar as relações justas. Segundo Nietzsche (2000, p. 21, grifo nosso),

> O pensamento agora tão óbvio, aparentemente tão natural e inevitável, que **teve de servir de explicação para como surgiu na terra o sentimento de justiça, segundo o qual 'o criminoso merece castigo porque podia ter agido de outro modo'**, é na verdade uma forma bastante tardia e mesmo refinada do julgamento e do raciocínio humanos; quem a desloca para o início, engana-se grosseiramente quanto à psicologia da humanidade antiga. Durante o mais largo período da história humana, não se castigou porque se responsabilizava o delinqüente por seu ato, ou seja, não pelo pressuposto de que apenas o culpado devia ser castigado — e sim como ainda hoje os pais castigam seus filhos, por raiva devida a um dano sofrido, raiva que se desafoga em quem o causou; mas mantida em certos limites, e modificada pela idéia de que qualquer dano encontra seu equivalente e pode ser realmente compensado, mesmo que seja com a dor do seu causador.

Para Nietzsche, o ser humano de ação livre é uma construção teórica que torna o castigo compreensível para uma criatura impulsionada por impulsos e instintos com determinações automatizadas de seu comportamento; a liberdade de vontade parece natural e inevitável como um bom arcabouço teórico e ideológico.

Para Nietzsche, é na esfera das obrigações legais que o mundo moral surge possibilitando uma avaliação moral dos seres humanos nos termos ditados por eles: violar um contrato significava violar uma promessa e, portanto, uma falha moral.

Nesse sentido, os desenvolvimentos sociais e políticos seguem os direitos legais, criados por um sistema de direito. Para Nietzsche, sem lei, não há sociedade e, consequentemente, não há política, pois nossas noções de justiça e injustiça são criações legais.

Para Nietzsche, não nascemos agentes morais. Tornamo-nos assim à medida que carregamos vestígios de nosso passado, de nossos importantes relacionamentos sociais, econômicos e jurídicos. Percebemos que Nietzsche inverte o debate convencional proposto pelos filósofos modernos sobre o direito natural nas teorias do direito: o direito não encontra seu fundamento normativo na moralidade, mas a moralidade está fundamentada no direito, cujo impacto expressivo e capacidade de ordenar relações sociais sustentam e preenchem a moralidade.

De certa forma, Nietzsche era filho do próprio Iluminismo, na medida em que acreditava no progresso e no desenvolvimento da raça humana sem imperativos religiosos. Ocorre que ele claramente rejeitou o aspecto fortemente racional dessa tendência das filosofias ocidentais. Nietzsche não achava que todas as pessoas eram fortes e capazes o suficiente para decidir por si mesmas o que era melhor, por isso pensava que os seres humanos deviam ouvir mais seus instintos do que apenas seu raciocínio.

Por fim, ele acreditava que o cenário político perfeito para o futuro seria uma sociedade moldada pela ascensão de uma pessoa nobre, um homem forte e inteligente dotado das faculdades de permitir que seus instintos conduzissem sua vida. Esses instintos, segundo Nietzsche, permitiriam a esse homem forte — o *Übermensch* — salvar a raça humana de um declínio ainda maior, como foi iniciado pelo Cristianismo, que também havia destruído o refinamento da alma helênica.

Compreender as relações de direito e Estado na obra nietzschiana exige o esclarecimento de que uma das tendências centrais do pensamento de Nietzsche é a dicotomia entre fracos e fortes, senhores e escravos, moralidade mestra e a moralidade escrava.

Ao analisar a evolução histórica da Europa, ele afirma que os fracos tendem a ganhar mais poder revestidos pela chamada Democracia, considerada por ele uma forma perfeita de escravidão quando alguém se torna escravo das massas. Para ele, até mesmo os líderes são fracos em uma sociedade democrática, pois precisam responder às necessidades da multidão.

Esse pensamento de Nietzsche se estende à educação numa perspectiva democrática. O filósofo criticava esse modelo político e ideológico como uma artimanha para enganar as pessoas e convencer os homens de seus estados medíocres. O professor que ousasse trabalhar de outra forma, incutindo nos indivíduos a capacidade reflexiva em favor da verdade, estaria condenado à morte:

> E que mais desejam atualmente a educação e a cultura? Em nossa época democrática, isto é, plebéia, a educação e a cultura devem ser a arte de enganar — acerca das origens, a arte de iludir e esconder o plebeismo hereditário do corpo e da alma. Um educador que, atualmente, pregasse a verdade antes de mais nada e insistisse com seus alunos para que assim fizessem, isto é, que fossem sinceros, naturais e que se comportem segundo sua verdadeira índole — um tal asno virtuoso e ingênuo acabaria recorrendo, cedo ou tarde, à 'furca' de Horácio para 'naturam expellere'; com qual resultado? (Nietzsche, 2005, p. 206).

Ainda nesse mesmo sentido, a Democracia se desenvolve nos Estados-Nação, transformando todo ser humano em um "bicho-anão de direitos e exigências iguais" (Nietzsche, 2005, p. 92). Sobre a necessidade de uma vontade geral, o autor esclarece:

> Afinal de contas, todos eles querem que se dê razão à moralidade inglesa, na medida em que justamente com ela é servida melhor a humanidade, ou 'o benefício geral', 'a felicidade da maioria', não! a felicidade da Inglaterra; eles querem provar a si mesmos, com todas as forças, que aspirar à felicidade inglesa, quer dizer, a comfort [conforto] e fashion [estilo] (e, objetivo supremo, um lugar no Parlamento), é também o caminho reto para a virtude, mais ainda, que toda virtude até hoje havida no mundo consistiu precisamente em tal aspiração. Nenhum desses graves animais de rebanho, de consciência agitada (que propõem defender a causa do egoísmo como causa do bem-estar geral), quer saber e sentir que o 'bem-estar-geral' não é um ideal, uma meta, uma noção talvez apreensível, mas apenas um vomitótio — que o que é justo para um não pode absolutamente ser justo para outro, que a exigência de uma moral para todos é nociva precisamente para os homens elevados, em suma, que existe uma hierarquia entre homem e homem, e, em conseqüência, entre moral e moral. (Nietzsche, 2005, p. 134).

Como pode ser percebido por meio dessa citação, Nietzsche também desenvolve uma noção aristocrática de direito. A lei, de acordo com esse conceito, é um derivado da vontade de poder. Logo, a desigualdade de direitos é considerada por Nietzsche como uma condição do fato de que existem direitos, uma vez que nunca encontraremos injustiça em direitos desiguais e sim nas reivindicações para que pessoas diferentes tenham os mesmos direitos.

O significado do antiestatismo de "Zaratustra" aparentemente consiste na perda de esperanças do Estado contemporâneo como um defensor de uma nova cultura aristocrática, na medida em que Nietzsche é contra o Estado moderno da Nação como o novo ídolo.

Logo, se ousássemos sintetizar Nietzsche do ponto de vista político e jurídico, o qualificaríamos como o profeta oponente ao liberalismo político e à democracia. Por ser contrário ao totalitarismo, denunciava o Estado como "o novo ídolo" e era ele próprio uma pessoa que se rotulava como antipolítico.

CONSIDERAÇÕES FINAIS

Consideramos importante esclarecer os limites epistemológicos da tese que originou este livro, levando em conta o lugar de fala e pesquisa da autora. Cumpre ressaltar que, embora o texto aspire a uma tessitura filosófica sobre o modo como as concepções de direito e educação implicaram a ideia de cidadania ao longo da história da civilização ocidental, seu desenvolvimento encontra limitações no que concerne aos fundamentos e ao estatuto da própria filosofia e seus alicerces epistemológicos. Portanto, que não se trata de uma pesquisa de hermenêutica e exegese filosófica, mas de um trabalho de investigação que busca, na Filosofia as condições de uma interpretação capaz de colocar um pensamento em contato com outro.

Por essa razão, este trabalho não se propõe ao desenvolvimento de uma tese única, que atenda aos pressupostos da pesquisa positivista, mas que, ao contrário disso e, por considerar os movimentos que desenham a pesquisa no campo das ciências humanas como matéria em movimento, o que se propôs, em cada capítulo, caracteriza-se como conjecturas historicamente circunstanciadas e apoiadas pelo exercício crítico-criativo, próprios da Filosofia.

Conforme destacado na introdução desta obra, ao repensar a legitimidade do direito e da educação, propusemos, sobretudo, conjecturar a cidadania. Logo, diante da necessidade de voltar a ciência para a reformulação da cultura educacional para a construção do sujeito enquanto ser autônomo e emancipado, a educação ganha sentido e o direito é visto, por nós, como possibilidade de transformações.

Atualmente, no Brasil, a cidadania é comumente entendida como um "status" legal, que confere direitos e deveres uniformes aos membros de um Estado. A cidadania contemporânea está associada à igualdade perante a lei, à liberdade do regime arbitrário e a um senso comum de dignidade humana, ligada à perspectiva dos direitos humanos.

Logo, na perspectiva de nosso entendimento, trata-se de um termo importante que evoca não apenas os direitos que os cidadãos podem reivindicar e os deveres a que são chamados. Compreende o exercício das prerrogativas civis, políticas e sociais vinculadas ao homem em sua historicidade, na medida em que o aspecto civil é composto pelos elementos necessários à liberdade individual; o político, relativo ao conjunto de direitos inerentes à participação ativa na organização do Estado, tanto como membro quanto como eleitor; e o social, que se refere às situações de bem-estar desse sujeito-cidadão.

Uma vez que o objetivo norteador desta obra consistiu em responder ao problema: — quais fundamentos filosóficos têm contribuído para as concepções de direito e de educação ao longo da história da civilização ocidental, com suas respectivas implicações para a construção da cidadania no Brasil? —, cada capítulo se constituiu como espaço de fundamentação de indagações que buscaram realizar, com profundidade, uma análise da história das concepções de direito e de educação para encontrar as ressonâncias que permitam pensar as variações políticas que conduziram à construção do conceito de cidadania. Logo, percebemos que o que se entende pela concepção de homem compreende a força motriz para pensar referidas categorias.

Na antiguidade, essa concepção encontra-se sedimentada na ontologia (parte da metafísica que trata da natureza, da realidade e da existência do ser e de suas propriedades transcendentes). O homem e a experiência da humanidade se constituem numa transcendência.

Em Platão, a ontologia está centrada na hipótese das Formas Inteligíveis, ou seja, na crença defendida pelo Sócrates platônico sobre a existência de entidades ontologicamente independentes, o belo em si, o bem em si, o igual em si, o justo em si, das quais as coisas empíricas (o homem enquanto sujeito que se constitui na e com a experiência de estar no mundo humano) participam, recebendo, por isso, as propriedades que exibem. As principais influências filosóficas dessa doutrina são a filosofia pré-socrática, a sofística e o pensamento de Sócrates.

Dessa forma, a educação serve para aproximar o humano das entidades ontologicamente independentes, processo que permite ao homem manifestar-se publicamente como uma realidade transcendente. Na perspectiva platônica, a educação é o processo, por meio do qual, o homem ascende dialeticamente ao mundo inteligível para contemplar a verdade enquanto manifestação das entidades ontologicamente independentes. O fim da educação é a *pólis*, e somente a filosofia é capaz de conduzir o homem nesse caminho.

A *pólis* torna-se o espaço da expressão pública do *ethos*. Assim, o exercício da cidadania está ligado à expressão do *ethos* entre o processo de formação do hábito e o seu termo como disposição permanente para agir, de acordo com as exigências para a realização do bem ou do melhor.

Em Aristóteles, a ontologia concebe a essência como algo realmente fundamental às coisas sensíveis, sendo que podemos analisá-la do ponto de vista do passado, o que era, ou seja, o que uma coisa foi, antes de ter sido atualizada. Aqui, o que se evidencia não é o abandono do mundo sensível; mas, ao contrário, o conhecimento da essência do que nele existe.

A esse respeito, é importante destacar a noção aristotélica de hilemorfismo, teoria, segundo a qual, todas as coisas são resultantes de dois princípios que, embora diferentes, são comunicantes e complementares: a matéria — princípio físico de que todas as coisas são construídas —, e a forma — princípio metafísico que determina que as coisas sejam aquilo que elas são. Por isso, o homem é, ao mesmo tempo, a síntese ideal entre corpo e alma sendo, portanto, uma realidade material e transcendente.

No contexto em que se situa a investigação proposta neste trabalho, trata-se de pensarmos, em Aristóteles, o lugar da educação nos processos que conduzem as condições de humanização do homem. Na filosofia aristotélica, a educação é o que se chama de causa eficiente, a força capaz de transformar a potência (aquilo que um ente pode vir a ser) em ato (o que um ente realmente é em momento). Esses processos estão intimamente ligados pela natureza política da existência humana.

Tal como na Antiguidade, também na Idade Média, a concepção de homem encontra-se sedimentada sobre a metafísica. No entanto, se, na antiguidade, o homem e a experiência da humanidade se constituem na transcendência que o homem realiza em relação a si mesmo (compreendendo a ontológica clássica como fundamento desse processo), na Idade Média, esse movimento de transcendência se articula na relação que o homem mantém com Deus, princípio e fim de toda experiência existencial e transcendental.

Trata-se, portanto, de uma concepção metafísica de homem, cujas bases se sedimentam no princípio de uma ontoteologia (uma vez que a realidade última da existência humana demanda, por princípio e fundamento, a existência de Deus).

Herdeiro do idealismo neoplatônico, Agostinho parte da ontologia clássica para alcançar a ideia de unidade. Desse modo, ao contrário de Platão, que separa a alma do corpo, como realidades subordinadas (no "Fédon" encontramos a afirmação de que o corpo é o cárcere da alma), Agostinho propõe uma nova forma de conceber o homem, não separando corpo e alma, mas afirmando que a alma está encarnada no corpo e, com ele, constitui um todo, uma unidade substancial.

A unidade substancial que constitui o homem exprime, por ordem, a plenitude da criação divina. Para Agostinho, o corpo se torna algo importante precisamente por causa da encarnação do Verbo. O próprio Filho de Deus vem habitar neste mundo, numa forma material. Por isso, afirma que a matéria também tem sua importância e não se separa da alma.

No entanto, por compreender a natureza corruptível do corpo, cabe ao homem cuidar da alma e preservá-la da incorruptibilidade. Nesse sentido, a educação, cujas bases se encontram firmemente apoiadas numa pedagogia catequética — revela-se como espaço e experiência de salvação. É, precisamente, a mediação pela fé que constitui a educação como itinerário do ser, ou seja, como um caminho a ser percorrido pelo ser humano em direção ao seu Criador.

Nesse sentido, a educação existe com a clara função de conformação da alma por meio dos dogmas que sustentam o Cristianismo e balizam a construção e a conservação dos valores morais que orientam a vida social. Aqui, a perspectiva ontoteológica que sustenta a concepção metafísica de homem na Idade Média fica ainda mais clara, encontrando apoio na hipótese platônica da existência de entidades ontologicamente independentes.

Para Agostinho, o encontro com Deus se dá no interior do homem, pois Deus — enquanto criador — está próximo e íntimo de sua criatura, mais do que o próprio homem. Nesse sentido, a educação, enquanto itinerário do homem, é caminho para a Verdade, que é o próprio Deus: alcançar a Verdade é ser iluminado pela graça divina.

Logo, o fim da educação não é outro senão a salvação da alma humana da incorruptibilidade, e o exercício da cidadania não é outro senão o da conformação de uma estrutura fortemente marcada pela divisão de classes e pelo controle político e religioso exercido pela Igreja. Assim é porque, para Agostinho, quando o homem busca viver e agir nos preceitos e na justiça de Deus, então vive uma vida feliz, afastando-se do mal e do pecado. Em síntese: buscar Deus por seu próprio bem e pelo bem-comum.

O homem, criado segundo a imagem e semelhança de Deus, torna-se participante da obra criada e deve, a serviço da Igreja e do Estado, contribuir para a ordem e a harmonia das relações, assumindo, com gratidão, o lugar que lhe é reservado na rígida estrutura estamental que define a sociedade medieval.

Essa perspectiva encontra apoio também na teologia de Tomás de Aquino. Na esteira da filosofia aristotélica, Tomás de Aquino propõe pensar o homem na perspectiva de uma teleologia: as coisas ocorrem em função de um objetivo determinado — uma causa; que pode ser final ou pode ser uma ponte para alcançar outra maior.

Apoiando-se na metafísica aristotélica, Tomás de Aquino atribui a Deus a condição de Ato: aquilo que é sempre igual a si mesmo, e não é um antecedente de coisa alguma. Aquilo que Aristóteles chamou de primeiro motor (potência pura), causa de todas as coisas que existem, Aquino chamou de Deus. Por isso, inclusive, considera que seja Deus causa eficiente da existência humana.

Para Tomás de Aquino, a operação própria da forma humana é o conhecimento, e esse, por sua vez, é alcançado quando o exercício contemplativo que imbui a alma humana permite ao homem transcender ao encontro de sua causa final: Deus. Conforme Aquino, embora a alma dependa do corpo para exercer suas ações (concordando com Aristóteles, no sentido de que não se pode prescindir dos dados sensíveis na construção do conhecimento) ela mesma é imaterial, e é precisamente sua imaterialidade que aproxima o homem das coisas e das causas superiores das quais participa como criatura, a imagem e semelhança do criador.

Nesse sentido, a educação cumpre a atividade que permite à alma humana apropriar-se do conhecimento que conduz ao alcance da verdade e, por consequência, a afirmação do indivíduo como experiência concreta de Deus manifestado nas instituições humanas. A primazia da individualidade sobre a individuação reforça a ideia de que o homem está naturalmente inclinado à vida regida pela prudência e pela justiça, virtudes cardeais que só podem ser encontradas na contemplação intelectual de Deus.

Logo, a educação é a atividade que permite ao homem transcender ao encontro do Criador, para construir as virtudes próprias do bem-comum. Assim, os fundamentos filosóficos que contribuem para as concepções de direito e de educação ao longo da história da civilização ocidental encontram-se implicados na concepção de homem (das formas de estar no mundo humano e experimentar a humanidade que se produz no e com o mundo). A construção da ideia de cidadania parte, portanto, do modo como a ideia de pertencimento social se constitui nos entornos da concepção de homem. Logo, a educação é a atividade de conformação da alma humana à realidade divina e transcendente da qual o homem participa como criatura, e a cidadania, o espaço de um ordenamento teleológico: a experiência social do homem não atende a outro fim senão o da afirmação do poder divino, manifestado nas instituições políticas e religiosas que sustentam e hierarquizam a vida humana em suas diferentes formas.

Em contrapartida, na Modernidade, as questões históricas, políticas e socioculturais que tramam a concepção de homem se manifestam no interior dos movimentos de emancipação, secularização e busca por autonomia, iniciados na Renascença.

No início da Europa moderna, o "status" de cidadão era incipiente. Nessa época, não havia Estados nacionais centralizados, e a grande maioria da população era formada por camponeses que viviam sob o domínio de um senhor local. A ideia de cidadania, isto é, um corpo de pessoas livres, vinculadas por uma lei comum, restringia-se àqueles que gozavam de plenos direitos de associação em cidades privilegiadas.

Não havia conceito de direitos universais dos cidadãos. Os direitos assumiram a forma de privilégios legitimados pela tradição e distribuídos de forma desigual, de acordo com o lugar, a classificação e a associação em outros órgãos corporativos, parlamentos, Universidades e afins. A cidadania urbana era, portanto, apenas uma forma de "status" jurídico que coexistia ao lado de uma grande variedade de grupos corporativos que habilitavam os membros a direitos e privilégios.

Ao equiparar-se como espírito de um novo tempo, o homem moderno coloca em evidência uma nova visão de mundo que não só opõe a razão humana aos dogmas cristãos e questiona as interpretações religiosas até então predominantes, como, também, por consequência dessa ruptura, inaugura uma nova visão de ciência e de método; o que tenciona a epistemologia como uma de suas grandes questões. Ao opor à ciência contemplativa um saber ativo, o homem deixou de ser apenas um mero espectador da harmonia do Mundo, alcançando para si o poder que acompanha o domínio do saber.

Nesse contexto, os avanços da ciência e do método experimental — especialmente no que concerne à valorização da técnica em oposição ao discurso formal, puramente contemplativo — ilustram o máximo exponencial da racionalidade e da crença de que a razão, a ciência e a tecnologia se constituiriam como o principal instrumento do homem para enfrentar os desafios da vida, equacionar os problemas relacionados à representação da realidade e conduzir a história em uma marcha contínua na direção do progresso humano.

A partir do século XVIII, o uso do termo "cidadão" começou a abandonar sua associação absolutista assim como a se libertar da ideia de classificações graduadas e privilégios historicamente condicionados.

Essa transformação fez parte de uma mudança cultural mais ampla, pois conceitos relacionados a uma ordem vertical da sociedade, organizada por noções de comando, assumiram um novo significado. A palavra "rei" tornou-se desacoplada de Nação, que havia sido incorporada anteriormente. O termo "sociedade" passou a não mais significar uma parceria comercial, para ser entendido como um campo universal das relações humanas. As gradações sociais ainda existiam, mas eram frequentemente descritas como classes, que implicavam produtividade e esforço individual, e não como propriedades, ordens ou corpos, que sugeriam uma existência preexistente e hierárquica.

Com efeito, são essas as condições que permitiram ao pensamento filosófico transitar da tradição metafísica, lograda das idades clássica e medieval, a uma concepção de homem, construída a partir da compreensão e da representação da realidade como algo concreto e não idealizado.

Na esteira do racionalismo mecanicista de René Descartes, Thomas Hobbes entende que as experiências que constituem o humano são definidas fora do estado de natureza, portanto, em vista de sua situação "no" e "com" o mundo. É, pois, nesse sentido, que toda sua obra se concentra na busca por uma expressão racional rigorosa aos cânones do mecanicismo para a ideia de corpo, categoria fundamental para pensar a relação que se estabelece entre a natureza, o homem e a sociedade.

Para os contratualistas (Hobbes, Locke e Rousseau), o homem se difere dos outros animais pela liberdade do arbítrio pela razão e, por isso mesmo, o lugar do homem no Mundo não é determinado por outra razão senão pela tarefa que a própria natureza lhe impõe: sair do estado natural para alcançar o estado civil. É precisamente a busca pela civilidade e pelo estado de bem-estar social que torna o homem artífice de sua própria humanidade. Logo, a sociedade e o Estado constituem-se como espaço de realização do homem.

No entanto, como bem notamos em Hobbes, o homem é natural e estritamente individualista, voltado somente para si e seus benefícios, muito diferente da ideia de homem virtuoso e colaborador da sociedade, como em Aristóteles e Tomás de Aquino.

Nesse contexto, a educação cumpre um importante papel: reproduzir as regulações do Estado e da lei para evitar a barbárie. Se partimos do pressuposto hobbesiano de que, em seu estado natural, "o homem é lobo do próprio homem", sem a educação — espaço de produção da civilidade e de afirmação do pacto social — os homens estariam ainda mais predispostos (do que naturalmente são) aos conflitos movidos pela competição, pela desconfiança e pela glória.

Em Hobbes, a educação é a atividade que torna possível a conformação do conceito de justiça (pacto). Nesse sentido, educar não é outra coisa senão preparar o homem para o devido cumprimento dos pactos e obediência à Lei.

No contexto da modernidade, a educação assume um caráter social: formar o homem para a obediência civil. Optar pelo Estado é um raciocínio que vem da razão. O indivíduo entende que, para sobreviver, necessita da presença de um Estado; e referida necessidade deriva da primeira lei natural: a instituição artificial de um poder comum que lhe permita procurar a paz e segui-la.

Isso posto, temos que a noção de cidadania postulada em Thomas Hobbes encontra fundamentos na vinculação das dimensões da vida política, no pacto social que situa e legitima o poder do Estado e no exercício artificial do poder exercido entre os cidadãos. Como o próprio corpo político, seus membros, os cidadãos, tornaram-se, para Hobbes, um produto da arte humana. Trata-se, portanto, de uma noção de cidadania essencialmente apoiada sobre o princípio da participação política.

Em outra perspectiva, ao pensar o humano dotado de liberdade individual, Locke defende que a individualização é uma consequência da própria existência do homem, que determina que ele está em um tempo e em um lugar que são incomunicáveis a dois seres do mesmo tipo. Assim, Locke distingue entre a identidade de um homem e a identidade de uma pessoa: a primeira consistindo na conjunção de um espírito racional e um corpo tendo uma forma particular; a segunda, na existência de um ser pensante, capaz de raciocinar e refletir e ter autoconsciência distinta dos outros.

Conclui-se que, para Locke, a experiência psicológica da pessoa difere do conhecimento do homem como um ser substancial e, portanto, como uma realidade substancial, o homem pode tornar-se indefinível em sua essência, enquanto permanece dotado de identidade pessoal à medida que possui autoconsciência. A análise histórica das ideias resulta, sem dúvida, na exclusão da metafísica do tipo cartesiano.

Nesse sentido, em Locke, a aprendizagem depende primeiramente das informações e vivências às quais o homem é submetido e que ele absorve de modo relativamente previsível e passivo. É, portanto, um aprendizado de fora para dentro, ao contrário do que defenderam alguns pensadores de linha idealista, como Rousseau.

O contratualismo, como base do pensamento moderno, marca o ponto comum entre Hobbes, Locke e Rousseau, pois cada filósofo concorda que, antes de os homens virem a se governar, todos eles existiam em um estado de natureza. No entanto, as razões que levam o homem a uma sociedade assim diferem de um autor para outro.

Segundo Hobbes, o estado da natureza representava as interações dos seres humanos entre si, na ausência de qualquer tipo de autoridade política. Por isso, surgiu a necessidade de ter uma autoridade que aplicasse as leis da natureza e ajudasse o homem a realizar seus desejos de maneira mais eficiente. Isso levou à assinatura do Contrato Social entre homens, promovendo a formação de um Estado e de um soberano. Nesse Estado ou comunidade, como afirma Hobbes, os homens autorizaram um indivíduo em particular ou um grupo de indivíduos a executar todas as ações. Além disso, os homens renunciaram a certos direitos sob a condição de que esses direitos também fossem renunciados por toda a multidão.

O soberano de Hobbes tinha autoridade absoluta. Seus julgamentos e ações não poderiam ser questionados, pois esse soberano não fazia parte do contrato social. Opor-se a ele significava opor-se a si mesmo, pois representava o próprio povo. O único direito que os homens tinham contra esse soberano era o direito à vida ou à autopreservação.

Ao contrário de Hobbes, para quem o estado natural é um estado de guerra, o estado natural de Locke é o estado de paz, boa vontade, assistência mútua e preservação. Sua teoria ressalta que o homem é um ser sábio e sociável, que pode julgar os efeitos negativos de ir à guerra.

Locke trata do conceito de propriedade privada que, com toda probabilidade, leva a desigualdades de riqueza. A fim de garantir a segurança das leis naturais e a desigualdade de riqueza, o homem deve fazer parte de uma comunidade governada por um conjunto de leis e pelo governo. Ocorre que Locke não acreditava na censura do Estado, devendo este existir e funcionar separadamente do povo. O principal objetivo do poder estatal seria garantir a segurança e a proteção dos direitos de propriedade pessoal. Daí a visão de Locke sobre o governo, que não é absoluta e é contrária à de Hobbes.

Por fim, a teoria de Rousseau sobre o estado da natureza mostra, em estágios progressivos, como os homens, ao se comportarem como animais, transformam-se em sociedade. Essa sociedade, segundo o filósofo, não é de todo civil, pois gera mais corrupção e sentimentos negativos na mente do homem. Assim, o ponto de vista de Rousseau difere de Hobbes ou Locke, que acreditam na transformação dos homens do estado da natureza em uma sociedade civilizada. Rousseau, em sua teoria, favorece os homens no estado de natureza em que eles só têm diferenças naturais, em vez de diferenças políticas, sociais ou econômicas.

A nova entidade política formada como resultado do contrato que garantirá paz aos homens reflete e trabalha para a vontade geral. Essa vontade geral leva à proteção da liberdade individual que, como corolário, remete à remoção das desigualdades econômicas, sociais e políticas. Por esse motivo, as pessoas estão dispostas a conceder, inclusive, o direito à autopreservação. Esse conceito, como visto claramente, contrasta fortemente com a teoria de Hobbes e Locke.

Como já afirmado, os fundamentos filosóficos que contribuem para as concepções de direito e de educação, ao longo da história da civilização ocidental, encontram-se implicados na concepção de homem (das formas de estar no mundo humano e experimentar a humanidade que se produz no e com o mundo). Em que pese o conjunto das transformações que marcaram os séculos XVII e XVIII, a educação moderna se constitui como uma atividade de natureza instrutiva e de caráter cívico, cuja responsabilidade corresponde à conformação do homem ao plano artificial do poder e, precisamente, por consequência, das ideias de pacto e justiça, produzidas no interior das novas relações de pertença social, produção e trabalho, a cidadania se revela na legitimação do arbítrio e da ordem como fundamentos das instituições, do corpo político e do estado de bem-estar social.

Posterior a esse pensamento, a contemporaneidade foi representada, neste trabalho, por Hegel, Marx e Nietzsche, que analisaram o homem e a sociedade como um todo, em outra perspectiva.

Os conceitos de indivíduo e sociedade de Marx têm suas raízes na filosofia hegeliana. Ambos rejeitam a ideia de que o indivíduo seja uma entidade atômica, conforme pontuava a filosofia social liberal e a economia clássica, uma vez que a atividade produtiva humana é essencialmente social.

No entanto, Marx mostra que os conceitos liberais de individualidade e sociedade são produtos e expressões da alienação social das condições do livre mercado. A teoria de Marx se desenvolve a partir da abordagem de Hegel sobre a sociedade civil e usa uma estrutura de desenvolvimento histórico semelhante à de Hegel.

Marx não acreditava, como muitos sociólogos e psicólogos contemporâneos, que não existe a natureza do homem: esse homem ao nascer é como uma folha de papel em branco, na qual o contexto cultural escreve seu texto. Em contraste com esse relativismo sociológico, Marx considerou o homem como uma entidade reconhecível e determinável, podendo ser definido não apenas biológica e fisiologicamente, como também culturalmente.

O potencial do homem, para Marx, é algo dado; o homem é, por assim dizer, a matéria-prima humana que, como tal, não pode ser alterada, assim como a estrutura cerebral permanece a mesma desde o início da vida. No entanto, o homem se transforma no curso da história: ele se desenvolve e se modifica, configurando o próprio produto da história. Dessa forma, referida história nada mais é do que a autocriação do homem por meio do processo de sua obra e sua produção pelo trabalho humano.

O conceito de homem, de Marx, está enraizado no pensamento de Hegel para o qual aparência e essência não coincidem. A tarefa do pensador dialético é distinguir o essencial do aparente e compreender suas relações. Ou, em outras palavras, é o problema da relação entre essência e existência.

Para Hegel, o conhecimento não é obtido na posição da divisão do sujeito-objeto, na qual o objeto é apreendido como algo separado e oposto ao pensador. Para conhecer o mundo, o homem precisa tornar o mundo próprio. Nesse processo, olhar para si mesmo se torna essência. Essa essência denominada por construção da identidade pela transformação é, segundo Hegel, um processo que ocorre por meio das contradições inerentes e se desdobra como resultado.

A essência é, portanto, tanto histórica quanto ontológica. As potencialidades essenciais das coisas se realizam no mesmo processo abrangente que estabelece sua existência. A essência pode alcançar sua existência quando as potencialidades amadurecerem nas condições da realidade. Hegel descreve esse processo como a transição para a realidade.

Marx e Hegel tinham em comum a concepção da realidade como história e a história como dialética. É sobre o conceito de dialética que os dois se diferenciam. Segundo Hegel, a dialética é o desenvolvimento do espírito ou da ideia; para Marx, é o desenvolvimento da sociedade humana em virtude das condições materiais da vida e não em virtude das ideias.

Segundo Marx, a economia é a única categoria pela qual as várias mudanças na história são explicadas; política, direito, filosofia, arte, ética e religião nada mais são que superestruturas da economia e sempre representam o pensamento da classe dominante.

Por meio da defesa de que não é a consciência que determina a vida, mas a vida que determina a consciência, podemos compreender um exemplo do materialismo histórico-dialético de Marx, que consiste em colocar relações materiais em relacionamentos ideais na dialética histórica.

No ponto de vista educacional, ambos propuseram medidas a serem tomadas após a revolução. Além de defenderem educação pública gratuita para todas as crianças, manifestavam-se contra o trabalho infantil nas fábricas e defendiam a combinação da educação com a produção material, uma vez que, para Marx, a tarefa da educação poderia ser condensada em três aspectos: treinamento intelectual, preparação física e educação politécnica.

A educação politécnica possibilitaria fornecer a base teórica científica, fundamental para a compreensão dos processos de produção e a formação prática no uso das principais ferramentas de trabalho. Marx opõe essa educação politécnica à escola profissional da época, desejada pela indústria para a preparação dos trabalhadores, portanto, com propósitos estritamente utilitários.

Importante destacar que Hegel e Marx não pouparam críticas à escola, vista como uma ferramenta ideológica que expressa a concepção do mundo e os interesses econômicos da classe dominante.

No que diz respeito à educação, os pontos fundamentais do pensamento de Marx são: a conexão entre educação e trabalho produtivo e a necessidade de uma educação secular igual para todos, a fim de formar o novo homem.

Nesse sentido, a concepção do novo homem, o homem omnilateral, de que o socialismo deve contribuir para crescer, é de um homem que trabalha não mais restrito pela necessidade e alienação, mas, com liberdade, realiza o trabalho como realização de si mesmo.

Podemos inferir que, na contemporaneidade, as questões históricas, políticas e socioculturais que tramam a concepção de homem se encontram manifestadas na crise da razão. Nesse ínterim, as concepções e as representações de homem e sociedade exprimem não só as estimas produzidas no contexto de pós-consolidação do capitalismo industrial, como também destacam o progresso tecnocientífico como valor de verdade perante as leis naturais ou teológicas.

Trata-se, portanto, de um contexto marcado pela complexidade dos novos arranjos econômicos, políticos e sociais, e do modo como essas relações implicam a proposição de um homem intelectualmente capaz de se formar individual e subjetivamente, ao mesmo tempo em que corrobora o ideal de humanidade e coloca em detrimento a visão particularizada do Mundo, lograda da modernidade.

Nesse contexto, encontramos, em Nietzsche e na trama de suas ideias, uma força vital para pensarmos o que se circunstancia entre a educação e o direito; entre a política e a construção da cidadania. Assumimos essa proposição na medida em que reconhecemos na filosofia nietzschiana um sentido pluralista, híbrido e heterogêneo para o que pretendemos: colocar em questão fundamentos filosóficos que contribuem para as concepções de direito e de educação ao longo da história da civilização ocidental.

Em Nietzsche, situamos nosso problema de pesquisa num espaço marcado por um ponto de encontro: potências que nos permitem colocar o problema da educação e da construção da cidadania.

Em primeiro lugar, destacamos as conferências "Sobre o futuro dos nossos estabelecimentos de ensino". O texto reúne cinco conferências ministradas em 1872, quando Nietzsche ainda era professor de filosofia clássica na Basiléia, na Universidade e no Pädagogium e a III Intempestiva, intitulada Schopenhauer Educador, proferida em 1874. Ambos os textos pertencem ao período da juventude de Nietzsche, no qual ele manifesta a sua preocupação com a educação e a cultura, sobretudo, com a formação dos jovens para uma cultura do pensamento. Nesses textos, Nietzsche discute diretamente a questão dos métodos, conteúdos e formas da educação para os jovens bem como a relação pedagógica entre professor e aluno.

Por conseguinte, colocamos em questão a perspectiva de Nietzsche acerca de uma filologia rigorosa. Não se pode pensar uma educação que seja capaz de mobilizar as razões e as paixões que pulsam no espírito humano sem que se considere o valor da leitura como formação da sensibilidade e do caráter: ler para além do desconhecido, para além de uma hermenêutica que, tradicionalmente e no contexto da educação humanista, conserva tradições.

Para Nietzsche, a experiência da leitura consiste no modo de uma interpretação que permite ao leitor viver o texto a ponto de atuar em função dos sentidos que se produzem na relação homem-texto-mundo. É, pois, a partir daí que ler coloca em jogo e risco o próprio leitor. Educar um homem que seja capaz de, para ler, ir além do desconhecido, não é outra coisa senão educar espíritos livres, capazes de encontrar-se com sua própria identidade à medida que se afastam de qualquer forma de crença como imposição da verdade.

Adiante, afirmamos, em Nietzsche, a forma de um pensamento que se constitui como diferença e repetição, e que faz da repetição uma experiência que se revela como vontade de potência. O conceito de vontade de potência recupera a necessidade de libertar a vontade de tudo o que a aprisiona, fazendo da repetição o próprio objeto do querer.

Corroborando com as ideias de Schopenhauer, Nietzsche admite a vontade como uma potência insaciável e, por isso, como uma força projetada para além dos sentidos humanos. Do conceito de força que aí se inscreve resulta uma nova concepção da filosofia da vontade, como força que se exerce sobre a própria existência; é múltipla e se mostra como efetivação real. No âmbito da educação de espíritos livres, a vontade de potência configura uma tensão criativa; a vida como a força do pensamento e o pensamento como o poder de afirmação plural da vida.

Para Nietzsche, é tarefa da educação multiplicar perspectivas e formar um caráter livre. Com efeito, é essa educação que, como processo de promoção do espírito humano por meio da cultura, torna possível ao homem reconhecer, em si mesmo e na experiência de sua humanidade, o conjunto das forças que o conduzem à superação de suas próprias fragilidades. Logo, a educação deve implicar o sentido mais profundo de produção da cultura pela transformação do homem e do mundo.

Por fim, notamos que, para Nietzsche, a educação como formação do espírito livre só poderá se realizar intempestivamente contra o presente: educar o homem contra o seu tempo, inclusive contra esse eu que aí se constitui e cujas necessidades, desejos, ideias e ações não são outra coisa que não a compreensão de uma época indigente; educar para uma razão inadequada, que contrarie crenças limitantes e verdades impositivas; educar um homem que seja capaz de se lançar no sentido do proibido e de sobrepor sua própria vontade sobre qualquer outra vontade que queira determiná-lo.

As proposições que terminamos por enunciar fazem da concepção de educação postulada em Nietzsche uma experiência libertária, algo que se tem na forma da autonomia da vontade e da razão. O que aí se destaca diz respeito a um propósito de autogoverno, cuja não arbitrariedade funda obrigações individuais e coletivas: algo que não se constitui na privacidade, mas na alteridade, numa dimensão de reciprocidade. Nesse sentido, o exercício da cidadania não ocorre de outro modo que não seja pelo exercício público do pensamento e no intenso fluxo de revezamentos que aí se constitui.

Mais uma vez, ressaltamos que os fundamentos filosóficos que contribuem para as concepções de direito e de educação ao longo da história da civilização ocidental encontram-se implicados na concepção de homem (das formas de estar no mundo humano e experimentar a humanidade que se produz no e com o mundo). Em que pesem as particularidades teóricas que situam a educação, o direito e a cidadania no âmbito do idealismo hegeliano, do materialismo histórico-dialético e do pluralismo dos sentidos circunstanciado em Nietzsche, a educação contemporânea se constitui como um projeto de formação essencialmente vinculado ao humanismo pós-moderno.

Nesse sentido, a promoção da humanidade do homem se manifesta como projeto de aprendizagem humano-significativa da linguagem, do trabalho e da cultura, ou seja, como fluxo de intensões que, na forma de uma socioepistemologia, concorre à formação de um sujeito capaz de interpretar as tensões que fazem do conhecimento humano um coletivo de realização, historicamente situado.

Trata-se de um processo marcado pela expressão ativa de um modo de vida ativo, que concorre à elevação cultural do sujeito e à emancipação da razão e da vontade. Assim manifestada, a educação se expõe como acontecimento fundamental ao exercício consciente e intencional de participação na vida política: como experiência sociodiscursiva e de promoção de um diálogo multicultural, capaz de convergir o compromisso com a justiça social, com a democracia, com a libertação e crítica às desigualdades e, sobremaneira, como defesa irredutível pela consolidação do direito como garantia constitucional à vida (e à sua inviolabilidade), à liberdade (de ser, pensar e agir, educar(se) e promover o conhecimento e a cultura) e à dignidade que iguala os homens-todos como todo-singular.

Ao pensarmos a educação na contemporaneidade, percebemos a necessidade de se discutir a cidadania como uma vertente que possibilita a mediação entre as esferas pública e privada para possibilitar a construção da democracia. Na modernidade, a concepção de cidadania, intimamente relacionada ao direito e à educação, desenvolveu-se no contexto da formalização e da construção do estado liberal, pensado a partir da homogeneização cultural e práticas dos grupos dominantes. Ocorre que, no contexto da globalização, que implica o processo de pluralização das sociedades, os atores sociais devem questionar as novas funções do Estado, colocando o direito, a educação e a cidadania como polos dessa interrogação.

uma maneira única de representar interesses, bem como apenas um tipo de Estado capaz de regular as relações do humano com sua coletividade.

O conceito de democracia representativa, que foi canonizado como uma maneira de conceber a democracia, é o que está em jogo nesse contexto pós-liberal. No entanto, falar sobre pós-liberalismo não significa substituir ou ignorar o liberalismo, uma vez que o pós-liberalismo o contém.

O momento atual é marcado pelo retorno das demandas à cidadania social e pela luta para a reconstrução do Estado Democrático. Não se trata apenas de consolidar concepções existentes. É necessário inovar ou redesenhar as atuais, a fim de abrir espaços para a contextualização de diferentes esferas de direitos que correspondam às necessidades contemporâneas.

O olhar contemporâneo e os desafios futuros da educação repercutem na transformação da cultura cívica e na formação dos cidadãos; assim, esse tema traz para a ciência múltiplas arestas que nos levam à reflexão, cujas perspectivas deixam um número interminável de outras questões enriquecedoras; e vale a pena discuti-las, problematizá-las e ressignificá-las. Por isso, os relatos de uma pesquisa realizada em nível de doutoramento terminam aqui, mas as motivações para sua continuidade permanecem em nós.

REFERÊNCIAS

ABBAGNANO, Nicola. **Dicionário de filosofia**. 4. ed. São Paulo: Martins Fontes, 2000.

AGOSTINHO. **Confissões**; De magistro. São Paulo: Abril Cultural, 1980 (Coleção Os Pensadores)

AGOSTINHO. **A Verdadeira Religião**. 2. ed. São Paulo: Edições Paulinas, 1992.

AGOSTINHO. **A Trindade**. São Paulo: Pagulus, 1994.

AGOSTINHO. **O Livre-arbítrio**. 2. ed. São Paulo: Paulus, 1995.

AGOSTINHO. **A Vida Feliz**. São Paulo: Paulus, 1998a.

AGOSTINHO. **A doutrina cristã**. São Paulo: Paulus, 1998a.

AGOSTINHO. **A cidade de Deus**. Lisboa: Fundação Calouste Gulbenkian, 2000.

AGOSTINHO. **A Instrução dos Catecúmenos**: teoria e prática da catequese. 2. ed. Petrópolis: Editora Vozes, 2005.

AGOSTINHO.

AGOSTINHO. **Contra os Acadêmicos**. São Paulo: Paulus, 2008a.

AQUINO, Tomás de. **Comentário ao Tratado da Trindade de Boécio**. Tradução e introdução de Carlos Arthur R. Nascimento. São Paulo: Unesp, 1998.

AQUINO, Tomás de. **Sobre o ensino (*De Magistro*) e os sete pecados capitais**. Tradução de Luiz Jean Lauand. São Paulo: Martins Fontes, 2000.

AQUINO, Tomás de. **Suma Contra os Gentios**. São Paulo: Nova Cultural, 2000.

AQUINO, Tomás de. **Suma Teológica**. Obra completa. 2. ed. São Paulo: Edições Loyola, 2001.

AQUINO, Marcelo F. Tomás de Aquino: entre a antiguidade tardia e a modernidade renascimental. **Síntese, Revista de Filosofia**, Belo Horizonte, v. 35, v. 111, p. 33-56, 2008.

ARANHA, Maria Lúcia de Arruda. **Filosofia da educação**. 2. ed. revista e ampliada. São Paulo: Editora Moderna, 1996.

ARISTÓTELES. Ética a Nicômaco. Tradução de Leonel Vallandro e Gerd Bornheim. São Paulo: Coleção Os Pensadores, 1987.

ARISTÓTELES. **Política**. Tradução de Maria Isabel Santa y Cruz e Maria Inês Crespo. Buenos Aires: Losada, 2005.

ARISTÓTELES. **Retórica**. 2. ed. rev. Obras completas de Aristóteles. v. VIII, tomo I. Lisboa: Imprensa Nacional – Casa da Moeda, 2015.

BARROS, José D. Passagens de Antiguidade Romana ao Ocidente Medieval: leituras historiográficas de um período limítrofe. **História** [on-line], v. 28, n. 1, p. 547-573, 2009.

BATISTA, Gustavo Araújo. **Uma abordagem sobre o pensamento educacional e pedagógico de John Locke**. 2003. 146 f. Dissertação (Mestrado em Educação) — Universidade Federal de Uberlândia, Uberlândia, 2019. Disponível em: https://repositorio.ufu.br/handle/123456789/26692. Acesso em: 25 jul. 2024.

BATISTA, Gustavo Araújo. O ideário pedagógico platônico n'A República. **Unisinos**, v. 17, n. 1, jan. 2010.

BATISTA, Gustavo Araújo. **O pensamento educacional de Santo Tomás de Aquino como consequência de sua teologia e de sua filosofia**. Educação Unisinos, São Leopoldo, 2010.

BATISTA, Gustavo Araújo. **O naturalismo e o contratualismo em John Locke e em Jean-Jacques Rousseau**. 1. ed. Curitiba: Editora CRV, 2010.

BATISTA, Gustavo Araújo; FERREIRA, Stephânia Beatriz; FERREIRA, Dayana Vieira. Sócrates: a defesa da filosofia aplicada à educação para a vida reflexiva – algumas considerações para a autoformação ético-política do educador. **Cadernos da FUCAMP**, v.12, n. 10, p. 49-64, 2010.

BENOIT, Hector. Sócrates: O nascimento da razão negativa. São Paulo: Ed. Moderna, 1996.

BOBBIO, Norberto. **Teoria Geral da Política**: A Filosofia Política e as Lições dos Clássicos. Traduzido de Daniela Beccaccia Versiani. Rio de Janeiro: Campus, 2000.

BOBBIO, N. *et al.* **Liberalismo e democracia**. São Paulo: Brasiliense, 1998.

BRANDÃO, Zaia. Indagação e convicção: fronteiras entre a ciência e a ideologia. **Cadernos de Pesquisa**, v. 40, n. 141, p. 849-856, set./dez. 2010.

BRANDÃO, Carlos Rodrigues. **O que é educação**. 18. ed. São Paulo: Brasiliense, 1986.

BROWN, P. **Santo Agostinho**: Uma biografia. Tradução de Vera Ribeiro. 6. ed. Rio de Janeiro: Record, 2011.

BRUN, Jean. Sócrates. Lisboa: Dom Quixote, 1984. 151 p.

CAMBI, F. **História da Pedagogia**. 3. ed. São Paulo: Unesp, 1999.

CAVALCANTI, Alberes de Siqueira. Olhares epistemológicos e a pesquisa educacional na formação de professores de ciências. **Educação e Pesquisa**, Brasil, v. 40, n. 4, p. 983-998, dez. 2014.

CHEPTULIN, Alexandre. A Dialética Materialista — Categorias e Leis da Dialética. Tradução de Leda Rita Cintra Ferraz. **Coleção Filosofia, Editora Alfa- Omega**, São Paulo, série 1, v. 2, 2004.

CUNHA, Jorge; PACHECO, Claudia. Violência, cidadania e disciplinamento: controvérsias na escola. **Revista Diálogo Educacional**, Curitiba, v. 9, n. 28, p. 557-569, set./dez. 2009.

DEMO, Pedro. **Metodologia do conhecimento científico**. São Paulo: Atlas, 2000.

DINUCCI, Aldo. A relação entre virtude e felicidade em Sócrates. **Filosofia Unisinos**, v. 10, n. 3, p. 254-264, set./dez. 2009.

DURKHEIM, E. **A evolução pedagógica**. Porto Alegre: Artes Médicas, 1995.

FAZENDA, Ivani Catarina Arantes (org.). **Integração e interdisciplinaridade no ensino brasileiro**: efetividade ou ideologia? São Paulo: Loyola, 1979.

FINLEY, Moses I. **Os gregos Antigos**. Lisboa: Edições 70, 1963. (Coleção Lugar da História)

FONSECA, Maria de Jesus Martins da. Sócrates. 2012. Disponível em: https://www.academia.edu/96026559/S%C3%B3crates?hb-g-sw=112210857 Acesso em: 25 jul. 2024.

FREIRE, Paulo. **Pedagogia da autonomia**: Saberes necessários a prática educativa.12. ed. São Paulo: Paz e Terra, 1999.

GADOTTI, Moacir; ROMÃO, José E. **Autonomia da Escola**. 6. ed. São Paulo: Cortez, (Guia da escola cidadã, v. 1), 2004.

GARDEIL, H. D. **Iniciação à filosofia de S. Tomás de Aquino**: Metafísica. São Paulo: Livraria Duas Cidades, 1967. v. 4.

GILSON, E. Os padres latinos e a filosofia. *In*: GILSON, E. **A Filosofia na Idade Média**. 2. ed. São Paulo: Martins Fontes, 2007.

HABERMAS, J. **O discurso filosófico da modernidade**. 1. ed. 2. tir. Tradução de Luiz Sérgio Repa e Rodnei Nascimento. São Paulo: Martins Fontes, 2002.

HEGEL, G. W. F. **Fenomenologia do Espírito**. 2. ed. Tradução de Paulo Meneses e Karl-Heinz EfKen. Petrópolis: Vozes, 1992. v. 2.

HESSEN, J. **Teoria do conhecimento**. São Paulo: Martins Fontes, 2003. p. 62-63.

HOBBES, Thomas. **Leviatã ou Matéria, forma e poder de um estado eclesiástico e civil**. São Paulo: Abril, 1979.

HOBBES, Thomas. **Do Cidadão**. São Paulo: Martins Fontes, 1998.

HOBBES, Thomas. **Leviatã**. São Paulo: Ícone, 2000.

HOBBES, Thomas. **Diálogo entre um filósofo e um jurista**. 2. ed. São Paulo: Landy, 2004.

HOURADAKIS, A. **Aristóteles e a Educação**. Tradução de Luiz Paulo Rouanet. São Paulo: Edições Loyola, 2001.

JAEGER, Werner Wilhelm. **Paideia**: a formação do homem grego. 6. ed. Tradução de Artur M. Parreira. São Paulo: Editora: Martins Fontes, 2013.

JASPERS, K. Platon. **Les grands philosophes**. Paris: Plon, 1963.

JOSEPH, Miriam. **O Trivium**: as artes liberais da lógica, gramática e retórica: entendendo a natureza e a função da linguagem. São Paulo: É realizações, 2008.

LAFER, Celso. Hobbes visto por Bobbio. **Revista Brasileira de Filosofia**, São Paulo, v. 34, n. 164, 1991.

LIBERA, A. **A Filosofia Medieval**. Tradução de Nicolás Nyimi Campanário e Yvone Maria de Campos Teixeira da Silva. São Paulo: Loyola, 1998. p. 7-18.

LOCKE, John. **Pensamientos sobre La Educación**. Madri: Akal, 1986.

LOCKE, John. **Segundo Tratado sobre o Governo Civil e Outros Escritos**: Ensaio sobre a Origem, os Limites e os Fins Verdadeiros do Governo Civil. Tradução de Magda Lopes e Marisa Lobo da Costa. Petrópolis: Vozes, 1999.

LOCKE, John. **Dois tratados sobre o governo**. São Paulo: Editora Martins Fontes, 2001.

LOCKE, John. **Cartas sobre tolerância**. São Paulo: Ícone, 2004.

LIMA VAZ, Henrique C. de. **Escritos de filosofia II**: ética e cultura. São Paulo: Loyola, 1993.

MACPHERSON, Crawford Brougb. **A teoria política do individualismo possessivo**: de Hobbes a Locke. Rio de Janeiro: Paz e Terra, 1979.

MARSHALL, Thomas Humphrey. Cidadania, Classe Social e Status. Rio de Janeiro: Zahar, 1967.

MARROU, Henri Irénée. **História da Educação na Antiguidade**. São Paulo: Editora Herder. Editora da Universidade de São Paulo. 1969.

MARROU, Henri Irénée . O cristianismo e a educação clássica. *In*: MARROU, H. **História da educação na Antiguidade**. São Paulo: EPU, 1975.

MARX, Karl; ENGELS, Friedrich. **O capital**: crítica da economia política. Livro primeiro: o processo de produção de capital. 9. ed. Tradução de Reginaldo Sant'Anna. São Paulo: Difel, 1984. v. 1.

MARX, Karl; ENGELS, Friedrich. **O Manifesto Comunista**. Tradução de Maria Lúcia Como. Rio de Janeiro: Paz e Terra, 1996. p. 14. (Col. Leitura)

MARX, Karl; ENGELS, Friedrich. **A ideologia alemã** (Feuerbach). São Paulo: Hucitec, 1996.

MARX, Karl; ENGELS, Friedrich. A sagrada família ou A crítica da Crítica crítica contra Bruno Bauer e consortes. Tradução e notas de Marcelo Backes. São Paulo: Boitempo, 2003.

MARX, Karl; ENGELS, Friedrich. **Manuscritos econômico-filosóficos**. 1. ed. Tradução e notas de Jesus Ranieri. São Paulo: Boitempo, 2004.

MARX, Karl; ENGELS, Friedrich. **Sobre a Questão Judaica**. São Paulo: Boitempo, 2010.

MOURA, Paulo H. Ferreira. **A política na Cidade de Deus de Santo Agostinho**. Rio de Janeiro, 2002. 104 f. Dissertação (Mestrado em Teologia) — Programa de Pós-Graduação em Teologia) – PUC-Rio, Rio de Janeiro, 2002.

MORIN, Edgar. **Introdução ao pensamento complexo**. Porto Alegre: Sulina, 2005.

SOUZA, J. Z. de. Agostinho: **Buscador inquieto da verdade**. Porto Alegre: EDIPUCRS, 2001. (Coleção Filosofia, 124).

SOUZA, Mariana Rossetto; PEREIRA MELO, José Joaquim. A Educação Em Santo Agostinho: Processo De Interiorização Na Busca Pelo Conhecimento. CONGRESSO NACIONAL DE EDUCAÇÃO – EDUCERE, III ENCONTRO BRASILEIRO DE PSICOPEDAGOGIA, 9., 2009, Paraná. **Anais** [...]. Paraná: PUCPR, 2009. p. 7-11.

STRECK, Danilo R. **Educação para um novo contrato social**. Petrópolis: Vozes, 2003.

TEIXEIRA, Déa Lúcia Pimentel; SOUZA, Maria Carolina A. F. de. Organização do processo de trabalho na evolução do capitalismo. **Revista de Administração de Empresas**, v. 25, n. 4, p. 65-72, 1985.

TRAIN FILHO, Sérgio. **A cidadania em John Locke**. 2009. 113 f. Dissertação (Mestrado em Filosofia) — Universidade Estadual de Campinas, Campinas, [s. n.], 2009. Disponível em: https://repositorio.unicamp.br/acervo/detalhe/468722 Acesso em: 25 jul. 2024.

VERGER, Jacques. **Cultura, ensino e sociedade no Ocidente nos séculos XII e XIII**. Bauru: Edusc, 2001.

WOLKMER, Antonio Carlos. **História do Direito Brasileiro**. 3. ed. Rio de Janeiro: Forense, 2003.